アジアにおける人的資源管理
―その実践・理論・文化

Human Resources Management in Asia
– Practice, Theory, and Culture

コンダカル・ミザヌル・ラハマン
Khondaker Mizanur Rahman

南山大学経営学部

南山大学経営研究叢書

本研究を

中央大学名誉教授　（故）村田　稔

妻　　Taslima

長女　Sabrina

次女　Afsana

息子　Ashiq

に捧ぐ

全能の神様の恵みがありますように

はしがき

　本著は　日本，中国，インド，インドネシア，マレーシア，タイ，トルコの7カ国をサンプルとして行ったアジア諸国の人的資源管理に関する研究の集大成である。著者が，アジア経済やアジア経営管理を専門分野として，学部および大学院で長期にわたって教育や研究に携わって蓄積してきた知識や研究資料は膨大である。中でも，2006年以降は，南山ビジネススクールで講座「アジア諸国の人的資源管理」，「イスラム圏アジア諸国の企業経営」，「日本経営論」，「海外から見る日本的経営」を担当する機会に恵まれ，アジア全般の経営管理，その理論，実務，文化に関する知識をさらに深めることできた。アジア経営管理の領域ではEverett, Krishnan, and Stening (1984)，Putti (1991)，Chen (1998)，Hasegawa and Noronha (2009) らの研究資料の影響と激励を受けた。また，中近東やアジアの発展途上国の人的資源管理に関してはBudhwar and Debrah (2006)，Budhwar and Mellahi (2006 and 2016) らの著書に巡り合うことができた。これらの学術資料はそれぞれ，様々な視点から経営管理に関する調査研究を実施して国ごとにまとめたものである。これらの書籍には24の国・地域に及ぶ（バングラディシュ，中国，香港，インド，インドネシア，イラン，イスラエル，ヨルダン，クウェート，レバノン，ネパール，韓国，マレーシア，オマーン，パキスタン，カタール，サウジアラビア，台湾，タイ，トルコ，フィリピン，シンガポール，アラブ首長国連邦，ベトナム）経営管理に関する研究結果に触れることができる。

　こうした文献は，アジアの経営管理理論，慣習，文化的背景についてたぐいまれな知見を提供するものである。企業経営上の現状と課題，経営管理の理論上の問題，各国最新の経営管理手法に関する分析などの概説も紹介されている。各国の経営管理文化および経済発展の多様な側面を背景にして，企業がビジネスを営み，経営機能を実行することなどに焦点を当てている。また，国民および企業文化に関する調査結果を詳細に紹介している。実務，倫理，ビジネス環境などの側面からビジネス理論や慣習を検証するので，学生，企業経営者，財界リーダー，政府関係者，学術研究者などの幅広い読者層を満足させ得る内容である。さら

に，国別のケーススタディ形式になっているため，各国の経営管理システムの多様性を明らかにする一方，アジア諸国の政府や企業が採用している経営戦略の比較調査の一助となり得る。

こうした文献の全ては権威的研究者・学者による著作であり，そのもととなる資料には講義や質疑応答のメモが含まれている。その結果，アジア地域の企業経営体制全般の学識を高めたい読者にとっては貴重な文献である。研究対象国は限定的ではあるが，各国の経済や経営管理体制が現在の姿になるまでの歴史的背景を学習しながら，企業環境に関する広範かつ緻密な研究結果を提供している。従って，アジア独特の経営システムに関する基本知識を身につけようとする大学生や経営専門家には，情報提供式で理解しやすい。特に，これらの文献は，南・東南・東や西アジアの文化，人間側面，政治などをその歴史と関連づけ，ビジネスや経営システムの分析に寄与する。

アジア全般の経営および人的資源管理分野で英語文献においてはこうした状況である反面，日本には日本語で刊行された文献資料は殆ど存在しない。東南アジアの日系企業を概説する文献はあるが，包括的な先行研究は見受けられない。大学教授が共著として出版されている著作（市村，1980）は，インドネシア，マレーシア，シンガポール，タイ，フィリピンの日系合弁企業の実態に関する研究を京都大学東南アジア研究所のある研究チームがまとめたものである。終身雇用制，年功序列型賃金とボーナス制，企業別労働組合，稟議制意思決定方式の4つに代表される日本的経営方式の現地適応の度合いを明らかにする。これらの4側面は大幅に修正された会社が多く，移転よりも現地適応型がやや多かった。Ichimura, Imaoka, Tomita (a), Kosiyanon and Yoshihara, Tomita (b), Yoshihara, and Ito（全1985年出版）は，香港，マレーシア，フィリピン，韓国，台湾，タイに立地する日本多国籍企業の経営慣習の現状と日本的経営方式の移転・移植の可能性の研究である。この研究グループのメンバーはいずれも先に述べた京都大学東南アジア研究所の研究プロジェクト所属であった。日本的経営方式の現地導入を困難とする日本と各国との経済や文化の相違点について研究を行っていたが，ある時，日本的経営の特徴でもある社内昇進，教育訓練，ボーナス制度，福利厚生制度，小集団活動などが現地に導入され，浸透していることを発見し，「日本的経営方式の現地導入は困難である」という考えは誇張であると主張した。また，調

査対象となった日本企業の経営方法は，日本国内の純粋な日本企業のそれとは大きく異なっていることも明確にした。この調査研究チームは1988年に彼らの研究を総括する研究レポート（市村，1988）を出版し，日系合弁企業の賃金決定，人事考課の採否，人材の補充，昇進基準，人材養成方法など全ての施策が，日本国内の企業のそれと類似していることを明らかにした。他の書籍，小川・牧戸（1990）は，韓国，台湾と東南アジア諸国への技術移転の特徴を研究した。

　1980年代から90年代に日本で行われていた調査研究は，東南アジア諸国の日系合弁企業における日本的経営方式に関するものが多かった。これは，アジアの日系企業がこぞって現地の経営方法を学びとろうとしていたことが理由かもしれない。しかし本著者は，アジアの経営管理を包括的に取り扱った学術研究書にこれまで出会ったことがない。強いて掲げるとすれば，インドネシア，マレーシア，シンガポール，フィリピン，タイの企業経営環境に関する研究を行った伊藤（1992）による「東南アジアの経営風土」が唯一である。後に，陳（2014）が研究対象国に中国，インド，韓国を加えて，『アジア経営論』を出版した。『アジア経営論』は，各国の市場構造と企業経営の特質について，特に企業の経営投資環境と日本を含む対象諸国の企業の形態・成長戦略，アジア諸国への進出の状況を的確に把握することを目指すものである。日本人読者をターゲットにしたアジアの経営管理に関する研究書の不在は，経営管理研究分野にとって望ましい状態ではない。本著の出版によって日本語研究書不在の穴を埋めることを目指したい。

　本著は，まず，中国，インド，日本，インドネシア，マレーシア，トルコ，タイのHRM（Human Resources Management）に特化したものであることを強調しておきたい。それぞれの国の地理的位置は，アジア西部のトルコ，南部のインド，南東部のインドネシア，マレーシアおよびタイ，東部の中国および日本というように多種多様である。各国のHRMは，その時代性，評価，研究の度合いにも幅があるが，理論や実務方法の見直しが継続的に行われている。第2の重要点は，HRMの解釈が国ごとに異なるので，各国独自のHRMの枠組みに基づいて，採用，教育訓練，人事配置，異動，給与，昇進・昇格，女性の雇用，労使関係，経営者の教育，経営の展望などの点からHRM制度を検討したことである。なお，マレーシアとタイの場合，日系多国籍企業のHRMも研究対象としたが，これらは著者の他の研究プロジェクトで取り扱った研究成果である。第3のポイント

は，本著はHRM慣用の多様性を，文化と人種の多様性，組織的側面の格差の視点から検討したものであるということである。国家の経済力や文化的特徴の強さは，HRMの近代化や発展，推進に与える影響が大きく，国外HRM慣用の導入を左右する。文化的背景の影響を受けながらHRMが国ごとに特徴的に運用されているという発想が妥当だと考えられる。最後に，研究対象の7カ国の経済状態は，低中所得階層のインドから高所得階層の日本まで幅があるものの，人口と経済力が豊かな中国，インド，インドネシアのHRM体制は比較的良く整備され，その研究もたくさん存在している。先進国である日本のHRMは第二次世界大戦直後より構築が始まり，西側先進諸国のHRM実務を日本の社会や文化に合わせて導入，改変してきた。日本以外の6カ国は，海外の近代的HRM慣用を内部化する試みが進んでいる一方で，それぞれの国の社会文化的要素に沿ったHRMが育成されることが期待できる。本著はこうした特徴を持つ独自性のある教育研究上の成果物として，日本におけるこの分野の研究上の空白を埋めるものである。

本著の研究方法と構成

本研究は3つの方法，すなわち，文献調査，アンケート調査および聞き取り調査によって行われたものである。技術的な問題があり，全章を同様の方法を用いて研究し執筆したものではない。第1章「アジアの概論」や第2章「日本における人的資源管理」の場合，文献および聞き取り調査が主であった。筆者は長期にわたって日本に滞在する中で，研究や教授活動を通して，日本の社会，経済，経営，文化などについて多方面からの経験を持ち，多くの企業で調査を実施し，この研究を成し遂げた。ここにはその経験と，それを補う範囲で公表されている文献資料を利用した。第3章「インドにおける人的資源管理」および第4章「中国における人的資源管理」は文献調査および聞き取り調査によって行われた。第5章「マレーシアにおける人的資源管理」，第6章「インドネシアにおける人的資源管理」および第7章「タイにおける人的資源管理」は聞き取り調査，アンケート調査および文献調査によって行われた。この3つの国においてはアンケート調査を実施し，聞き取り調査でその結果をさらに明確にした。第8章「トルコにおける人的資源管理」は，文献調査によるものである。研究方法のこうした違いが研究結果に与える影響を最小限にする目的で，在日するこの7カ国の研究者や留

学生の面談なども実施した。結論的に言えば，本著はこの7カ国の人的資源管理の実践，理論および文化的諸側面を明確にまとめ，様々な読者に提供し，将来さらなる研究活動を可能とし，その機会を広く与えるものであると思われる。

REFERENCES

Budhwar, Pawan S. and Debrah, Yaw A. (2006). *Human Resources Management in Developing Countries*, New York: Routledge.

Budhwar, Pawan S. and Mellahi, Kamel (2006). *Managing Human Resources in the Middle East*, New York: Routledge.

Budhwar, Pawan S. and Mellahi, Kamel (2016). *Handbook of Human Resource Management in the Middle East*, Northampton, Mass.: Edward Elgar.

Chen, Min (1998). Asian Management Systems - Chinese, Japanese, and Korean Styles of Business, New York: International Thomson Business Press.

陳　晋（2014），『アジア経営論―ダイナミックな市場環境と企業戦略』ミネルヴァ書房。

Everett, J.E., Krishnan, A.R., and Stening, B.W. (1984). *South-East Asian Managers – Mutual Perceptions of Japanese and Local Counterparts*, Singapore: Eastern Universities Press.

Haswgawa, Harukiyo and Noronha, Carlos (2009). *Asian Business & Management – Theory, Practice, and Perspectives*, New York: Palgrave Macmillan.

Ichimura, Shinichi (1985). "Japanese Management in Southeast Asia – Introduction", *Southeast Asian Studies*, Vol. 22, No. 4.

伊藤禎一（1992），『東南アジアの経営風土』白桃書房，東京。

市村真一編（1980），『日本企業インアジア』，東洋経済新報社，東京。

市村真一編（1988），『アジアに根づく日本的経営』，東洋経済新報社，東京。

Imaoka, Hideki (1985), "Japanese Management in Malaysia", *Southeast Asian Studies*, Vol. 22, No. 4.

Ito, Shoichi (1985). "Japanese Management in Taiwan", *Southeast Asian Studies*, Vol. 22, No. 4.

Kosiyanon, Lily and Yoshihara, Kunio (1985). "Japanese Management in Thailand", *Southeast Asian Studies*, Vol. 22, No. 4.

小川英次・牧戸孝郎（1990），『アジアの日系企業と技術移転』名古屋大学経済構造研究センター，名古屋。

Putti, Joseph M. (1991). *Management: Asian Context*, Singapore: McGraw-Hill.

Tomita, Teruhiko (1985(a)). "Japanese Management in the Philippines", *Southeast Asian*

Studies, Vol. 22, No. 4.

Tomita, Teruhiko (1985(b)). "Japanese Management in Hong Kong", *Southeast Asian Studies*, Vol. 22, No. 4.

Yoshihara, Hideki (1985). "Japanese Management in Korea", *Southeast Asian Studies*, Vol. 22, No. 4.

謝　辞

　近年，過酷な競争を伴った，地域化，国際化，グローバル化が進む中，海外直接投資，海外進出，海外貿易のために，アジア的経営管理に関する教育と研究が西欧諸国やアジア諸国にとって急務となった。英語圏諸国におけるアジア的経営管理の研究は飛躍的に進んだ。Joseph M Putti（1991），Pawan S Budhwar and Yaw A Debrah（2006），Pawan S Budhwar and Kamel Mellahi（2006），Harukiyo Hasegawa and Carlos Noronha（2009），Pawan S Budhwar and Kamel Mellahi（2016）などの権威的出版物は，経営管理領域に興味を持つ読者の要望を満たすものである。しかし，日本語で出版された同様の文献は極めて少ない。筆者は，大学学部および大学院でアジア的経営管理に関する授業を担当するようになってからは，特に，日本語文献の必要性を感じるようになった。本著はアジア主要7カ国（日本，中国，インド，インドネシア，マレーシア，タイ，トルコ）の人的資源管理（HRM）の総合的な分析結果を提供することによって，日本語文献が不足する状況を少しでも是正できれば幸いである。本著の弾みと刊行に至った動機づけの1つは，前述の先行文献の存在である。そして，もう1つは，人的資源管理，社会文化，グローバル化時代のアジア地域の経営理論と実践の理解を志す日本の学生，研究者，企業経営者の要望を満たすのは，日本語で書かれた文献であるという著者の直観である。

　本著執筆にあたっては，日本福祉大学時代の元同僚の皆さんと現在の勤務先である南山大学の同僚の皆さんから，限りない精神的支援を頂戴した。日本福祉大学の丸山優名誉教授，斎藤千宏教授，張淑梅教授，南山大学の願興寺ひろし元教授，赤壁弘康，白木俊彦，湯本祐司，石垣智徳，南川知充，上野正樹各教授の諸氏は，著者を常に励ましてくださった。日本大学の所伸之教授，同志社大学の麻生淳教授，慶應義塾大学の井口知栄准教授およびアジア経営学会の同僚諸氏の激励にも心から感謝する。母国の友人でもある福岡女子大学のチョウドリ　マハブブル　アロム教授や中部大学の濱田知美準教授にはその絶え間ない友情と励ましに感謝を申し上げたい。

南山大学大学院ビジネス研究科ビジネス専攻の学生諸君，日本福祉大学経営開発学部の学生諸君が，本著の諸領域の研究過程において，積極的に協力してくれたことを誇りに思うと共に，感謝の気持ちを禁じ得ない。原稿段階で本著を読んでくれた，学部ゼミの安藤沢弥，石原貴博，宮下和音，MBAコース所属の安井伸之，澤田由彦，吉田浩一，汪洋，張銘，江歩岳，楊晟の貴重な意見や指摘には，ここに改めて謝意を表する。

　本書は南山大学経営研究叢書の1冊として刊行される。出版助成金を交付してくださった南山大学経営学会にに深く感謝を申し上げる。南山大学経営学部長安田忍教授からご指導や励みを戴いたことに改めて衷心よりお礼を申し上げる。本著の出版にあたって中央大学商学部の酒井正三郎教授，関口定一教授，出版部の橘由紀夫様に大変お世話になり，心から感謝を申し上げたい。

　末筆になってしまったが，村田佳寿子，平野みな，杉浦元宣の諸氏には言語面での支援を受けたことに感謝したい。著者の今後の研究のために，本著に対する読者の皆さんからの総合的な批評や提案を期待してやまない。

2018年7月

コンダカル・ミザヌル・ラハマン
Khondaker Mizanur Rahaman

目　　次

はしがき

謝　　辞

第1章　アジアの概論
1. 地理的概論 …………………………………………………………… 1
2. 人　　口 ……………………………………………………………… 3
3. 民族・宗教・言語 …………………………………………………… 4
4. 地域連合体 …………………………………………………………… 5
5. 経済指標 ……………………………………………………………… 9
6. 本著のフォーカス …………………………………………………… 16
7. 本著の学術的位置付け ……………………………………………… 17

参考文献

第2章　日本における人的資源管理
1. 日本的経営とは何か ………………………………………………… 23
2. 日本的人的資源管理の諸特徴 ……………………………………… 25
   - 2.1　終身雇用制　25
   - 2.2　年功序列制　26
   - 2.3　教育訓練　27
3. 労使関係 ……………………………………………………………… 28
   - 3.1　企業別組合　28

3.2　団体交渉と団体協約　　29
　　　3.3　春　　闘　31
　4.　人的資源管理と密接な関係を持つ 4 側面 …………………… 33
　　　4.1　意 思 決 定　33
　　　4.2　生 産 管 理　34
　　　4.3　下請けと系列　36
　　　4.4　品 質 管 理　36
　5.　日本の経営文化 ………………………………………………… 38
　6.　国家経済の発展と国際化に根付く日本的経営の
　　　定着および普及 ………………………………………………… 42
　　　6.1　日本経済の国際化と日本的経営　42
　　　6.2　第二次世界大戦後の指導型国家再建と企業経営　43
　　　6.3　天然資源の不足と企業経営　44
　　　6.4　市場の国際化と企業経営　44
　7.　日本企業の海外直接投資と日本的経営 ……………………… 45
　　　7.1　海外直接投資と日本企業　45
　　　7.2　外国における日本的経営の現地化　47
　8.　外国籍企業の日本対内進出と日本的経営 …………………… 49
　　　8.1　外国籍企業の日本進出　49
　　　8.2　外資系企業経営の日本化　50
　9.　結論と課題 ……………………………………………………… 52
　参 考 文 献

第 3 章　インドにおける人的資源管理
　1.　インドの国家と経済の紹介 …………………………………… 61
　2.　人事管理の諸側面 ……………………………………………… 64
　　　2.1　人事採用方法　64
　　　2.2　割り当て制度による諸カーストの職業参加　65
　　　2.3　教 育 訓 練　66
　　　2.4　労働者に対する職業訓練　66

         2.5 給与体系　67
         2.6 賞与と奨励金　68
         2.7 最低賃金制度　68
         2.8 休　　暇　70
         2.9 退職と退職給付　70
         2.10 働く女性の厚生　70
         2.11 その他の厚生機会　73
         2.12 人事評価　73
  3. 労使関係 ………………………………………………………… 74
         3.1 労働組合　74
         3.2 労働者の経営参加　78
  4. 外資系企業の人的資源管理 …………………………………… 79
  5. ビジネス経営の環境 …………………………………………… 81
  6. 人的資源管理に関する諸法律 ………………………………… 83
  7. 人的資源管理の文化的側面 …………………………………… 86
  8. 経営管理機関の創立と人的資源管理の普及 ………………… 91
  9. 一般経営学および専門職経営学教育 ………………………… 91
  10. 結　　論 ……………………………………………………… 95
  参考文献

第4章　中国における人的資源管理
  1. 国家経済の基礎指標と歴史的展開 …………………………… 99
  2. 人的資源管理の諸側面 ………………………………………… 102
         2.1 企業における伝統的「ヒト」の経営　102
         2.2 入社前教育　103
         2.3 採用・配置・異動　103
         2.4 雇用契約　104
         2.5 雇用期間　104
         2.6 マネジャーの採用　104
         2.7 職業安定所・人材派遣会社　105

2.8　生産目標の割り当て制度と人事管理　105
　　2.9　報 酬 制 度　106
　　2.10　インセンティブと賞罰　106
　　2.11　人材派遣業者による職前教育　107
　　2.12　教 育 訓 練　108
　　2.13　経営者の教育　108
　　2.14　昇格・昇進　109
　　2.15　人 事 評 価　110
 3. 労 使 関 係 ……………………………………………………110
　　3.1　労働組合組織　110
　　3.2　公務員としての労働組合職員　113
　　3.3　団体交渉とその効果　113
 4. 国営企業おける経営 …………………………………………114
 5. 外資系企業の人的資源管理諸側面 …………………………115
　　5.1　労 働 協 約　116
　　5.2　雇用契約の満了と退職　116
　　5.3　労働者の社会保障と住宅　117
　　5.4　外資代理店の雇用　117
　　5.5　外国人のビザと居住地　118
　　5.6　現地従業員の雇用　118
　　5.7　現地採用の方法　120
 6. 中国経営の文化的特徴 ………………………………………121
 7. グアンシと人的資源管理 ……………………………………123
 8. ビジネス環境のさらなる転換 ………………………………125
 9. 人的資源管理の課題と挑戦 …………………………………126
参 考 文 献

第5章　マレーシアにおける人的資源管理：日系企業の事例に焦点
 1. 国家経済の紹介 ………………………………………………133
 2. ブミプトラ経営の特徴 ………………………………………137

3. ブミプトラ経営の文化的側面 …………………………………… 142
   4. 華僑経営の特徴 ………………………………………………… 146
   5. 経営の法的諸側面 ……………………………………………… 148
   6. 日本からの直接投資と貿易 …………………………………… 149
   7. 日系企業の人的資源管理諸側面の調査 ……………………… 154
      7.1 調査方法　154
      7.2 調査対象企業の概要　155
      7.3 日系企業の人事管理調査結果の分析　156
         7.3.1 採用制度　156
         7.3.2 昇格制度　159
         7.3.3 報酬制度　161
         7.3.4 長期雇用関係安定化のための方策　163
         7.3.5 人事管理調査からの推論と結論　164
   8. 総合結論 ………………………………………………………… 167
   参考文献

第6章　インドネシアにおける人的資源管理

   1. 国家経済の紹介 ………………………………………………… 171
   2. 日本とインドネシアの関係：貿易・投資 …………………… 174
   3. インドネシアの経営習慣の伝統的特徴 ……………………… 176
      3.1 ジャワモデル　176
      3.2 バタクモデル　178
      3.3 華僑モデル　180
   4. 人的資源管理の諸特徴 ………………………………………… 181
      4.1 採用，人材確保，労働時間　181
      4.2 雇用形態　184
      4.3 職業教育と訓練　184
      4.4 最低賃金・給与と物質的報酬　185
      4.5 人事評価　186
      4.6 解雇と退職　187

4.7　その他の雇用条件　187
　　4.8　女性労働者の雇用　188
　5. 労 使 関 係 ……………………………………………………………188
　　5.1　労使関係の基本原理　189
　　5.2　労使関係の歴史的変遷　189
　　5.3　労働組合の結成　191
　　5.4　労使関係関連法制　192
　　5.5　ストライキやロックアウト　193
　　5.6　団 体 協 約　193
　　5.7　労使紛争解決手段　194
　　5.8　労使関係の行政　195
　6. 人的資源管理の文化的特徴 ……………………………………………195
　7. 人的資源管理における諸課題 …………………………………………201
　参 考 文 献

第7章　タイにおける人的資源管理：日系企業の事例に焦点

　1. 国家経済の紹介 …………………………………………………………209
　2. 本章の研究計画と方法 …………………………………………………211
　3. タイにおける国内ビジネス経営の特徴 ………………………………211
　　3.1　職業と経営の自由　212
　　3.2　企業経営の特徴　213
　　3.3　人的資源管理の現況　216
　　　3.3.1　募集・採用・昇格　216
　　　3.3.2　給与・報酬と雇用安定　218
　　　3.3.3　教 育 訓 練　220
　4. タイにおける日本の直接投資，貿易や日系企業の現状 ………221
　5. タイにおける日系多国籍企業経営の諸側面 ……………………226
　　5.1　意思決定のプロセス　226
　　5.2　人事管理―採用　227
　　5.3　人事管理―報酬　227

  5.4 人事管理—教育訓練 228
  5.5 総務管理と通常業務の管理 229
  5.6 生産管理 230
  5.7 情報管理 232
 6. 人的資源管理の文化的特徴 …………………………………………232
 7. ディスカッションと推論 ……………………………………………235
 8. 結論 ……………………………………………………………………238
 参考文献

第8章　トルコにおける人的資源管理
 1. 国家の紹介と基礎経済指標 …………………………………………243
 2. 人的資源管理の諸側面 ………………………………………………247
  2.1 人的資源管理機能の進化 247
  2.2 募集と採用 248
  2.3 報酬と奨励 250
  2.4 教育と研修 250
  2.5 業績評価 252
  2.6 キャリア・プラニングとキャリヤ開発 253
 3. 労使関係 ………………………………………………………………253
  3.1 労働組合 253
  3.2 2003年労働法による労働条件の変化 255
 4. 国営部門における人的資源管理 ……………………………………256
 5. 経営の文化的側面 ……………………………………………………258
 6. トルコにおける経営学教育 …………………………………………262
 7. 課題と結論 ……………………………………………………………265
 参考文献

あとがき

索引

第1章　アジアの概論 [1)]

1. 地理的概論

　主権国家かつ国連加盟国である48カ国と国連に加盟していない6領域からなるアジアは，アフリカ，北アメリカ，南アメリカ，オーストラリア/オセアニアやヨーロッパの各大陸より世界で最も人口の多い大陸である。アジアは主に東と北半球に位置し，ヨーロッパ大陸とその広大な土地を共有しており，合わせてユーラシアと呼ばれている。地球の総土地面積の約30%，総表面積の8.7%に当たる44,579,000平方キロメートルの領域を占めている。東を太平洋に，南をインド洋に，そして北を北極海に囲まれている。ヨーロッパとの西側の境界は歴史的かつ文化的に構築されており，両者の間に明確な物理的および地理的な境界は存在していない。一般的に最も受け入れられている境界に従うと，アジアはスエズ運河，ウラル川，ウラル山脈の東に，そして，コーカサス山脈，カスピ海と黒海の南に位置する。この大陸は長年世界人口の大部分の故郷であり，多くの人類の最初の文明の地であった。総合的な規模の大きさ，人口，緻密で大規模な居住地域，広大で殆ど人が住んでいない地域は注目に値する（Wikipedia, 2016a）。現在，アジアは44.3億人という巨大な人口を抱えている。

　アジアは，文化的・地理的に類似している地域に分けられることが多い。研究者・機関・団体により定義，名称，境界は異なるが，地理的にアジアは西アジア，コーカサス，中央アジア，東アジア，南アジア，東南アジアを含む。西アジアは時に中東として言及されることもあるが，中東と定義される文化地域はしばしば，アフリカに位置するエジプトやヨーロッパに位置するキプロスなどアジア以外の国々を含むことから，呼び誤りである。西アジアは，具体的には，地中海と紅海から西はペルシャ湾まで，そしてアデン湾とオマーン湾，アラビア海から

南のアジア地域内にある国々を含む。

　西アジアにある国々は，アフガニスタン，バーレーン，イラン，イラク，イスラエル，ヨルダン，クウェート，レバノン，オマーン，カタール，サウジアラビア，シリア，トルコ，アラブ首長国連邦，イエメンを含む。トルコのすぐ北東には，西は黒海，東はカスピ海に挟まれた山脈地帯であるコーカサスが広がる。コーカサスには，アルメニア，アゼルバイジャン，ジョージア，そしてロシアの一部が含まれる。中央アジアはイランとアフガニスタン，ロシア南部のすぐ北に位置し，カザフスタン，キルギスタン，タジキスタン，トルクメニスタンおよびウズベキスタンを含む。東アジアは中央アジア，ロシア，そして太平洋からおおよそ北回帰線の始まりまでの間の地域を指す。

　東アジアの国々は，中国，日本，北朝鮮，韓国，モンゴル，特別行政区である香港，マカオ，台湾を含む。南アジアはインド亜大陸とも言及されるが，中国とインドの間にそびえるヒマラヤ山脈により東アジアから分けられ，大部分が所属するインド構造プレートによって主に定義されている。南アジア諸国はバングラデシュ，ブータン，インド，モルディブ，ネパール，インドネシアとスリランカを含む。最後に，東南アジア諸国はブルネイ，カンボジア，インドネシア，ラオス，マレーシア，ミャンマー（またはビルマ），フィリピン，シンガポール，タイ，東ティモール，そしてベトナムを含んでいる。

　アジアには，いくつかの，まだ承認されていない，または一部にしか承認されていない地域も存在する。パレスチナは，イスラエルの内部と周辺に位置するガザ地区と西岸地区により構成されており，1988年に独立を宣言し，国連の公式加盟国ではないものの，現在134カ国によって独立を承認されている。アブハジア，ナゴルノ・カラバフ，南オセチア各国は全てコーカサスに位置し，1990年代にそれぞれ独立を宣言したが，国際的に独立国としてはまだ認められていない。北キプロスは1983年に独立を宣言したが，国連の中ではトルコのみが主権国家とみなし，他の加盟国はキプロスの一部であるとみなしている。香港，マカオ，台湾はどれも中国領土の一部であると考えられているが，どの場合をとっても，それぞれは自分たちが全く独立している（台湾の場合），または完全な自治（特に香港の行政領域）を所有していると考えており，通貨と政府に関しては主に自治性を持っており，国際的な承認の程度に関しては，分離した地域であるか

ら，様々である (Heibonsha, 2005; World Atlas, 2016)。

　アジアで最も領土が広い国はロシアで，アジア大陸の30％を占めている。最も小さな独立国はモルディブで，ビーチ・リゾートで有名な群島である。今のところ，この地域で最も観光客が訪れた国は，巨大な文化センターを持つ中国で，続いて，劣らず多くの人口を持つ観光地であるインド，タイ，マレーシア，そしてトルコである。ロシアとトルコはヨーロッパとの境界に位置し，アジアとヨーロッパ双方に領土がある。表1-1はアジア諸国の基礎指標を示すものである。

　ここで述べる重要な点は，主にモルディブ，スリランカ，シンガポール，香港，台湾および日本という6つの島国または地域である。これらの国々および地域は経済的・文化的にとても裕福であり，世界各国の様々なフォーラム，組織，委員会，共同体および国際団体の注目を浴びる。

2. 人　　口

　アジア諸国間には大きな人口上の格差が存在する。人口からみるとアジアで最も大きな国々は，人口が多い順に，中華人民共和国，インド，インドネシア，パキスタン，バングラデシュ，日本，フィリピン，ベトナム，イラン，タイ，ビルマや韓国である。アジアは最大かつ最も人口が多い大陸で，世界の陸地面積の30％を含み，50カ国以上の異なる国や地域に住む44.3億人の人口（2017年の世界人口の60％）を有する。中国とインドは世界の2大人口大国であると同時にアジアにおいて最も人口が多い国であり，前者は約1,371,200,000以上，後者は約1,311,100,000以上の人口を有している。これらと並び，モルディブ（約394,000），ブルネイ（約410,000），ブータン（約717,000）のような非常に小さな国々も存在する。中国では1人っ子政策が1978年から1980年まで続き，男女人口のバランスが崩れ，2015年に廃止された。人口の多い国々および南，南東，そして中央アジアの殆どの国々は若年人口が豊かで，つまり，若い労働力が豊富である一方，日本のみは人口が減少しており，人口の高齢化がひどく進んでいる。

　全体的には，この大陸の人的資源が非常に活気に満ち，継続的な経済成長と産業開発を続けているという点でも，競争上の優位性を保っている。この大陸は，大きな市場と安い労働コストによる生産拠点を求める外国の直接投資および先進国からの多国籍企業を魅了している。

3. 民族・宗教・言語

　民族に関していうと，アジアには豊かな民族グループが存在しており，この大陸の各気候帯，すなわち北極，亜寒帯北極，温帯，亜熱帯，熱帯，そして中および西アジアに存在する大規模な砂漠地帯に適応する。多様な民族グループが山脈，砂漠，草原や森に適応する一方，アジア沿岸では，定住した民族グループが生活様式，資源抽出，収穫，輸送，居住，衣服において様々な方法を適用する。このようなアジアの様々なタイプの多様性は文化，宗教，経済，歴史，社会にわたり，以下に要約して調査するものである (Wikipedia, 2016b)。

　西アジアでは，主要な民族グループはアラブ，トルコ，ペルシア，クルドであり，これらの民族より数は少ないものの相当数のギリシャ，ユダヤ，アッシリア，アルメニア，アゼルバイジャンの各民族である。西アジア諸国には砂漠地帯が多く，現時点でもアラブ系ベドウィンをはじめ，遊牧民集団が存在する。この地域の国々の主要な言語はアラビア語，トルコ語やペルシア語である。

　南アジアでは特にヒンドゥ教，イスラム教，仏教，キリスト教，ジャイナ教，シーク教が広く信仰されている。インドとネパールでは，大多数の人々はヒンドゥ教に帰依する一方，イスラム教とキリスト教は重要な地域固有の歴史を有する。スリランカとブータンは大多数が仏教徒で，イスラム教徒が大多数であるのはバングラデシュ，モルディブ，そしてパキスタンである。インド・アーリア語派の言語がパキスタンと北，西，東インド，ネパール，そして南スリランカで使用される。ドラヴィダ語族の言語（タミル語とシンハラ語）が南インドとスリランカで使用され，ベンガル語がバングラデシュとインドの西ベンガル地方で使用される。

　東南アジアはインドと中国の文化・宗教に大きく影響されてきたと同時に，西アジアのイスラムやキリスト教からも影響を受けている。ブルネイ，マレーシアおよびインドネシアの大多数は主にイスラム教徒であり，マレー語またはインドネシア語を使用する。中国の少数民族はこれら全ての国々に存在する。インドネシアのバリでは，ヒンドゥ教徒が主な民族グループである。この地域に共通する特徴は，何千年もの昔に起源を持つ水田農業である。南および東南アジアは植民地主義の遺産としてヨーロッパの影響がまだを大きく存在する。

アジアのロシア領とコーカサスで最も顕著な民族グループは遊牧民，または遊牧民の歴史をくむ人々であり，その地域の主な民族グループはウラル語，チュルク語，モンゴル語族の言語を使用する。中央アジアでは，旧ソビエト連邦から独立したチュルク系，インド・イラン系，そしてモンゴル系の人々およびその他の一般的な民族を含む。この地域の主な宗教はイスラム教と仏教である。主に，有名なシルクロードに歴史的に位置したことからくる長く豊かな歴史を備えている。この地域はモンゴル，ペルシア，タタール，ロシア，アフガニスタン，サルマチアンによって征服され，その結果，中国，インド，ペルシア，アフガニスタン，アラビア，トルコ，ロシアおよびモンゴルの各文化の影響を受けた非常に明確で活気に満ちた文化を持つことになった。

東アジアの主要民族は，漢民族，大和民族，朝鮮民族である。このほかに，チベット族，ウイグル族，カザフ族，キルギス族，満州族，モンゴル族などが少数民族グループを形成する。東アジアの語族は，シナ・チベット語族（シナ語派，チベット・ビルマ語派），日本語族，朝鮮語族，モンゴル語族，チュルク語族，ミャオ・ヤオ語族，タイ・カダイ語族，オーストロ・アジア語族（モン・クメール語派）に分類され，また，孤立語としてのアイヌ語が存在する。通史的に中国の影響を強く受けてきた地域であるので，一般的に中華圏と考えられている。使用される文字は中国語起源の文字が主である。社会通念や道徳観も中国の儒学が基礎となっていると考えられる。漢字はこの地域の筆記文字を代表するものであり，1世紀頃に朝鮮，ベトナムを経由して日本へ伝播し，現在の日本語の書記体系の基礎を構成する。儒教，仏教，道教，漢字，中華建築様式などによる中国文化から受けた統一の影響とは別に，東アジア諸国では独自の文化も発達した（Wikipedia, 2016b）。東アジアの中では，中国（東北部の満州地区を含む），韓国，インドネシア，マレーシアが日本の植民地支配の影響を受けた。このうち，インドネシア，マレーシアでは日本文化の影響は最低限にとどまり，むしろ日本が植民地文化を積極的に受容していた。

4. 地域連合体

アジア諸国は，平和的な共存，協働，協力を促進し，経済やビジネス，投資，貿易，社会開発などの専門知識を共有することを目的として数多くの地域連合が組織

されている。代表的な地域連合は，東南アジア諸国連合（Association of South-East Asian Nations/ASEAN），南アジア地域協力連合（South Asian Association for Regional Cooperation/SAARC），湾岸協力会議（Gulf Cooperation Council/GCC）である。地域各国はそれぞれ，アジア太平洋経済協力会議（Asia Pacific Economic Cooperation/APEC），環太平洋連携協定(Trans-Pacific Partnership/TPP)，アジア欧州会議（Asia-Europe Meeting/ASEM），イスラム協力機構（Organization of Islamic Cooperation/OIC）などの国際的な貿易・経済組織にも参加している。さらに，国際連合（United Nations/UN），国連貿易開発会議（United Nations Conference on Trade and Development/UNCTAD），国際労働機関（International Labour Organization/ILO），国連開発計画（United Nations Development Programme/UNDP），国連のアジア太平洋経済社会委員会（United Nations Economic and Social Commission for Asia and the Pacific/UNESCAP or ESCAP）にも加盟している。殆どの国は世界銀行（World Bank），アジア開発銀行（Asian Development Bank/ADB），イスラム開発銀行（Islamic Development Bank/IDB），2016年に中国が中心として創設したアジアインフラ投資銀行（Asian Infrastructure Investment Bank/AIIB）のメンバーである。本節では，東アジアの地域連合のいくつかを例にして解説を試みる。

　東南アジア諸国連合（ASEAN）は1967年にタイのバンコクで結成された。創立に携わった5カ国，インドネシア，マレーシア，フィリピン，シンガポール，タイはアセアン宣言（バンコク宣言）に調印した。その後，1984年1月にブルネイ・ダルサラーム国，1995年7月にベトナム，1997年7月にラオス人民民主共和国とミャンマー，1999年4月にカンボジアが参加し，現在加盟国は10カ国となった。アセアンは，平等精神のもと東南アジア諸国が相互協力して，域内の経済成長，社会構造の進化，文化的発達を促進することを最重要目標として掲げている。

　アセアンは域内の平和と安定のための協力だけでなく，経済，社会，文化，科学技術，政治・行政などの分野での国家間の共通利益を追求する協調・協働体制を進めている。具体的には，教育，専門技術および行政活動の分野における研修・研究施設の共用，農工業の活性化，域内の国際商品取引上の課題解消と貿易拡大，輸送インフラや通信インフラの改良を通じて，住民の生活水準の向上を目指す（ASEAN, 2016）。

アセアンは，オーストラリア，カナダ，中国，EU，インド，ニュージーランド，ロシア，パキスタン，イギリス，アメリカなどの国とも共通課題に関する定期的な対話も継続している。アセアンの付帯会議であるアセアンプラス3（アセアン諸国と中国，日本，韓国）では，持続的な経済成長を目指して，経済問題についての意見交換を行う。現在，アセアン関連の組織団体には80団体が登録されているが，その内訳は，地場企業が19団体，行政司法組織が1団体，学術団体とシンクタンクが2団体，市民社会団体が53団体，いずれの部類にも属さない団体が2団体となっている。アセアン加盟国は，アセアン自由貿易地域（ASEAN Free Trade Area/AFTA）を構成し，共通効果特恵関税計画（Common Effective Preferential Tariff/CEPT）によって域内関税引き下げを達成した。ブルネイ・ダルエスサラーム，インドネシア，マレーシア，フィリピン，シンガポール，タイを含めたASEAN6カ国のCEPT適用品目リスト掲載品目の99％以上の品目の関税を0～5％範囲に引き下げた（ASEAN, 2016）。この6カ国以外の加盟国も今後，域内関税引き下げを実施することになっている。

ASEAN加盟10カ国は，2020年発足予定であったアセアン経済共同体（ASEAN Economic Community/AEC）を2015年に前倒しして発足させた。AECは，ASEAN諸国にまたがる単一市場をつくり，域内の経済統合を目的とする。2007年11月第13回ASEANシンガポール首脳会議において，後にAEC設立の基本計画となるブループリントが採択された（ASEAN, 2008）。このブループリントには，単一市場と生産拠点，高い競争力のある経済圏，均整のとれた経済発展，世界経済への統合の4点をASEAN域内にもたらすことを目標として掲げている。2017年にASEAN創立50周年を迎え，ASEANとAECへの期待はますます高まっている。域内経済成長率の高さと安価な労働力が誘因となって，アセアン諸国への海外投資も増加を続けている（Tsujimoto, 2017）。

南アジア地域協力連合（South Asian Association for Regional Cooperation/SAARC）は，1985年バングラデシュのダッカで設立された，ASEANに次ぐ規模の地域連合である（事務局はカトマンズ）。加盟国は，アフガニスタン，バングラデシュ，ブータン，インド，ネパール，モルディブ，パキスタン，スリランカである。これらの加盟国は2015年現在，地理的統計に基づいて計算すると，世界国土の3％，世界人口の21％，世界経済の9.12％を占める。SAARCは域内経済の発展

と統合の推進をすると共に，永続的な平和と繁栄，経済開発，集団的自立，社会的文化的発展を目指している（SAARC, 2016）。

アジアで3番目に重要な国家間組織体である湾岸協力会議（Gulf Cooperation Council/GCC）はイラクを除く湾岸諸国の連合組織である。これはペルシア湾沿岸諸国が構成する政治と経済について政府間協議を行う地域連合体である。バーレーン，クウェート，オマーン，カタール，サウジアラビア，アラブ首長国連邦（UAE）がメンバーである。域内の金融，貿易と通関業務，観光業，行政と立法などの共通ルールの策定，産業分野（鉱業，農業），水資源，動物資源などの分野における科学技術の振興，科学研究機関の創設，国家間共同事業の構築，域内統一軍の設置，民間企業部門の国家間協働，域内居住民の連携強化，域内共通通貨の長期的導入，などを目標とする。

1991年12月に発足した独立国家共同体（Commonwealth of Independent States/CIS）は，旧ソ連の自治共和国が組織した共同体である。12加盟国のうち8カ国がアジアに属する。CISは国家間組織としての力は持たない，象徴的な組織である。貿易・金融・立法の分野での協力，モノ・サービス・労働力の移動の自由化，金融・関税・物価・関税・対外経済政策の域内統一構想策定，経済活動のルール作り，直接生産関係促進のための環境整備などを目的としている。成熟した自由貿易地域，すなわち，加盟国で統一経済圏を作り上げることを最終目標としている。民主化，国家間犯罪の防止，域内保障に関する協力も進めている（CIS, 2017）。

アジア諸国の開発活動を慎重に細部まで行き渡らせる役割を担うのが国連のアジア太平洋経済社会委員会（United Nations Economic and Social Commission for Asia and the Pacific/ESCAP）である。タイのバンコクで1947年に設立されたこの委員会は，結果重視型プロジェクト，技術支援，国家能力開発プログラムなどを提供しながら，(a) マクロ経済政策，貧困削減，開発のための融資，(b) 貿易・投資，(c) 輸送，(d) 開発と環境のバランス維持，(e) 情報通信技術や災害リスクの削減，(f) 社会開発，(g) 統計，(h) サブ・リージョナル開発活動，(i) エネルギー，などの分野が抱える課題克服を目指す。また，分析・評価とピア・ラーニングを労働現場に取り入れ，得られた結果を政策対話や政策提言に反映させ，よりよい開発方法の採用，知識共有，技術支援を加盟国内で実践している。ESCAPは正式加

盟国 33 カ国と準加盟国 5 カ国で構成されている（UNESCAP, 2016）。

アジア欧州会議（Asia-Europe Meeting/ASEM）はアジア諸国とヨーロッパ諸国の対話と協調を進めるために 1996 年に設立された政府間協議機構である。2016 年現在，ヨーロッパから 30 カ国とアジアから 21 カ国が加盟するほか，EU や ASEAN 事務局が参加している。ASEM は，加盟国間の相互尊重と対等なパートナーシップの精神の下，政治，経済，社会，文化，教育の分野の問題を共有，検討する。ASEM 首脳会議は，加盟国首脳陣，欧州理事会議長，欧州委員会委員長および ASEAN 事務総長が参加して，2 年に 1 度開かれる（ASEM, 2017）。

上述の各連合組織・委員会は，規制の設置と緩和，自由化，協働を通じて，世界との格差をなくす活動を実施する一方，貿易，投資，金融，株式，技術移転，環境開発，教育訓練，社会開発の振興を進める。また，草の根レベルの市民活動団体の活動を取り込みながら，国家経済と社会開発のために加盟国間協働体制を構築する。この結果，様々な課題が国や組織の枠組みを越えて協議されるようになり，域内の経済開発協力や和平協力の強化にとどまらず，地球規模の協力関係強化の機運を生み出している。

5. 経 済 指 標

アジアは世界陸地面積の約 30％を占め，44 億 3,000 万を超える人々（2017 年現在の世界人口の 60％）が 50 以上の国と地域に居住する，最も人口密度の高い大陸である。経済成長は世界で最速であり，PPP 換算の GDP（購買力平価で換算し直した GDP）も最大と考えられている。2010 ～ 2015 年にかけての GDP 成長率は平均 8％であった。アジアの経済成長は世界の経済成長の約 60％を占める。アメリカや EU 諸国の経済が低迷する中，2016 年と 2017 年のアジアの経済成長率は，消費経済とサービス経済に後押しされて拡大する中国市場経済と合わせて 5.7％程度になると考えられる（ADB, 2016）。

世界各国の経済の指標は，世界銀行が毎年発表する，アトラス方式による 1 人当たり国民総所得（gross national income/GNI）ランキングである。GNI 階層は，低所得階層：1,025 米ドル以下，低中所得階層：1,026 ～ 4,035 米ドル，中高所得階層：4,036 ～ 12,475 米ドル，高所得階層：12,476 米ドル以上に分類される（WB, 2016）。表 1-1 は，GNI 所得階層を含むアジア各国の情報をまとめたものである。

高所得階層に分類されている国は，バーレーン，ブルネイ，キプロス，香港，イスラエル，日本，クウェート，オマーン，カタール，サウジアラビア，シンガポール，韓国，台湾およびアラブ首長国連邦の14カ国である。さらに，アゼルバイジャン，中国，グルジア，イラン，イラク，ヨルダン，カザフスタン，レバノン，マレーシア，モルディブ，タイ，トルコ，トルクメニスタンの13カ国が中高所得階層に属する。20カ国が中低所得階層に，3カ国が低所得階層に分類される。1人当たり国民総所得のトップのカタール（83,990米ドル）と最も貧しいアフガニスタン（630米ドル）の差は非常に大きく，アジア地域の富の不均衡が如実に表れている。

　アジア経済は，日本の高度経済成長（1950〜1990年），韓国の漢江の奇跡（1961〜1996年），中国の経済ブーム（1978〜2013年）などで長期間続いている。日本は，第二次世界大戦で国力を失ったが，1950年代中頃までに国家経済の立て直しを開始した。国民総生産（gross national product/GNP）は，1950年代後半から1960年代を通じて平均10％の成長率を記録し，1970年代から1980年代半ばまでも成長が著しく継続し，1973年と1979年のオイル・ショックの影響を受けながらも，安定して経済成長を続けた（Japan Technical Information, 2006）。1960年代から1980年代前半まで日本は奇跡的な経済発展を遂げた結果，アメリカをしのいで「世界第1位（Japan As No. 1）」となり（Vogel, 1984），経済成長の手本となった。経済成長の浮沈はあるが，日本は依然として主要経済大国の1国であり，豊かな経済基盤を保有している。2016年には，中国が第2位，日本は第3位，インドが第4位経済大国となっている。

　アジア諸国の経済状況は国によって大きく異なり，それぞれの国情によって特徴づけられる。例えば，日本は重工業と電子技術，韓国は重工業と情報通信技術，台湾は軽工業と高度先端機械の部品製造，香港は金融とサービス分野，シンガポールは先端技術，バイオ技術，金融，サービス，中国は製造業と海外直接投資，インドは1次産品，アウトソーシング受注やソフトウェア，というように国によって得意分野が様々である。特に中国とインドは，BRICS（ブラジル，ロシア，インド，中国，南アフリカ）と呼ばれる，経済成長が著しい新興国に位置づけられている。近年では，ほぼ全てのアジア諸国が中程度ないし高度の経済成長を達成しており，工業化のスピードも速くなっている（ADB, 2014/2015/2016）。東アジア

地域の日本，韓国，台湾，香港，マレーシア，インドネシア，タイ，中国の8カ国の開発は，他地区に比べると驚異的である（World Bank, 1993）。これは，製造業と貿易の発達が先行していたことと，最先端技術の導入と金融業の発展が理由である。カンボジア，ラオス，フィリピン，ミャンマーでは，中小規模の工業と商業が徐々に発展しつつある。原油産出，石油精製が主要産業の中東部の国々でも，石油依存型の経済成長から脱却するために，新技術の開発や新たな石油関連商品の創出に乗り出している。長年の急速な経済成長と貿易黒字のおかげで，アジアは，世界の外貨準備高の半分を超える4兆米ドルの外貨準備高を保有する。今後も経済開発を進め，第三次と第四次部門の発展を通してこの大陸の経済シェアが拡大していくことになるであろう（Teso and Kondo, 2016）。

　天然資源に恵まれたアジアでは，古くから農業が定着している。コメに関しては，生産量が豊富であるため，バングラデシュ，パキスタン，中国，カンボジア，インド，タイ，ベトナムなどの人口密度が高い国であっても，国内自給と世界市場への輸出の両立が可能である。アジア全域の豊かな森林資源に支えられて，アジア産木材を原料とする様々な家具調度類が先進国に輸出されている。アジアの森林面積の半分以上は，中国，インドネシア，マレーシア，ミャンマー，タイに分布する。中国は，紙や木製家具に代表される，木製および木材関連製品の輸出トップ国である。熱帯材の輸出はマレーシアとインドネシアで盛んである。バングラデシュ，インド，スリランカは世界有数の茶葉生産国であり，日本と中国は緑茶の産出が盛んである。水産資源は，バングラデシュ，日本，中国，インドネシア，マレーシア，ベトナムをはじめとして，アジアのほぼ全域の食料源泉である。深海水魚は日本では一般的であるが，中国，インドネシア，マレーシアでは，浅瀬の海水魚の消費率が高い。ロシア領内のアジアに属する地域は，金，鉄，鉛，チタン，ウラン，亜鉛などの鉱物資源が豊富である。石油資源を保有するサウジアラビア，イラク，カタール，クウェート，アラブ首長国連邦の経済は，オイルマネーに依存している。原油はアジア南東部でも産出されており，重要な天然資源になっている。

　アジアの製造業は，玩具などの低技術集約型製品の輸出を中心に発展してきたが，最近では付加価値のある先端技術を生かしたコンピュータ，CDプレイヤー，ゲーム機器，携帯電話などのハイテク製品，自動車などの輸出でも成功してい

表1-1 アジア諸国の基本指標（2015年現在）

国名	人口 (百万人)	面積 (1,000km²)	首都	1人当たりのGNI (アトラス方式)	GDP成長率 (%)	所得階層
アフガニスタン	32.5	652.9	カブール	630	0.8	Low
アルメニア	3.0	29.7	エレバン	3,880	3.0	LM
アゼルバイジャン	9.7	86.6	バクー	6,560	1.1	UM
バーレーン	1.4	0.8	マナーマ	19,840	2.9	High
バングラデシュ	161.0	148.5	ダッカ	1,190	6.6	LM
ブータン	0.8	38.4	ティンプー	2,380	6.5	LM
ブルネイ	0.4	5.8	バンダルスリブガワン	38,010	-0.6	High
カンボジア	15.6	181.0	プノンペン	1,070	7.0	LM
中華人民共和国	1,371.2	9,562.9	北京	7,930	6.9	UM
キプロス	1.2	9.3	ニコシア	25,990	1.7	High
東ティモール	1.2	14.9	ディリ	2,180	4.3	LM
グルジア	3.7	69.7	トビリシ	4,160	2.8	UM
香港	7.3	1.1	(ビクトリア)	41,000	2.4	High
インド	1,311.1	3,287.3	ニューデリー	1,600	7.6	LM
インドネシア	257.6	1,910.9	ジャカルタ	3,440	4.8	LM
イラン	79.1	1,745.2	テヘラン	6,550	4.3	UM
イラク	36.4	435.2	バグダッド	5,820	3.0	UM
イスラエル	8.4	22.1	エルサレム	35,770	2.5	High
日本	127.0	378.0	東京	36,680	0.5	High
ヨルダン	7.6	89.3	アンマン	4,680	2.4	UM
カザフスタン	17.5	2,724.9	アスタナ	11,390	1.2	UM
クウェート	3.9	17.8	クウェート・シティ	42,150	1.8	High
キルギスタン	6.0	199.9	ビシュケク	1,170	3.5	LM
ラオス	6.8	236.8	ビエンチャン	1,740	7.4	LM
レバノン	5.9	10.5	ベイルート	7,710	1.3	UM
マレーシア	30.3	330.8	クアラルンプール	10,570	5.0	UM

第1章　アジアの概論　13

国			首都			所得階層
モルディブ	0.4	0.3	マレ	6,950	2.8	UM
モンゴル	3.0	1,564.1	ウランバートル	3,870	2.4	LM
ミャンマー	53.9	676.6	ネピドー	1,160	7.3	LM
ネパール	28.5	147.2	カトマンズ	730	2.7	Low
北朝鮮	25.2	120.5	平壌	—	—	Low
オマーン	4.5	309.5	マスカット	16,910	5.7	High
パキスタン	188.9	796.1	イスラマバード	1,440	4.7	LM
フィリピン	100.7	300.0	マニラ	3,550	5.9	LM
カタール	2.2	11.6	ドーハ	83,990	3.6	High
サウジアラビア	31.5	2,149.7	リヤド	23,550	3.5	High
シンガポール	5.5	0.7	シンガポール	52,090	2.0	High
韓国	50.6	100.3	ソウル	27,450	2.6	High
スリランカ	21.0	65.6	コロンボ	3,800	4.8	LM
シリア	18.5	185.2	ダマスカス	—	—	LM
台湾	23.5	35.9	台北	27,120	0.8	High
タジキスタン	8.5	142.6	ドゥシャンベ	1,280	6.0	LM
タイ	68.0	513.1	バンコク	5,720	2.8	UM
トルコ	78.7	783.6	アンカラ	9,950	4.0	UM
トルクメニスタン	5.4	488.1	アシガバード	7,380	6.5	UM
アラブ首長国連邦	9.2	83.6	アブダビ	43,090	3.8	High
ウズベキスタン	31.3	447.4	タシケント	2,160	8.0	LM
ベトナム	91.7	331.0	ハノイ	1,990	6.7	LM
パレスチナ	4.4	6.0	ラマラ	3,090	12.4	—
イエメン	26.8	528.0	サヌア	1,140	-28.1	LM

注意：本表で採用した所得階層は、2015年現在の1人当たり国民総所得 (GNI、世界銀行アトラス方式) に基づくものである。各階層は、低階層 (Low)：US$1,025以下、低中所得階層 (lower middle/LM)：US$1,026～US$4,035、中高所得階層 (upper middle/UM)：US$4,036～US$12,475、高所得階層 (High)：US$12,476であるに分類される。各国が属する所得階層は、その国の経済状態を大まかに示す。
出所：World Bank, The (2016).

る。製造業大手は日本と韓国に集中している。著名な企業として，日本のパナソニック，NEC，ソニー，東芝，ホンダ，日産，トヨタ，韓国のサムスン，現代，起亜，LG などがある。マレーシア，インドネシア，タイ，中国，ベトナムなどの国々では，最先端の基礎施設を備えた工業団地，輸出加工区，自由貿易地区，サイエンスパークの建設が進み，国内企業，海外多国籍企業（MNCs）が利用している。アジア地域では比較的安価な労働力の供給が容易であるため，日本，韓国，EU，カナダ，アメリカなどの製造業企業が盛んに進出し，その企業経営システムが現地移転されたことによって開発が進んでいる。この現象は繊維，靴製造の分野で顕著である。バングラデシュ，中国，インド，パキスタン，インドネシア，タイ，ベトナムは世界の衣類と靴の供給源となっている。しかし，近年，マレーシアや中国など一部地域の労働原価は高騰している。

中国，香港，インド，日本，マレーシア，シンガポール，ドバイは観光業を主軸にした第三次産業が盛んだが，北米やヨーロッパと比べると，アジアの第三次産業は依然として発達途上にあると言える。シンガポール，香港，上海，東京，ドバイ，台北，ソウル，ムンバイ，ドーハ，マニラ，ジャカルタ，クアラルンプールはアジアの金融の中核である。インドは世界的に好況な IT 産業の恩恵を受け，ソフトウェアと IT 関連サービスの世界最大の輸出国となった。インフォシス，ヒンドゥスタン・コンピュータ・リミテッド，ウィプロ，マヒンドラ・サティヤム，タタ・コンサルタンシー・サービシズといった世界有数のソフトウェア関連企業はサービスプロバイダとして人気が高い（Stough and Thatchenkery, 2014）。ビジネスプロセス・アウトソーシング（BPO）によって金融業が急成長したインドと中国では，それぞれ，ムンバイと上海が主要な金融中心地となった。ダッカ（バングラデシュ），チェンナイ，ニューデリー，バンガロール（以上，インド），深圳（中国），ジャカルタ（インドネシア），クアラルンプール（マレーシア），ラホール（パキスタン），マニラ（フィリピン），バンコク（タイ）は，それぞれの国を代表する各種技術部門と金融部門の中心地に成長した。

経済的成功という観点では，アジアの最先進国である日本を除くと，「アジア四小龍」と呼ばれる，香港，シンガポール，韓国，台湾の実績が高い（Vogel, 1991）。インドネシア，マレーシア，フィリピン，タイは，1980〜1990年代に，国内資源を軸とする輸出志向型産業政策を実施した結果，経済と産業の両面に

おいて素晴らしい開発と発展を成し遂げた。中国は，1970年後半の鄧小平政権が改革開放政策を実行した結果，2桁の経済成長を続けることができた（Vogel, 1990）。ベトナムは1986年12月からドイ・モイ政策という経済開放政策を開始し，中央政府による計画経済から市場主義経済へ移行した。インドは1990年代，ナラシンハ・ラーオ首相（1991年6月〜1996年5月）が経済改革の一環として規制緩和を実施した。この改革によって，海外直接投資の誘致，技術移転，資本市場の改革，国内取引の規制撤廃，取引形態の見直しなどが一気に進んだ。中近東諸国では，1970〜1990年代にかけて産業開発プログラムが次々と導入され，原油などの国内天然資源を利用した経済開発を推進した。湾岸戦争（1990年8月〜1991年2月）による被害が甚大であった上に，2000年初頭は原油価格の変動およびアラブの春（2010年12月17日〜2012年半ば）の余波を受けて，着実な経済発展は望めなかった。2011年以降，イラク，シリア，レバノン，イエメンの経済不振が中近東全域の経済にとってマイナス要因となっている。ドバイ（アラブ首長国連邦），カタール，クウェートでは，観光業をはじめとする新興産業が経済開発の新たな活路となっている。

　アジア諸国の経済状態は概して上下動が激しく，各国の景気も似たような動きを示すことはない。1997年末にタイを中心で始まったアジア通貨危機は機関投資家が引き起こした通貨危機であり，タイバーツの貨幣価値は一気に下落した。バーツの下落はインドネシア，マレーシア，韓国，香港，シンガポールなどアジア各国に飛び火し，経済に大打撃を与えた。タイ，インドネシア，韓国はIMFの管理下に入った。日本は豊富な外貨準備高のおかげでこの危機を乗り越えることができた。2004年に巨大地震と津波に襲われたインドネシアとスリランカは経済的にも窮地に陥った。日本は，1992年に阪神大震災，2011年に東日本大震災に見舞われたときには，経済的ダメージを少なからず受け，経済活動は低迷した。2008年9月にはアメリカの住宅バブル崩壊に端を発する全世界的金融危機（リーマン・ショック）が発生し，日本，韓国，中国も一時的に経済が低迷したが，回復の兆しは比較的早く訪れた。

　中国，日本，インド，韓国などの世界経済を牽引する国々は自国の経済の活性化と強化を継続的に行ってきた。インドネシア，マレーシア，フィリピン，タイ，ベトナム，バングラデシュ，スリランカは，長年にわたって高い経済成長率

を保持している。もし，中国，インド，バングラデシュ，パキスタンなど，巨大な労働人口を保有する国々から安価な労働力が海外へ流出すれば，労働力供給国の経済成長や生活水準は一時的に低下することも考えられる。アジア経済の景気に対するアメリカのトランプ新政権誕生（2017年1月20日）の影響もまだ明確にみえていない。

6. 本著のフォーカス

　まず，本著はアジアの代表的7カ国，すなわち中国，インド，日本，インドネシア，マレーシア，トルコおよびタイの人的資源管理（human resource management/HRM）の研究に特化したものであることをここに強調しておきたい。それぞれの国の地理的位置は，アジア西部のトルコ，南部のインド，南東部のインドネシア，マレーシアおよびタイ，東部の中国や日本というように様々である。各国のHRMは，その時代性，評価，研究の度合いにも幅があるが，理論や実務方法の見直しが継続的に行われている。第2の重要点は，国ごとにHRMの解釈が異なるので，各国独自のHRMの枠組みに基づいて，採用，教育訓練，人事配置，異動，給与，昇進・昇格，女性の雇用，労使関係，経営者の教育，経営の展望などの点からHRM制度を検討したことである。なお，マレーシアとタイの場合日系多国籍企業のHRMも研究対象としたが，これらは著者の他の研究プロジェクトで取り扱った研究成果物である。第3のポイントは，HRM慣用の多様性を，文化の多様性と組織的側面の視点から検討したことである。国家の経済力や文化的特徴の強さは，HRMの近代化や発展，推進に与える影響が大きく，国外HRM慣用の導入を左右する。文化的背景の影響を受けながらHRMが国ごとに特徴的に運用されているという解釈が妥当だと考えられる。最後に，調査対象の7カ国の経済状態は，低中所得階層のインドから高所得階層の日本まで幅があるものの，人口と経済力が豊かな中国，インド，インドネシアのHRM体制は比較的整備され，その研究も多数存在している。先進国である日本のHRMは第二次世界大戦直後より構築が始まり，西側先進諸国の管理・経営実務方法を日本の社会や文化に合わせて導入，改変してきた。日本以外の6カ国は，海外のHRM慣用を現地化する試みが進んでいる一方，それぞれの国は社会文化的要素に沿ったHRMが育成されることが期待できる。

7. 本著の学術的位置付け

　本著は　中国，インド，インドネシア，日本，マレーシア，タイ，トルコの7カ国をサンプルとして行ったアジア諸国の人的資源管理に関する研究の集大成である。著者が，アジア経済やアジア経営管理を専門分野として，学部および大学院で長期にわたって教育や研究に携わって蓄積してきた知識や研究資料は膨大である。中でも，2006年以降は，南山ビジネススクールで講座「アジア諸国の人的資源管理」，「イスラム圏アジア諸国の企業経営」，「日本経営論」，「海外から見る日本的経営」を担当する機会に恵まれ，アジア全般の経営管理，その理論，実務，文化に関する知識をさらに深めることできた。アジア経営管理の領域ではEverett, Krishnan, and Stening（1984），Putti（1991），Chen（1998），Hasegawa and Noronha（2009）らの研究資料の影響と激励を受けた。また，中近東やアジアの発展途上国の人的資源管理に関してはBudhwar and Debrah（2006），Budhwar and Mellahi（2006 and 2016）らの著書に巡り合うことができた。これらの学術資料はそれぞれ，様々な視点から経営管理に関する調査研究を実施して国ごとにまとめたものである。これらの書籍には24の国・地域に及ぶ（バングラディシュ，中国，香港，インド，インドネシア，イラン，イスラエル，ヨルダン，クウェート，レバノン，ネパール，韓国，マレーシア，オマーン，パキスタン，カタール，サウジアラビア，台湾，タイ，トルコ，フィリピン，シンガポール，アラブ首長国連邦，ベトナム）経営管理に関する研究結果に触れることができる。

　いずれの著作は，アジアの経営管理理論，慣習，文化的背景についてたぐいまれな知見を提供する。企業経営上の現状と課題，経営管理の理論上の問題，各国最新の経営管理手法に関する分析などの概説も紹介する。多様な背景を持つ企業のビジネスの発足，経営慣習の営みに関する状況を，各国の経営管理文化および経済開発政策を背景に踏まえながら検討する。また，国民および企業文化に関する調査結果を詳細に紹介する。実務，倫理，ビジネス環境などの側面からビジネス理論や慣習を検証するので，学生，企業経営者，財界リーダー，政府関係者，学術研究者などの幅広い読者層を満足させ得る内容となる。さらに，国別のケーススタディ形式になっているため，各国の経営管理システムの多様性を明らかにする一方，アジア諸国の政府や企業が採用している経営戦略の比較調査の一助と

こうした文献の全ては権威的研究者・学者による著作であり，そのもととなる資料には講義や質疑応答のメモが含まれている。その結果，アジア地域の企業経営体制全般の学識を高めたい読者にとっては貴重な文献である。研究対象国は限定的ではあるが，各国の経済や経営管理体制が現在の姿になるまでの歴史的背景を学習しながら，企業環境に関する広範かつ緻密な研究結果を提供する。従って，アジア独特の経営システムに関する基本知識を身につけようとする大学生や経営専門家には，情報提供式で理解しやすい。特に，これらの文献は，南・東南・東や西アジアの文化，人間側面，政治などをその歴史と関連づけ，ビジネスや経営システムの分析に活用する。

　アジア全般の経営および人的資源管理分野についての英文献は多数存在する反面，日本には日本語で刊行された文献資料は殆ど存在しない。また，東南アジアの日系企業を概説する文献はあるが，包括的な先行研究は見られない。大学教授の共著として出版されている著作（市村，1980）は，インドネシア，マレーシア，シンガポール，タイ，フィリピンの日系合弁企業の実態に関する京都大学東南アジア研究所のある研究チームが研究をまとめたものである。終身雇用制，年功序列型賃金とボーナス制，企業別労働組合，稟議制意思決定方式の4つに代表される日本的経営方式の現地適応の度合いを明らかにする。これらの4側面については大幅に修正された会社が多く，移転よりも現地適応型がやや多かった。Ichimura, Imaoka, Tomita (a), Kosiyanon and Yoshihara, Tomita (b), Yoshihara, and Ito（全1985年出版）は，香港，マレーシア，フィリピン，韓国，台湾，タイに立地する日本多国籍企業の経営慣習の現状と日本的経営方式の移転・移植の可能性の研究である。この研究グループのメンバーはいずれも先に述べた京都大学東南アジア研究所の研究プロジェクト所属であったが，日本的経営方式の現地導入を困難とする日本と各国との経済や文化の相違点について研究を行った。しかし，ある時，日本的経営の特徴でもある社内昇進，教育訓練，ボーナス制度，福利厚生制度，小集団活動などが現地に導入，浸透していることを発見し，「日本的経営方式の現地導入は困難である」という考えは誇張であると主張した。また，調査対象となった日本企業の経営方法は，日本国内の純粋な日本企業のそれとは大きく異なっていることも明確にした。この調査研究チームは1988年に彼らの研究

を総括する研究レポート（市村，1988）を出版し，日系合弁企業の賃金決定，人事考課の採否，人材の補充，昇進基準，人材養成方法など全ての施策が，日本国内の企業のそれと類似していることを明らかにした。他の書籍，小川・牧戸（1990）は，韓国，台湾と東南アジア諸国への技術移転の特徴を研究した。

　1980年代から90年代に日本で行われていた調査研究は，東南アジア諸国の日系合弁企業における日本的経営方式に関するものが多かった。これは，アジアの日系企業がこぞって現地の経営方法を学びとろうとしていたことが理由であると思われる。しかし本著者は，アジアの経営管理を集中的に取り扱った学術研究書にこれまで出会ったことがない。強いて挙げるとすれば，インドネシア，マレーシア，シンガポール，フィリピン，タイの企業経営環境に関する研究を行った伊藤（1992）による「東南アジアの経営風土」が唯一である。後に，陳（2014）が研究対象国に中国，インド，韓国を加えて，『アジア経営論』を出版した。『アジア経営論』は，各国の市場構造と企業経営の特質について，特に企業の経営投資環境と日本を含む対象諸国の企業の形態・成長戦略，アジア諸国への進出の状況を的確に把握することを目指すものである。日本人読者をターゲットにしたアジアの経営管理に関する研究書の不在は，経営管理研究分野にとって望ましい状態ではない。従って，本著の出版によって日本語研究書不在の穴を埋めることを目指したい。

　本書は，まず第1に，中国，インド，日本，インドネシア，マレーシア，トルコ，タイのHRMに特化したものであることをここに強調しておきたい。それぞれの国の地理的位置は，アジア西部のトルコ，南部のインド，南東部のインドネシア，マレーシアおよびタイ，東部の中国および日本というように多種多様である。各国のHRMは，その時代性，評価，研究の度合いにも幅があるが，理論や実務方法の見直しが継続的に行われている。第2の重要点は，HRMの解釈が国ごとに異なるので，各国独自のHRMの枠組みに基づいて，採用，教育訓練，人事配置，異動，給与，昇進・昇格，女性の雇用，労使関係，経営者の教育，経営の展望などの点からHRM制度を検討したことである。なお，マレーシアとタイの場合，日系多国籍企業のHRMも研究対象としたが，これらは著者の他の研究プロジェクトで取り扱った研究成果である。第3の重要点は，本著はHRM慣用の多様性を，文化と人種の多様性，組織的側面の格差の視点から検討したもので

あるということである。国家の経済力や文化的特徴の強さは，HRM の近代化や発展，推進に与える影響が大きく，国外 HRM 慣用の導入を左右する。文化的背景の影響を受けながら HRM が国ごとに特徴的に運用されているという発想が妥当だと考えられる。最後に，研究対象の 7 カ国の経済状態は，低中所得階層のインドから高所得階層の日本まで幅があるものの，人口と経済力が豊かな中国，インド，インドネシアの HRM 体制は比較的良く整備され，その研究も多数存在している。先進国である日本の HRM は第二次世界大戦直後より構築が始まり，西側先進諸国の HRM 実務を日本の社会や文化に合わせて導入，改変してきた。日本以外の 6 カ国は，海外の近代的 HRM 慣用を内部化する試みが進んでいる一方で，それぞれの国の社会文化的要素に沿った HRM が育成されることが期待できる。本著はこうした特徴を持つ独自性のある教育研究上の成果物として，日本におけるこの分野の研究上の空白を埋めるものである。

注意
1) 本章で引用した情報は，長年に多数の研究や教育活動にわたって収集したものである。全ては，一覧表にリストアップしていない。また，情報の多くは，学部や大学院での講義での使用を目的にしたものである。情報の出所が未検証であることをここでお詫びする。

参 考 文 献

Asian Development Bank (2014/2015/2016). *Asian Development Outlook*, Mandaluyong City, Metro Manila: ADB.
ASEAN (2008). "ASEAN Economic Community Blueprint", Jakarta: Association of Southeast Asian Nations.
ASEAN (2016). "About ASEAN", http://asean.org/asean/about-asean/ (accessed on November 21, 2016).
ASEM (2017). "About the Asia-Europe Meeting (ASEM)", http://www.aseminfoboard.org/ (accessed on January 14, 2017).
Budhwar, Pawan S. and Debrah, Yaw A. (2006). *Human Resources Management in Developing Countries*, New York: Routledge.
Budhwar, Pawan S. and Mellahi, Kamel (2006). *Managing Human Resources in the Middle*

East, New York: Routledge.
Budhwar, Pawan S. and Mellahi, Kamel (2016). *Handbook of Human resource Management in the Middle East*, Northampton, Mass.: Edward Elgar.
Chen, Min (1998). *Asian Management Systems - Chinese, Japanese, and Korean Styles of Business*, New York: International Thomson Business Press.
陳　晋（2014）.『アジア経営論―ダイナミックな市場環境と企業戦略』ミネルヴァ書房。
Commonwealth of Independent States/CIS (2017). "About Commonwealth of Independent States", http://www.cisstat.com/eng/cis.htm (accessed on January 24, 2017).
Everett, J. E., Krishnan, A.R., and Stening, B.W. (1984). *South-East Asian Managers – Mutual Perceptions of Japanese and Local Counterparts*, Singapore: Eastern Universities Press.
Japan Technical Information (2006). *Nippon – The Land and Its People*, Tokyo: Gakuseisha.
Hamdan, Sara (2012). "A Call for Private Investment in Gulf Health Care", *The New York Times*, January 4.
Hasegawa, Harukiyo and Noronha, Carlos (2009). *Asian Business & Management – Theory, Practice, and Perspectives*, New York: Palgrave Macmillan.
Heibonsha (2005). *World Atlas* (in Japanese), Tokyo: Heibonsha.
Ichimura, Shinichi (1985). "Japanese Management in Southeast Asia – Introduction", *Southeast Asian Studies*, Vol. 22, No. 4.
市村真一編（1980）.『日本企業インアジア』，東洋経済新報社，東京。
市村真一編（1988）.『アジアに根づく日本的経営』，東洋経済新報社，東京。
Imaoka, Hideki (1985), "Japanese Management in Malaysia", *Southeast Asian Studies*, Vol. 22, No. 4.
Ito, Shoichi (1985). "Japanese Management in Taiwan", *Southeast Asian Studies*, Vol. 22, No. 4.
伊藤禎一（1992）.『東南アジアの経営風土』白桃書房，東京。
Kosiyanon, Lily and Yoshihara, Kunio (1985). "Japanese Management in Thailand", *Southeast Asian Studies*, Vol. 22, No. 4.
OIC (2016). "History", http://www.oic-oci.org/ (accessed on December 30, 2016).
小川英次・牧戸孝郎（1990）.『アジアの日系企業と技術移転』名古屋大学経済構造研究センター，名古屋。
Putti, Joseph M. (1991). *Management: Asian Context*, Singapore: McGraw-Hill.
SAARC (2016). "The South Asian Association for Regional Cooperation (SAARC)", http://www.saarc.com/ (accessed on December 29, 2016).
Stough, Roger and Thatchenkery, Tojo (2014). "India's Transformation: ICT and Economic Development", *Global Studies Review*, Special Issue, November.

Tsujimoto, Takahiro (2017). "Investments increasing in ASEAN; many tasks remain", *The Japan News*, January 17.

Teso, Yumi and Kondo, Masaki (2016). "In Asian Currency-Reserves Checkup, Two Come Out on Top", https://www.bloomberg.com/news/articles/2016-11-24/in-asia-currency-reserve- heckup-two-countries-come-out-on-top (accessed on January 24, 2016).

Tomita, Teruhiko (1985(a)). "Japanese Management in the Philippines", *Southeast Asian Studies*, Vol. 22, No. 4.

Tomita, Teruhiko (1985(b)). "Japanese Management in Hong Kong", *Southeast Asian Studies*, Vol. 22, No. 4.

United Nations Economic and Social Commission for Asia and the Pacific (UNESCAP) (2016). "About ESCAP", http://www.unescap.org/about (accessed on December 29, 2016).

Vogel, Ezra F. (1984). *Japan As No. 1 – Lessons for America*, Tokyo: Charles E. Tuttle Co.

―――― (1991), *The Four Little Dragons – The Spread of Industrialization in East Asia*, Cambridge, Mass.: Harvard University Press.

Wikipedia, The Free Encyclopedia, Wikimedia Foundation, Inc. (2016a). "Asia", https://en.wikipedia.org/wiki/Asia (accessed on August 26, 2016).

Wikipedia, The Free Encyclopedia, Wikimedia Foundation, Inc. (2016b). "Ethnic Groups in Asia", https://en.wikipedia.org/wiki/Ethnic_groups_in_Asia (accessed on September 1, 2016).

Marshall Cavendish (2008), *World and Its Peoples: Eastern and Southern Asia*, New York: Cavendish Square Publishing.

World Atlas (2016). "Maps, Facts, and Geography of Asia", http://www.worldatlas.com/webimage/countrys/as.htm (accessed on August 26, 2016).

World Bank, The (1994). *The East Asian Miracle – Economic Growth and Public Policy*, New York: Oxford University Press.

―――― (2016). *World Development Report 2016*, Washington, DC (information here are cited from Table 1.1 World Development Indicators: Size of the economy).

World Population Review (2017). "Asia Population 2017", http://worldpopulationreview.com/continents/asia-population/ (accessed on February 3, 2016).

Yoshihara, Hideki (1985). "Japanese Management in Korea", *Southeast Asian Studies*, Vol. 22, No. 4.

第2章　日本における人的資源管理

1. 日本的経営とは何か

　アメリカの科学的管理法（Scientific Management）や目標管理法（Management by Objective），西欧で主流の参加型経営（Participative Management），ドイツのゲマインシャフト（Gemeinschaft，共同体，コミュニティ・オーガニゼーション：Community Organization とほぼ同義），イギリスの3者（労働者−経営者−政府機関）労使関係（Tripartite Industrial Relations）による経営，旧ソ連や東欧の社会主義国家のスタハノフ主義（Stakhanovism）経営，中国のグァンシー（Guanxi：関係）や鉄飯碗（iron rice bowl）雇用慣行などとならんで，日本的経営も日本独自のユニークな経営システムとして知られている。いずれのシステムも，時代の流れの中で，国家制度の変革，国家経済やビジネス環境の変化，グローバル化と地域化の進行，競争形態の変化，ビジネス習慣や生活スタイルの変化などの影響を受けて，構造形態の改革や新要素の吸収を経て，大きな変貌を遂げている。日本的経営は，様々な国や分野から選択してきた経営要素を「日本化」し，日本独自の生活習慣やビジネス習慣に取り込み，さらに日本的発想を組み込む，という過程を繰り返しながら発展してきた。最新の研究や学術文献（書籍，「アカデミー・オブ・マネジメント」および「日本経営学会」をはじめとする経営学分野の各研究会・学会の刊行物）を閲覧すると，「日本式経営システムの具体的特徴は一体何なのか？」という問いかけに対して，明確な回答を提示することができないほど多くの要素が複雑に重なり合った経営方式である結論に至る。日本的経営は1970〜1980年代にかけて「謎の多い経営」として世界各国で研究されたが，最近では研究対象としての魅力を失いつつあり，日本の学生のみならず，研究者や経営実務家もその特徴を理解できない状況にある。こうした背景から，本研究は日本的経営の現状について述べ

るものであるが，同時に日本的経営への学問的アプローチの一助となることも目的にする。

　本章では，日本的経営の諸側面（概念，雇用，賃金，労働組合，教育訓練，意思決定，下請け・系列，JIT・かんばん方式，TQC，QC サークル活動，日本企業の海外直接投資）における特徴を考察し，日本的経営システム形成の歴史的要因の考察，さらに海外移転および日本国内での外資系企業の経営編成についても論じる。研究方法としては，既存文献の調査，企業ホームページの閲覧，および聞き取り調査を利用する。本稿は，経営学初心者，学部学生，大学院経営学研究科学生，MBA/MOT を目指す専門職大学院経営研究科学生をターゲットとして，各分野の一般的側面と特色を紹介するものである[1]。

　日本の経営は「日本的経営」，「日本型経営」と呼ばれる。「世界第 3 位の経済大国である日本の企業，特に民間企業が，ヒト，モノ，カネ，メソッド，情報などの要素を効率的・効果的に利用し，雇用者・被雇用者・取引先・国家・社会などの多岐にわたるステーク・ホルダーの要求や需要を満たし，目標を達成，実現させるために採用するあらゆる経営手段，方法，組織，戦略などのことである」という定義もあるが，この内容では学問的には不完全であると思われる[2]。正しくは，日本の国民性，経済，社会，文化，風土，ビジネス習慣の中で誕生・定着・普及して，また国内外で日本企業によって特徴的に用いられている日本独自の経営組織やシステムが日本的経営であるという定義になる（Khondaker, 1990 and 1997）。

　アメリカ人経営学者 James C. Abegglen（1958）は，『日本の経営』（The Japanese Factory）において，日本の企業における雇用慣行の特徴を明示した。後にこれは「日本的経営」と名づけられ，研究やその経営方法の応用において注目を浴びた。アベグレンは「日本的経営」の名づけ親とも言える。日本では，岩田龍子（1977），津田眞澂（1980），間宏（1981），尾高邦夫（1984），小池和男（1991）などが労務的側面や社会学的側面の綿密な調査，分析，理論化を行い，「日本国民の心理的特性である集団主義」が日本的経営の根本であると解明した[3]。

　現在までの学説をまとめるとおおよそ次のようになると考えられる。――企業は従業員を学校卒業直後に採用するが，採否は個人の属人的要件によって決められ，特定の職務のために決定されるのではない。雇用は社員の全生涯にわたって

行われるが，給与や昇格は勤続年数をベースにして決まる。企業で必要な技能は企業で訓練する。また，おのおのの社員の年齢，学歴や経験に合わせてキャリアを計画し，そのキャリアの各層で必要となる技能や熟練を習得するために適切な教育訓練を提供し，成績評価を行ってから昇格を決める。労働者を代表する組織労働組合は企業内で組織し，社外からの介入を避ける。経済協力開発機構（Organization for Economic Cooperation and Development/OECD, 1973 and 1977）は，1973年の日本の人的資源政策に関する報告書において「終身雇用制」，「年功序列制」，「企業別組合」を日本的経営の「三種の神器」であると述べ，1977年の労使関係の発展に関する報告書において「共同体としての企業，垂直的上下関係と相互責務，コンセンサスによる意思決定」を社内における行動様式として取り上げた。1990年旧経済企画庁（現内閣府）発行の「経済白書」では，上述の「三種の神器」に「合意による意思決定」を追加して「四種の神器」とした（大橋, 1996）。次節では日本的経営の諸側面を簡潔に説明する。

2. 日本的人的資源管理の諸特徴

本節では日本的人的資源管理の諸側面，すなわち，終身雇用，年功序列，教育訓練，企業別組合を検討し，後に人的資源管理と密接な関係を持つ意思決定，生産管理，下請け・系列，品質管理の特徴を検討する[4]。

2.1 終身雇用制

終身雇用制とは，正規採用した従業員を，景気変動にかかわらず，定年まで雇用するシステムである。この制度は大企業に限定される一種の雇用慣行であり，契約ではない（Abegglen, 1958）。経営不振や不況時であっても従業員の雇用を保証する。会社に対する従業員の忠誠心の向上，労使関係の安定化に役立つとされる。

雇用者は，新規学校卒業者を定期採用するが，従業員を長期雇用するために多様な方針を打ち出し，退職年齢までの職務経路を計画する。職務経路の各層で教育訓練を実施し，実績を評価する。採用，人事配置，異動，退職などを全て定期的に行うため，人事管理の計画化，合理化，人事管理コストの低減が可能になる（Khondaker, 1990 and 2007）。

従業員の代表である労働組合は，組合員の雇用安定と労働条件の持続的向上に努めると共に，経営者と企業の持続的成長に全面的に協力する。経営者と従業員の双方に「会社と従業員は運命共同体である」という意識が強くなり，生産の効率化，コスト削減，利益の拡大，経営の合理化などを柔軟に確保できるようになる。

　日本の雇用慣行には伝統的な親分・子分関係が古くから存在していた。1960年代の高度成長期における労働力不足から，雇用側が従業員を大切にし，「会社が運命共同体」意識の下で，お互いの立場を率直に認め合うようになったことから，新たな親分・子分関係が誕生した。これが雇用者側と被雇用者側の信頼や依存を高めるきっかけとなった（岩尾，1982；尾高，1984）。

2.2　年功序列制

　終身雇用制の一環として用いられる年功序列制とは，勤続年数によって賃金増額や昇進を行う人事慣行である（宮坂，1989）。明治末に原型が成立し，昭和恐慌後に大企業を中心としてこの制度が整備された。年功序列制は，第二次世界大戦後一時的に中断したことあったが，1950年代の経済再生期や高度成長時期に復活した。1960年代以降は新技術および西欧の経営基礎の導入に伴って制度化され，その後，日本化および完全組織化が行われた。年功序列制は1970年代の安定成長期に大企業に定着し，やがて中小企業にも浸透した（Kono, 1984）。

　日本社会では，昔から年少者が年長者を尊重する慣行があった。企業においても「勤続年数が長くなるにつれて能力が向上して企業に対する貢献度も高まる」という考え方から，能力の向上と年功により賃金と地位が上昇する。昇格の際は，同じ勤続年数の従業員の中から，能力や実績がより高い者を選んで昇進させる度合いが強く，これは日本型メリトクラシーとしても注目されている（Ito, 1996）。

　年功型賃金構造には基本給，手当，ベースアップ，残業手当，ボーナス，退職金などが含まれる。基本給見直しやベースアップは物価や生活環境と連動して実施され，従業員の生活水準の安定的向上をバックアップする。また，企業は，社内での総合福祉制度を導入して，従業員の配属者や扶養家族および従業員自身の定年退職後の生活の支援も行う（Khondaker, 1990）。こうしたことから日本的経営

は「生まれてから死ぬまで (womb to tomb)」,「ゆり籠から墓場まで (cradle-to-the grave)」, 従業員の生活を全生涯にわたって保障する (Nonaka, 1988) と言っても過言ではない。

　2010年代に入ってから，日本の研究者，経営実務家，政府機関は，日本的雇用慣行の特徴は，従来の「終身雇用」や「年功序列制」が薄れ，「正規労働者の長期的雇用 (long-term employment of regular workers)」が雇用の現状になっていると指摘している。特に安倍政権は2016年からこの雇用慣行の見直しに力を入れ，日本の経済改革政策の中でも大きな重点を置いている。事実，日本の勤務時間は先進国中で最も長い。また，常態化する残業，繁忙期の長時間労働に起因する自殺や過労死が社会問題となっている。学生時代に就職活動を行い，卒業までに内定を獲得し，卒業と同時に企業の正社員となり，同一企業で長期間就業することが現代日本の標準的社会通念である (JILPT, 2017a)。長期雇用が日本的雇用慣行の伝統であるが，転職や中途採用に対する受容度も高まっている。

2.3　教育訓練

　前節の終身雇用制と年功序列制でも述べたとおり，企業は，仕事に必要な熟練，技能，知識の習得と向上を目的に，社内外で多様な訓練制度（OJT，Off-JTなど）を計画する。また，ジョブ・ローテーションによって様々な職種を体験させる制度も導入する（加護野／関西生産性本部，1984；林，1998）。

　通常日本の大企業はキャリア・パスを形成し，階層別（新入社員，一般社員，主任・係長，課長，部長などのクラス）の研修制度や能力開発方法を導入している。現場労働者の育成制度の基本は，職場の上司によるOJTが中心である。事務職の場合でも，上位の管理者が部下を適切に指導・育成する責任を負い，社内外で教育の機会を提供すると共に，教育施設の紹介，教育費の負担，自己啓発のための教材の提供などを行っている。OJTは上司の指導の下で，職務に携わりながら必要とする技能を開発する。事務職では中堅管理者，現場職では作業長や現場監督によるOJTが，日本的経営の力の源泉であるとして欧米から高い評価を受けている (Amaya, 1983)。

　日本企業においては，社員の「自己啓発 (employee's self-development)」を促す傾向が強い。会社は社員個人の自発的研修や通信教育などに対する補助，公的資

格修得のための援助，社外研修機関の紹介などをする。優秀な社員に対する上層部から支援体制がしっかりしており，未来のトップ経営者の予測も容易である。さらに，社内資格制度の設置，上司によるキャリア面接・進路相談，社外教育研修機関および講座・講演会への出向・派遣も積極的に行う (Amaya, 1983)。

採用，職務経路の計画，異動，教育・訓練，昇格などは人事部の裁量で行われるケースが多い。欧米のように選ばれた特定の候補者にビジネススクールなどの教育を受けさせようという傾向はまれである。同族会社の場合は，経営者の子弟などを若い時から経営者候補として教育，育成する。

日本の企業は，従来，教育機関での教育や資格取得にはあまり積極的ではなく，企業のために必要な熟練は社内教育訓練によって身につけさせるという考え方が主流であった。日本企業の多くは，従業員が「会社マン」として雇用企業の精神に傾倒することを望む。欧米と比較した場合，このような企業の姿勢は効率的であると評価されるが，最近，終身雇用や年功序列制度が大きく変貌する中で，社内教育訓練や会社が提供する研修のあり方にも変化がみられるようになった（村田，2002）。特に最近，西洋型教育訓練や Off-JT による教育訓練が注目を浴び，2015 年には日本全体の正社員の約 44％，非正社員の約 21％，さらに製造業，情報通信業，金融・保険業，学術研究専門・技術サービス業，サービス業において Off-JT の受講が急増した（JILPT, 2017b）。

3．労使関係

3.1　企業別組合

日本における労使関係の最大の特徴は，労働組合の数は「1 企業 1 組合」であり，企業内組合と経営者間で雇用の諸条件について交渉を行い，社外者や企業組合の産業別組織である単位産業別組合（単産/industrial federation of unions, 例，日本自動車総連，日本鉄鋼労連，日本電機労連，日本労働組合総連合会など），全国規模組合連合体（例，日本労働組合総連合会／連合，(Japanese Trade Union Confederation/JTUC)，全日本自治団体労働組合（自治労（All-Japan Prefectural and Municipal Workers Union/JICHIRO))　などの干渉が少ないことである。企業別組合は毎春，社内で労働条件（主として賃金ベースアップやボーナスについて）の団体交渉，勤務条件や労使関係について協議を行う。企業内で設置す

る「ユニオン・ショップ/union shop」の下で，労使間の調和に従ってある程度の経営層までが組合員として登録され，組合の活動や運動に参加する。「1企業1組合」の根本的基盤はこの「ユニオン・ショップ制度」である。西欧の国家規模の職種別組合と比べて企業別組合は脆弱であるという議論もあるが，団体交渉などが失敗した場合には組合が企業ごとにストライキを呼びかけることも可能であるなど，利点も多い。日本は国際労働機構（International Labour Organization/ILO）の条約を批准し，労働3権（団結権，団体交渉権，団体行動権）を憲法（日本国憲法第28条）で保証し，健全な労使関係を追求できる環境を備えている（Hanami, 1981，佐護・韓，1991）。

　日本における労使関係は他の先進国と比べて安定的ではあるが，労働組合の組織率は1980年以降年々低下している。1950年には46.2％であった組織率は，1980年に30.8％に減少した。さらに2000年には21.1％，2015年現在ではわずか17.4％にとどまっている。労働組合数が最も多かったのは1980年の72,693組合で，2015年にはこの数が52,768となった。労働組合を持たない中小企業の従業員や非正規労働者の組合加盟率の低さは依然として深刻な状況である。労働組合活動への無関心は労働者だけの問題ではなく，国民全体の民主主義に対する無関心さを表していると言える。

3.2　団体交渉と団体協約

　企業労働組合は，日本の大企業の労務管理の中核である。団体交渉は，企業ごとに経営幹部と労働組合の間で行う。単位産業別組合（単産）や労働組合全国連合体は，春闘，大量解雇，大規模人事異動のような特別な場合を除いて目立った動きをしない。労働条件は企業内の状況を考慮に入れて労使双方の話し合いで決定すべきであり，第3者は介入すべきでないという考え方が一般的である。企業経営者は，第3者の介入によって，友好的かつ誠実な労使関係が崩壊したり，企業秘密が漏えいしたりする可能性を常に危惧する。第二次世界大戦終戦直後の中央労働組合指導者による「行き過ぎた政治活動」が労働者にもたらした混乱と困難の記憶も鮮明に残っている。Mitsufuji and Hagisawa（1981）によると，労使は共に労働条件を決定するための団体交渉は企業内で行うべきであるという確固たる信念を堅持している。このため，たとえ企業の利益のために組合連合体に転出

した人物であっても，日本では彼らは団体交渉の場に臨むことはない。

　団体交渉の中心は企業であるが，交渉は段階を追って行われる。日本の大企業の労働組合は，本部，支部，事業所・工場など職場単位のグループというように，経営組織構造に呼応した階層構造を持ち，各層は相応する企業の層と継続的な接触を保っている。労使共に層を超えて接触をすることはない。Nitta (1984) は，鉄鋼大手企業の調査研究の中で，労使双方の本部／支部代表は，賃金や企業全体の労働条件などの基本契約もしくは労働契約の枠組み交渉に携わり，職場代表は，職場の異動などの細かい事案を担当していることを明らかにした。各部署の責任者は，シフトリーダーや職場リーダーである監督者と共に，勤務状況，仕事効率，休暇，残業などの日常の問題を解決する。

　団体交渉では，企業の状況に応じて，幅広い問題を協議する。具体例としては，(a) 賃金および手当に関する事案（昇給，各種手当，ボーナス，一時払い金，退職金，有給休暇など），(b) 異動・配置転換，解雇，出向，一時解雇，雇用調整などに関する問い合わせに対する個別対応，(c) 各種労働条件（福利厚生，安全，労災事故，業務に起因する疾病障害）と非法定補償（労働時間，休憩時間，無給休暇）に関する事案，(d) 業務内容，勤務場所，労使関係に影響が出ると考えられる，経営および生産に関する諸問題（経営計画，生産計画，人員計画，新技術導入，技術改良，生産性向上など），(e) その他の団体交渉事案（労働契約の適用範囲，不平対応，労使協議，労働組合加入条件，ユニオン・ショップ制度，交渉手順，第3者に労使交渉を委任する場合の問題，紛争解決，ストライキの通告，ストライキに参加しない労働者の取り扱い，勤務時間内の組合活動，組合活動のための企業施設利用，フルタイム労組専従者の雇用）などがある (Japan Institute of Labor/JIL, 1986)。

　日本の労働関連法は，労使交渉の普及と促進，集団交渉の実施を支援している。労働組合法第14条では，労使が実施する集団交渉は，労使双方の代表者が妥結書に署名捺印をした時点から有効とみなし，最長3年の効力を持つと定めている。有効期限の記載がない場合は，当事者の一方が，少なくとも90日前の予告をすることによってこれを解約することができるとされている。日本の労働者は，労使代表の妥結内容に異議を唱えることがないのが一般的な傾向だが，過去には団体交渉の内容が受け入れられないこともあった。しかし，団体交渉結果の差し止めを裁判所に申請したり，労使協定を解消するという事態は，極めてまれ

なケースである（Mitsufuji and Hagisawa, 1981）。特定の地域で類似の職業に就く労働者の大多数が集団交渉の対象となるのであれば，労働省や地方自治体は，労働委員会と協議の上で，企業の枠を超えて，特定地域の同業種という条件下での集団交渉の適用範囲を拡大することに協力する。こうした場合，省や県知事が労働委員会の提案に基づいて活動事態を決める。

3.3 春　　闘

　日本の団体交渉は，毎年春に春闘（「春季賃上げ闘争」の略称）として実施され，これは他国にないユニークな特徴である。1955年に始まった春闘は，日本全国の民間と国営部門の労働者と労働組合がその年の年間賃金引き上げを求めて実施する恒例行事である。労働組合指導者は経営陣との大っぴらな対立を避けようとする傾向があったため，交渉の場での労働者勢力はどうしても力不足であった。こうした状況を打開するために，労働運動のナショナル・センターとして戦後の一時期日本に存在した日本労働組合総評議会（1989年解散，略称；総評）の発案で春闘による団体交渉が始まった。春闘は，労働組合の弱点を克服し，企業や業界といった垣根を越えて労働者の要求項目を1度に交渉するために考案された戦略であった。同業の複数企業，同程度の規模の複数企業が交渉戦略を調整し，産業連合の指導の下に毎春，交渉計画を練り，賃上げ要求を実施する（Hanami, 1982）。

　春の交渉本番の準備は1年を通じて行われる。活動の最盛期を春季に設定する理由は，日本の会計年度（4月〜翌3月）に合わせていることにある。公務員給与を確定するための国家予算も4月始まりである。事業主にとっては，事業計画やプロジェクトの予算と共に賃金引上げに必要な予算も策定する方が容易である。賃金交渉が妥結すると，労働組合は個別に活動内容の再検討を行い，次年度の春闘に向けた交渉の基本案の構築に取り掛かる。6月から10月初旬の間に定期会議を開催し，翌年の賃金引き上げ交渉の重点項目など，年次アクションプランを決定する。毎年10月半ばに，全国の労働組合連盟は国民春闘共闘委員会を結成して共闘体制を整える。この委員会は，構成メンバーとなっている産業別組合の運動計画や日程の取りまとめや調整を担当する。産業別組合は，この結果を各企業の労働組合に通達する。12月に翌年の賃金闘争に関する報告書を発行，賃上

げ要求の基本額を明示する。春闘の基本目標は，物価上昇率を反映した上で，国家経済の状況に見合った賃金水準を維持することである。賃上げの重点ポイントとしては，(a) 生活費の増加に対応するための，賃金水準，一時金，退職給付金の見直し，(b) 生きがいおよび労働生活の質の観点から期待される生活水準の向上，の2点を挙げている。これに対して，企業の財務，業績，生産性のあり方などに疑問を提議する組合に対して，日本経済団体連合会（Japan Federation of Economic Organizations）は，労働者側の要求に反対の立場から報告書を発行する。日本経済団体連合会は実質経済成長の限度内での賃金引き上げを容認しているが，雇用増加による引き上げは除外している。また，原価上昇によるインフレを招く危険があるという理由から，労働組合が提唱する，物価上昇分を補塡可能な昇給政策には批判的である。

このように労使が相反する立場から交渉に臨むため，春闘は勢いを持った労働交渉になる。全国労働組合組織と国民春闘共闘委員会は交渉スケジュールや戦略を協働し，春闘闘争における先導産業を選定する。2月から3月初旬には，産業別労働組合連盟は年次総会もしくは中央委員会を開催し，全国労組が設定したガイドラインに基づいて，賃金要求の詳細を決定する。企業労働組合はそれぞれ企業側に要求を提出し，3月半ばに一斉に団体交渉に入る。その間，全国労組と共闘委員会の執行部は，国へ減税要求を提出し，労働者の利益保護のための政策策定を内閣に求める。

春闘の成否を決定するのは，先導産業の業績である。1980と1990年代には，鉄鋼業界と私鉄業界が「主要先導産業」であった。しかし現在では，トヨタ自動車などの優良企業が先導産業の役割を担う。世論を誘導するようなデモ行進，公共施設での集会など，精力的な運動を司式的に行い，先導産業の中でストライキを実施する。しかし，ストライキは必ずしも業務停止を目的とするのではない。厚生労働省の調査によると，春闘中にストライキを実施するのは労働組合を持つ企業の2割にとどまっていたが（Ballon and Inohara, 1973），1990年代や21世紀にはストライキが殆どない。労使妥結に至るまでの交渉期間は通常，10日から50日に及び，3回から10回の交渉が段階的に行われる。議事内容は，企業の支払い能力，同業他社の賃上げ，消費者物価の傾向，組合員の生活水準などである。警告的ストライキを実施する，企業の出入り口に赤旗を掲揚する，ビラを配る，

過激なスローガンを街宣するなどの行為に出ることもある。しかし，交渉が妥結すれば，こうした騒動も一瞬にして収束する。これまで，日本企業が春闘中の労使交渉によって減産，業務不能に陥ることはなかった。

　先導企業での団体交渉が妥協すると，他業界の企業の労働組合と経営者も先導企業の妥結内容に沿った団体交渉を進めるのが一般的である。自動車，造船，電気機械などの製造業界は，企業ごとに独自の条件を提示しながら，先導企業とほぼ同レベルの賃金引き上げを求める。この独自な賃金決定方法によって，政府が民間企業の賃金交渉に干渉することを回避できる。先導業界を含む主要業界内で生じた労働争議は，中央労働委員会が，あくまでも独立機関として，調停する。しかし，公共部門の労働争議は，人事院と中央労働委員会の2機構が調停にあたるが，賃金の引き上げ内容は，予算成立前までに内閣に報告することが必要となる。公共企業の労働組合は，先導業界の妥結内容が確定するまでは，各自の目標達成のための交渉を継続するが，民間主要部門の企業の賃金引き上げ内容と足並みをそろえて交渉を妥結する。小規模企業，特に地方部の小規模企業の賃金調整も行われる。中央労働委員会は全部門の賃金調査結果報告を労働省に提出する。最後に，地方企業の賃金に重点を置きながら，都道府県ごとに法定最低賃金が決定される。

　春闘は，日本の労働運動に新たな局面をもたらす。春闘によって労働者と経営者同士の友好的で堅固な共同体意識が生まれ，春闘の舞台は団結労働運動の戦略と方法を試すための機会となる。Ballon and Inohara (1973) は，春闘なしでは，日本の労使関係は全く意味をなさないと断言する。直近20年には労働組合組織率，労使紛争と紛争解決の発生回数は激減しているが，それにもかかわらず春闘が日本の労使関係に特別な意味合いをもたらすと言える。

4. 人的資源管理と密接な関係を持つ4側面

4.1　意思決定

　日本の人的資源管理は企業経営における意思決定にも反映する。欧米ではトップダウン型意思決定（top-down decision）が主流であるのに対して，日本企業における意思決定のプロセスはボトムアップ型（bottom-up）である。これを「合意による意思決定（consensus decision making）」，または「集団的意思決定（group decision making)」とも言う（村田，2002）。前者は文字どおり，上位の権力者が重要なことを決め，部下にその実行の命令を下す方法である。日本の場合，戦略的な案件ではない限り，その案件と直接関係する責任者に決定権を委譲して決定の原案や実行の方法を提案させ，関係者と事前に相談をしてから決める。事前承諾があるため，決定事項を実行するにあたっては抵抗や摩擦が少なく，スムーズに進む。

日本の意思決定における合意の手段として「稟議」や「根回し」がある。これらは合意の場に，意思決定にかかわる組織や関係者を幅広く参加させ，決定事項の実行に対する協力を確保するものである。「稟議」は根回しのフォーマルな手段である（Ohtsu and Imanari, 2002）。稟議については以下の引用を参考にされたい。

「根回しを公式化したものともいえ……，中堅以下で計画された実行計画が「稟議書」という書類にまとめられ，関係先の審議を経て（たとえば財務部，経理部，監査部など），多くの役員の承認を得てから実行に移すという意思決定の方法である。情報伝達，承認権限の確認儀礼としての性格を持ち，……意見対立の解消，報告共有の機能をはたす。……根回しとは，決定に先だって，周囲の各方面に情報を提供し，その意思を取り入れたうえで，コンセンサスを作り出すプロセスである」（加護野／関西生産性本部，1984，73～74）。

根回しの段階で意見の相違が生じた場合，原案を修正することもあり，賛成者は印鑑を押し承認をする。最高決定権の所在は案件の重要性によって異なるが，戦略的最重要案件は社長，比較的重要案件は直接関係する役員，やや重要案件は部長や課長によって決定されることが多い。稟議書は意思決定の議事録として利用するケースが増え，稟議書を保管する企業が多くなり，最近では，コンピュータによる稟議や根回しを行う企業も増えている。

4.2 生産管理

日本の自動車企業によって代表される生産システムを「ものづくりの経営」とも言う。この生産システムは，「最先端の技術の導入→採用→適応→模倣→吸収→定着」といういずれの企業にも共通するプロセスをたどる。新製品開発，工程，技術の開発は研究開発部門が行う。日本の大企業の生産システムは「大量生

産―大量消費型」から少量多品種型に移行している（竹内，1996）。特に，自動車，電気，機械，重化学，半導体，ソフト産業，情報，サービスの各部門は少量多品種型からさらに高付加価値型に展開している。また，生産技術を重要視し，技術の急激な変化に対応するために長期的な視野を持って研究開発部門に多額の投資をする。日本の「ものづくり文化」は，集団主義的行動様式を取り入れ，生産現場作業者の知識と意見を尊重する傾向が極めて強いのが特徴である。これは，次項で述べる全社的品質管理（Total Quality Control/TQC）や現場労働者を中心とするQCサークル活動において顕著である。

　トヨタに代表される日本自動車産業界の生産システムを「リーン生産システム」と言う。リーン生産システムは，恒常的カイゼンによって生産工程の効率化を行い，同時に，ジャスト・イン・タイム方式による無在庫生産を行うシステムである。トヨタのリーン生産システム（Toyota Production System/TPS）は1940年代から段階的に整備され，①ジャスト・イン・タイムとかんばん方式，②自動化の2つの構成要素からなっている。

　　Just-in-Time/JITの原理は，必要な部品などを必要なときに，必要な量だけ生産現場に提供ができれば，現場のムダ，ムラ，ムリを解消して生産効率を向上させる事ができるという考え方である。「かんばん」はその手段の1つである。実際のかんばんは四角のビニール袋の中に小さな紙切れを入れて，生産部品のカゴにつけ，部品の種類や必要とする量を示す，一種の生産指示板である。後工程で部品が組み立てられると，決められたタイミングで後工程が前工程に「かんばん」を戻し，必要な量を引き取る。前工程はジャスト・イン・タイムの考え方にもとづき，戻ってきたかんばんの分だけを生産し，補充する。「自動化」は，機械に良し悪しを判断する機能を組み込み，異常が出たら直ちに停止する仕組みをあらかじめつくっておくことである。それによって，異常を自動的にチェックし，不良品の発生を防止し，作り過ぎを抑えることができる（加護野／関西生産性本部，1984，116～118から一部改編して引用）。

　トヨタは，工程の生産状況を示す「あんどんボード」の導入によって，作業にトラブルが生じた場合にラインを止める決定権を現場作業員に持たせ，自動化を実現した（Toyota Motor Corporation, 1988）。

4.3　下請けと系列

　日本の完成品メーカーは下請け・系列企業から部品の供給を受けている。この「下請け・系列」のシステムは世界中が注目するところである。完成品メーカーは部品メーカーや系列企業の「協力会」を組織する。例えば，トヨタ自動車の「協豊会」，日産自動車の「宝会」，「晶宝会」などがその例である。また，大手下請け企業や部品メーカー自身も「下請け・系列」を形成し，独自の「協力会」を組織化する。こうした完成品メーカーの下部構造として存在する部品メーカーの下請けや系列形態を垂直的統合と言う。また，日本経済における「2重構造」とも言う。製造工程の細分化と共に小規模企業から大規模企業へと生産工程を連携して分担する生産システムは，完成品を製造する上位企業により安く部品を供給することを可能にする。日本の下請け関係の場合，承認図面方式が主流である。完成品メーカーのリクエストに応じて下請けや系列の部品メーカーが部品の開発や図面作成を行う。完成品メーカーは図面の検討と承認をする（高橋，1996）一方，完成品メーカーは低コストで生産を行い，市場競争の場においても，比較的優位な立場から競争に参入することが可能になる。上位企業は部品下請け企業の財務，技術，品質管理における指導を行い，マーケティング面ではバッファー的役割を果たす。下請け企業や完成品メーカー間の人材派遣による技術移転・交換は日本的経営の強みを生み出す。

4.4　品質管理

　日本企業における品質管理システムは，全社的総合品質管理（Company-Wide Quality Control/CWQC），総合的品質管理（Total Quality Control/TQC; Total Quality Management/TQM），全社的生産保全（Total Productivity Maintenance/TPM）とも言う。このシステムには，経営の総合的経営方法（システム・アプローチ）として会社の各部署（生産，事業，営業，総務，カスタマー・サービスなど）がQC活動を行い，会社全体の生産，ビジネス，経営の質をアップさせ，経営の効率化を図ろうとする戦略である（Ishikawa, 1985）。自主管理活動，ゼロ・ディフェクト運動，カイゼン活動，提案スキームといった名称で呼ばれることもある。この中で最も盛んに行われているのは，現場従業員を中心とするいわゆるQCサークル活動である。職場の問題について勉強し，カイゼン方法を発見，実行することによって，

現場のムダ，ムリ，ムラをなくし，製品やサービスの質はもちろん，全社的生産性を向上させることを目標とする活動である。会社や現場の状況によって異なるが，一般的なQCサークルの形式では，同じ職場で働く5～8名が，直面する問題（課題）について勉強会を組織し，毎月数回1～2時間程度のミーティングを開いて意見交換を行って改善案や実行方法を打ち出す。QCサークルを立ち上げる手順として，①テーマの選定，②サークルの編成，③活動の計画，④問題の原因の分析，⑤改善・解決案の立案，⑥改善方法の実行，⑦再発防止，の7ステップがある。この7ステップを一巡すると次のテーマ選定に移る。また，品質改善のスローガンとして「品質改善の7S」がある。これは整理，整頓，清掃，清潔，躾，安全，スマイルの頭文字をとったものである。

　QCサークル活動には「7つ道具」が用いられる。従来の「QC7つ道具」は数値データをもとにした品質管理手法で，パレート図，特性要因図，チェックシート，ヒストグラム，散布図，管理図，グラフで構成される。これに対して「新QC7つ道具」は言語データによる品質管理手法で，連関図法，系統図法，マトリックス図法，親和図法，アロー・ダイヤグラム法，PDPC（Process Decision Program Charts）法，マトリックスデータ解析法からなる。これ以外に様々なツールがあるが，P-D-C-A（Plan-Do-Check-Action）サイクルに全てを組み込み，品質管理を行う（Hutchins, 1984）。道具の使用方法やQC活動の実践方法については現場監督や上位の同僚に指導を仰ぐ。日本のメーカー産業全体における現場レベルでの強みのもとはこうしたQCサークル活動である。

　以上の諸側面におけるサブ・ドメインには日本風の特色や独自性があるが，産業部門（自動車，鉄鋼，造船，機械，電気，エレクトロニクス，繊維），企業規模（大，中，小），企業集団（三井，三菱，住友，安田，松下，日立），技術レベル（ハイテク・ローテク），市場領域（国内と海外），生産拠点の所在（アジア，アメリカ，ヨーロッパ），国際化の度合い（本国指向，地域指向，世界指向），プロダクト・ライフ・サイクル，創立者や経営者の倫理などに応じて経営のスタイル，方法，戦略が異なる。また，経営の分野別に類似性と相違がある。国内市場での競争，協力，政府指導，労使関係，国際市場の変化，企業間の競合と競争なども経営のあり方を左右する。

歴史的に日本企業は，①従業員の人間性を尊重する，②人材を重視するため教育訓練への資金投入に積極的である，③経営側と労働者間の協議を大切にする，④長期的視野から設備，製品やプロセスの開発に豊富な投資を行う，⑤現場の知恵を積極的に活用する（Kono, 1984；加護野・関西生産性本部，1984）。モノ作りの前にヒト作りに専念し，モノ売りの段階では顧客との信頼関係の構築と永続に努める。企業理念，社是，社訓，社風などを効果的に打ち出し，教育訓練，インフォーマル組織の育成，社内スローガン・運動の促進によって会社全体を強化し，さらに宣伝，広告，市民運動を通じて企業の社会的責任や道徳性を高める。

　近年では，コーポレート・ガバナンス，コンプラインス，倫理，環境，衛生，企業の社会貢献などに対する経営サイドの考え方が変わりつつあるため，プロダクト・ライアビリティ，企業の合併と買収，戦略的アライアンスなども堂々と展開されるようになった（日本経営学会，2005）。高齢化，団塊世代の大量退職，18歳世代の減少，フリーター，ニート，ワーキング・プアなどの増加によって人事管理に変化が求められるようになると，経営の競争姿勢，経営方針や戦略など急激に変わりつつあり，以前には想像もしなかった新たな日本型特徴，手段，戦略も誕生している。過去の経験から学び取るよりもむしろ西欧から学ぶトレンドが強い。言い換えれば，日本的経営は西欧型経営に向かっていると言える。

5. 日本の経営文化

　アジアと欧米諸国のいずれに比べて，日本の企業経営は国民文化の影響を強く受けている。第二次世界大戦終戦以降の産業発展と経済近代化の時代においては，日本文化が企業経営の実践，特に人的資源管理（human resources management/HRM）のハードとソフトの両面に強い影響力を持っていた。

　日本的経営実践の中でも，とりわけ HRM は欧米諸国とは際立った違いがある。日本企業は自社の従業員に対して敬意を示し，代替不能な資産と考える。昇進，昇給の機会が多く，ブルーカラー労働者とホワイトカラー労働者の差別もない。両労働者間の職務内容は明確に区別されておらず，部分的に重複している。ホワイトカラー労働者にも現場職と第一線の職種の経験を企画的に提供する。企業経営者は企業所有者から独立した立場を持ち，むしろ，中間管理職者や一般従業員に近い関係を保つ（Iwata, 1982; Kono, 1984）。給与と賃金の概念を統一され，給与

は，最低限の基本給に月ぎめの各種手当を付加して支払われる。ボーナスも月給に類似する算出方法に基づいて支給される（Khondaker, 1997）。職務権限は，個人単位でなく，職務グループの責任者に付与される。管理職者は職場スタッフや部下と「感情的な関係」構築し，技能的かつ専門的な能力よりも，友好的な人間関係の構築と維持を可能にする能力を求められる（Iwata, 1982）。

　Long and Seo（1977）は，古くは，領主に絶対的な忠誠を誓う西洋中世の封建体制に似た封建制度が日本にも存在していたと指摘する。徳川時代（1603～1868年）には儒教が導入されて親への孝行と上位者への忠誠が重んじられた。父親が絶対的な権威を持つ家族制度が当時の社会に溶け込んでいた。Long and Seo（1977）は，家族と国家の和合が日本の近代化を手助けしたと主張する。明治時代（1868～1912年）に入ると，国および地方の政治体制，法制度，軍制度，宗教，教育などの各分野で革新が進み，日本は前近代的国家から初期近代的国家へ脱却した。

　現代の日本人は宗教への関心が薄いが，仏教，神道，儒教，道教が融合した結果，家父長制度と日本社会の同質性が誕生し，日本の工業化と近代化を進めた。神道は日本古来の土着宗教であり，天皇制の根幹であるが，外来宗教文化の影響も強く受けて変化してきた。儒教は日本に先祖崇拝を，道教は呪術的な要素を，それぞれをもたらした。そして仏教は，9世紀に日本に伝来したあと人間至上主義と利他主義を広め，神道の特色を徐々に凌駕してきた。これら4宗教の融合は，日本社会の和合の過程そのものを表すものであり，日本人の多くが自分を語るときに，神道的，仏教的，儒教的な要素を併せ持っていると口にする理由である（Long and Seo, 1977）。日本人は宗教の違いに寛容であり，仏教と神道の習慣に同時に対応する。結婚式は神道式かキリスト教式で行い，葬式は仏教式に行うのがその典型例である。

　日本企業のビジネス慣習は，家族や企業の長を親分あるいは親方とし，家族1人ひとりや企業で働く人々を子分と位置づける親族制度を基礎とする。従業員を新しく雇用することは養子縁組と似ている。企業所有者と従業員の雇用関係は，たとえその従業員が能力不足であっても，全生涯にわたって継続される。日本の封建制度の名残はいろいろな形で残っているが，権威への忠誠が最も顕著なものである。こうした封建的要素が強い伝統は，現代においても，企業経営や労使関

係に色濃く残っている。財閥は家父長制度の概念が具現化した企業形態であり，全労働者には企業への忠誠を求められ，経営トップや役員は下働きに至るまで全ての部下を擁護しなくてはならなかった。この封建的伝統が，日本人の集団志向性を世界最高の水準に高めたと考えられる（Ballon, 1969; Long and Seo, 1977）。新人類と呼ばれる若い世代が登場するようになった1970年代以降，日本の企業社会も大きく変化してきたが，戦後の団塊世代は依然として伝統的な社会観と価値観を固持している。文化的伝統と近代化は相反するものであるが，新しいものが職場の旧価値観を一掃することは不可能であった。伝統的な価値観は，その形を変えて延々と受け継がれている。和，恩，義理，甘えなどの概念は，企業や組織の経営者と従業員の人間関係に強い影響力を持っている。第二次世界大戦後の発展は，連合軍による占領とGHQの指導，財閥解体，軍備放棄，軍需産業放棄，アメリカからの大量資本投下など，様々な要因による。これらは戦後日本の再生と再建の基礎である。朝鮮戦争（1950～1953年）勃発の軍需特需によって日本の産業再生と経済成長が加速した。GHQの支配が徐々に薄れ，行政権が日本政府に移管される，政治家や官僚，通商産業省（当時，MITI）は，政策や計画を休むことなく打ち出し，技術的にも経済的にも豊かな近代国家を作ることに奔走した。日本経済は再び確実に離陸し，10年以上にわたって10％を超える経済成長率を記録するという奇跡的な成長を成し遂げた結果，安価で高品質なラジオ，テレビ，ステレオなどの家電品，カメラ，自動車，衣類，食器などの日本製品が世界中の市場にあふれだした。外務省（Ministry of Foreign Affairs/MOFA）は，日本のこの経済成長は，いわゆる「シュンペーターリアン・イノベーター」と呼ばれる，産業界の起業家の努力と指導力によるものであると結論づけている（MOFA, 1963）。

　第二次世界大戦後に日本の産業と経済が急速に発展し，特に1960年代から1970年代の高度経済成長期における職場環境の変化があったにもかかわらず，伝統的な社会通念や価値観が大きく変わることはなく，むしろそれらは意図的に育てられ，管理者と従業員の精神に接種され，細心の注意を払って実際の職場環境でそれらが導入されていた。日本的経営システムからも勢いがあった一方，経営者，労働者，従業員の全ては健全な産業関係を確立するために絶え間なく努力していた。こうしたことは労使双方の相互利益と繁栄に資するものであった。日本文化は以前から強い同質性を持っていたが，日本の企業経営の概念はそ

の家長制度と同質性に強く根付いていた。日本的経営システムは，ヒト，集団的稼働性，企業・経営者・労働者間の相互依存関係に対する強い関心を示した (Rubinstein, 1970)。

一般に，日本は集団志向性が強い国である。国家としても，社会としても，集団行動を好む。フォーマル，インフォーマルを問わず，社会的組織，経済組織，公共機関，派閥や集団，地域組織など，集団で行動し，外部からの影響因子に対して扉を閉ざすが，組織の成員に対しては常に開放的である。日本人の思考様式は，主観性が強く，経験則を重んじ，伝統的価値観を大切にする。集団に対する強い帰属意識を持っているので，民族の特徴は，普遍的というよりも限定的，抽象的というよりも具体的である。集団内の合意にこだわるが，客観性よりも主観性が強く，事実よりも感情を重んじる。意思決定は，個人ではなく，集団によって行われる。一人ひとりの行動は，所属集団（家族，企業，学校，地域など）の行動に反映される。集団に受け入れられない部外者は，その集団の意思決定に参加できない。個人の名誉や名声よりも，顔を立てることが優先される。社会やグループ規範に従わなければいけないというプレッシャーが常に付きまとう。強い労働倫理と集団内の人間関係が，人生設計と安定を保証する（Morrison, Conaway, and Borden, 1994）。企業はその中の人々の結束したグループであり，直接的な相手方への影響や圧力をかけない。さらに，企業は業界のメンバーとの協力や協働を行うが，組織内の個人の結びつきが強く，競争相手との摩擦が低く，協力と共同的存在を優先する。

アメリカ，カナダ，オーストラリア，イギリス，フランス，ドイツなどの先進国のように実用主義的ではないが，日本の大学もビジネス経営教育に積極的である。会計，経営，商業，マーケティング，金融，経営情報などの分野の教育プログラムを提供する大学および大学院は数百にのぼる。シラバス，教育課程内容，教材，コースなどがとても先進的である。しかし，専門職大学院経営学，専門職大学院技術経営学に対する企業の注目度は低い（コンダカル，2003）。日本企業・会社の人事管理者は履修成績や試験結果を重視しない。日本独特の経営システムでは，企業は大学新卒者を卒業直後に採用し，企業内あるいはOJTでビジネス慣習に関する教育訓練を行う。企業の経営理念，企業哲学，社是，社訓，社風，企業の文化や価値観，社会人としてのマナーなどを徹底的に教え込まれ，企業独

自の技術と人格を植え付けられる。企業は従業員を，マーケティング，経理，人事，総務，営業，国際経営などの部署ごとに専門知識を持った従業員ではなく，企業人（例，ソニーマン，トヨタマン，日立マン）として育て上げようとする。従って，多くの職種や部署を経験させて万能型従業員を育成するために，配置転換を実施する。その結果，従業員の多くは，どの職場にも容易に適応できる。アジア諸国や欧米諸国からは，日本企業には万能型の従業員ばかりが多く，専門家が少ないのは不自然であるという意見もある。本節のはじめに述べたように，日本企業の経営者と起業家は，日本独特の伝統的，文化的様相を経営慣習や実践に取り入れることに絶えず努力する。

6. 国家経済の発展と国際化に根付く日本的経営の定着および普及 [5]

6.1 日本経済の国際化と日本的経営

1964年から2010年まで日本は世界第2位の経済大国であった。現在は第3位になったが，先進39カ国中，アメリカに次ぐ中心的な存在である。17世紀の初頭，江戸幕府は外国との往来を禁止する「鎖国」を行っていた。1853年にアメリカのペリー提督が浦賀沖に来航し，当時欧米諸国ではごく当たり前の「砲艦外交」によって開国を要求した。この事件は，日本が世界へ踏み出すための最初の一歩となった。1867年の明治維新後，日本経済の国際化が急ピッチで進み，日本はアジア諸国に植民地をつくり，鉄道，絹，綿，繊維，造船，鉱山などの分野での生産・商取引・貿易を拡大した。国家経済の近代化を国の第1目標に掲げ，政治，経済，文化，法律，行政などの制度を西欧から学び，国力を培った。

第二次世界大戦で全ての近代的産業基盤や経済手段が破壊されたが，終戦直後から国家経済の再建，最先端の技術導入による工業発展と共に経済組織と経済基盤の近代化が開始された。アメリカを中心とする連合国軍総司令部による経済政策や戦略的指導，企業経営・管理における専門技術家の指導が急ピッチな回復を支えた。特に，それまで貧弱であった通信企業部門に対しては，てこ入れの目的で連邦軍本部の専門家指導による統計的な品質管理活動が導入された（Ishikawa, 1985）。この品質管理活動を日本化して誕生したのが日本的品質管理制度である。初期は日本電信電話（現NTT），三菱，富士工業，NECなどの企業において普及した（Khondaker, 1990）。

1950年代から1960年代にかけては，日本企業は，民間部門の経営方法の見直しと改革が進んだ。長期的雇用によって人事が安定するようになると，長期雇用制度を終身雇用や年功序列に組織化し，さらに，安定した生活水準維持を目指して欧米式経営システムの賃金管理要素を日本化した。国営企業部門は，国際労働機構（International Labour Organization/ILO）が1965年に任命したドライヤー・コミション（Dryer Commission）の提案に基づき，労働者の3つの基本権利（団結権，団体交渉権，団体行動権）の成立させた（Yoshitake, 1973）。政府は，労働者と経営者間の関係の安定化，産業民衆化の促進，勤務条件の改善および保持を法律によって保障し，企業および企業集団（日本経団連，経済同友会や各産業連盟），労働者のナショナル・センター（元総評，同盟や日産別，現在の連合など）が安定した労働環境整備に向けて協力した。

6.2　第二次世界大戦後の指導型国家再建と企業経営

日本経済は1950年代前半までに戦前の発展水準にまで回復し，1950年代後半からの高度成長期を経て，1970年代には安定成長期に入った。日本経済の基盤である大企業はまず，最先端の機械技術や経営ノウハウを欧米から導入して経営の近代化を行い，同時に自己の技術や経営ノウハウを積み重ねた。当時日本になかった生産要素（技術とノウハウ）の移転は日本国内向けに急速に進んだ。この時期には，①日本企業が技術調達をする場合の政府による返済保証，②経済企画庁（現内閣府），科学技術庁（現文部科学省），通産省（現在，経済産業省）による技術情報の提供，③技術調達に必要な稀少外貨の柔軟的，優先的配分制度（Ozawa, 1974），④人的資源管理，品質管理，労使関係の分野における日本生産性本部（現在，財団法人社会経済生産本部），日本科学技術連盟などの指導（Ishikawa, 1985）が，日本企業の国際化を下支えした。他方，企業経営者に対しては「企業の近代化」に関する関心を煽り，経営改善を政府主導で支援した。

1960年代には企業別労働市場が誕生，定着した。その背景には4つの要因，すなわち，①戦前の労働者のあっせん業者であった「親方」による労働者の教育訓練と熟練開発を物足りないと感じる雇用者の不満，②親方による労働者の頻繁な移動から生じる雇用不安，③左派政治イデオロギーに依存する労働組合運動から生じる労働市場の不安定，④特定の技術整備を求める企業の熟練ニーズと社内

教育訓練による熟練開発と育成への要望などがあったと考えられる。各分野を代表する企業は，西洋の近代的経営システムに興味を持ち，研究などによって近代的で有利な制度を立ち上げた。実行後に効果的な結果が発表されると，同じシステムを導入しようとする企業が，業種を超えて，全国規模で登場した。また，新規大学卒業者の採用による優秀な人材確保，社内教育，勤務年数をベースとする昇進や賃金向上，などの人事戦略が労働市場を内部化させ，最終的に日本的人的資源管理が組織された（Kono, 1984）。日本労働研究・研修機構や日本生産性本部などが労働者や経営者の持続的友好関係を求め，指導を行った。

6.3 天然資源の不足と企業経営

日本は天然資源に恵まれていない。資源を海外に依存しなければ工業化を図ることはできない。基礎原材料はほぼ全て，海外からの輸入に頼らざるを得ないのが現状である。1980年現在の主要資源の対外依存度は，アルミニウム，ニッケル，綿花，羊毛，とうもろこしが100％，錫98.4％，石炭81.8％，石油99.8％，天然ガス90.7％，鉄鉱石98.7％，銅96％，鉛83.9％，亜鉛68.5％，木材68.3％，大豆95.8％，小麦90.5％となっており，2007年の現時点において依存度に大きな変動はない（Nippon Steel Corporation, 1984）[6]。資源調達目的で日本の商社や企業が早い時期から広く海外市場に進出したが，これが日本企業（経済）の海外市場浸透・進出の基礎となっているとも言える。

6.4 市場の国際化と企業経営

人口の少ない島国であるため，日本の国内市場規模は小さい。1950年代後半から海外市場の開拓に乗り出したものの，伸び悩みの時期もあった。朝鮮戦争，ベトナム戦争の最中は，戦時景気の影響を受けて米軍相手に輸出を伸ばした日本企業も少なくなかった。固定為替制度が導入されていた当時には，1949年対ドル360円，1971年末対ドル308円という為替レートの恩恵を受け，日本製品はアメリカをはじめとする先進諸国市場に急速に浸透していった。1964年に日本が国際通貨機構（International Monetary Fund/IMF）第8条約に加盟し，貿易や非貿易経常取引について原則として管理を行わない国となった後，対外貿易はより活発になった。アメリカとの間に貿易摩擦が生じ，1973年2月から変動相場制

（市場相場が為替レートを決定する）を導入し，市場経済が定着した。輸入代替や輸出志向型経済発展政策を実施していた東南アジア諸国等の発展途上国への日本企業の進出が相次いだのもこの時期である。1985年，先進5カ国によるプラザ合意が発表されると，世界の主要通貨に対して円高が加速し，貿易は一層拡大した。その結果，中小企業もアセアン諸国，中国，台湾，韓国，スリランカ，インド，バングラデシュなどへ進出するようになった。

　海外進出する企業は，進出先の安価な労働力，原材料，現地政府による外資企業向けの優遇措置，現地市場規模の拡大，現地国と友好的経済関係を持つ第3国の製品市場へのビジネス拡大などを狙っていた。アジア諸国の免税地区や自由貿易区に設立した子会社で製造した部品を，欧米の自社製造子会社・工場へノックダウンあるいはセミノックダウンで輸出し，さらに完成品を共有するようになった。結果的にはアメリカとの間に貿易摩擦が生じてしまった。ヒトの経営よりも貿易，為替，オフショア財務，情報，会計，監査，移転価格，法律規制の管理側面における経営課題が深刻化し，本国経営本部の国際化や内部化が図られた（山崎・竹田，2002）。

7. 日本企業の海外直接投資と日本的経営[7]

7.1 海外直接投資と日本企業

　安定した経済成長，貿易・国際収支黒字，過剰資本に加えて，外貨管理の段階的自由化の結果，1950年代から日本は対外直接投資を開始した（Khondaker, 1990）。1951年度から2015年度まで日本の対外直接投資の累計投資額は合計13,075.2億ドルであった。その内訳を大陸別にみると，北米35.2％，中南米5.9％，アジア24.7％，ヨーロッパ26.4％，大洋州5.9％，アフリカ・中東諸国2％弱である。ホスト国（投資受け入れ国）の上位は，アメリカ34.3％，EU25.8％，イギリス11.6％，ASEAN4国（タイ・マレーシア・インドネシア・フィリピン）8.9％，アジアNIEs（韓国・台湾・香港・シンガポール）8.6％，中国6.8％，オランダ6.4％，オーストラリア5.1％，ルクセンブルク2.3％，となっている（JETRO, 2016）。

　アセアン諸国は資源が豊富で労働力が安価な上に，現地政府が税金，人材，設備，外貨送金などにおいて優遇措置を導入したために特に投資が集中した。地理的に日本に近いこと，アジア生産拠点からマーケティングをすることによって欧

米との貿易摩擦を回避できること，日本向けの輸出に有利であることなども，アセアン諸国が秘める大きな魅力である。近頃では，さらに安価な労働力と巨大市場を抱える中国，インドへの投資が急速に伸びている。

　1964年の国際通貨機構（International Monetary Fund/IMF）8条約国移行と経済協力開発機構（Organization for Economic Cooperation and Development/OECD）加盟によって，日本は先進工業国の仲間入りを達成し，名実共に国際社会の一員となった。2度の石油ショック，協調的円高ドル安を求めたプラザ合意，国内市場依存型経済成長への呼びかけ，国内市場開放など，日本経済が直面した様々な障害が日本企業の経営革新や合理化を促進し，海外市場進出を強力に推し進めた。国連貿易開発会議（United Nations Conference on Trade and Development/UNCTAD）によると，2004年3月現在，海外で現地法人（子会社）を所有する日本国籍企業の数は4,149社（金融・保険・不動産業を除く）であった。これらの企業は最低2社以上の現地法人を所有し，現地法人1社当たりの親会社の出資額は20％以上である（UNCTAD, 2005）。東洋経済がまとめた「海外進出企業総覧2016」によると2015年10月末現在，海外進出した日系企業数は4,994社，その現地法人数は29,125社であった。大陸・地域別に見るとその数は，アジア18,315社，ヨーロッパ4,192社，北米4,049社，中南米1,453社，オセアニア707社，中近東215社，アフリカ194社である。現地法人数の多い上位10カ国は，中国（6,825社），アメリカ（3,720社），タイ（2,318社），シガポール（1,335社），香港（1,298社），インドネシア（1,163社），台湾（1,055社），イギリス（875社），ドイツ（764社），オーストラリア（558社）である。さらに，日本企業が世界各国に構える現地法人の数はおよそ3,188拠点である。これらの現地法人は合計で4,311,941人の従業員を採用し，日本から39,569人の邦人従業員が派遣されている（東洋経済，2016）。

　経済のグローバル化と地域化が進む中，日本は既にシンガポール，マレーシア，メキシコ，チリ，タイ，インドネシア，ブルネイ，フィリピン，スイス，ベトナム，インド，ペルー，オーストラリア，モンゴルと自由貿易協定を締結し，カナダ，コロンビア，中国・韓国，ヨーロッパ連合，湾岸諸国，韓国と包括的協定を交渉中である。交渉中の全協定の締結を完了すると，日本を中心とする大アジア経済圏が形成されることになる。貿易や投資の規制緩和，関税の引き下げや撤廃などで合意が進めば，日本－アジア間における生産要素の移行が一気に加速

すると予想される。企業が海外で経営を始める場合，しばしば異文化と接触，調和しながらビジネス活動を行わねばならない。多国籍企業は，異文化接触⇒異文化との調和⇒本国拠点経営における調整⇒経営全体の国際化，というプロセスを歩むのが一般的である。

　日本企業は，本国経営を海外子会社に移植・移転・適応させ，さらにその現地化を図った。また，現地化された経営要素を日本国内の本社に逆移転することによって，本国拠点で経営調整，特に人事，JIT，下請け，TQC，生産分業，生産の各分野における内部化を達成した。海外子会社や関連会社における，現地経営と日本国内経営の混合型オペレションズ・マネジメントを「ハイブリッド工場」ともいい（Abo, 1994），この経営方式は海外子会社経営のみならず本社の経営方針も変貌させた。

7.2　外国における日本的経営の現地化

　国際経営における「経営の現地化」とは，進出先の市場から生産要素をできるだけ調達してビジネスの効率化を図ることを意味する。真の現地化は，①資本の調達および現地資本率の増加，②原材料や部品の完全現地生産および現地調達率（ローカル・コンテンツ）の上昇，③経営陣の現地採用，④現地子会社への権限委譲，⑤現地研究開発（R&D）による新製品や生産工程の開発，⑥海外拠点の拡大，によって成立する。これを日本企業に当てはめて考えると，海外の文化や規制と調和しながら，日本的経営の諸要素をどの程度まで現地に移植・実行できるかによって，現地化の成否が決まる。

　日本企業の海外投資は主にアジア，北米，ヨーロッパの3地域に集中している。経済発展の格差や文化の違いから経営現地化のプロセスや程度は地域によって異なる。日本企業の現地化は通常，ホスト国の要望から始まり，企業の内部的事情で実施されるケースは少ないと言える。

　ここで，アジア諸国における日本企業の現地化について検討することにしたい（市村，1992，小川・牧戸，1990）。日本の文化はユニークであると言われるが，華僑系人口の多い国（タイ，マレーシア，シンガポール，インドネシア，フィリピン），仏教，道徳，文字などの文化人類学的に類似性が高い国（中国，台湾，香港，韓国）は生活習慣やビジネス慣習において相互に受容性がある。従って，これらの国で

は，日本的経営に対して能動的な姿勢で臨むことが多い。特にマレーシアは，国家経済の「ルックイースト政策」の下で，近代的で優れた経営システムを積極的に日本から学ぼうとしている。

　日本企業は，教育訓練，品質管理，生産管理を日本国内と同じ方法で実行する。また，販売，雇用，ローカル・コンテンツ，送金に関する法律や規制を尊重して順守している。しかし現地子会社における経営陣の現地化に関しては，西欧企業と比較して大きく後れをとっていると言わざるを得ない。従業員現地化の面では，各国の規制枠（例，マレーシアのブミプトラ政策——マレー系，中華系，インド系従業員の雇用比率）に従って，雇用と能力開発を積極的に行っている。殆どの日系企業は，日本国内での研修訓練制度を採用している。実際の日本の職場環境を現地従業員に体験させ，会社精神や日本の企業文化などを教えようとする狙いがある。政治経済制度の異なる中国でも日本的経営の人気は極めて高い。現地子会社で行われるOJTの内容や効率については，必ずしも標準に達しているとは言えないケースもある（例，タイ）。

　教育訓練の方法としてはOJTが主流である。また，日本企業が現地の教育機関に奨学金を拠出して，高い専門技術を身につけた優秀な卒業生を採用する場合もある。中堅管理者が不足気味であるため，本国本社から熟練監督や専門家を派遣して技術や経営ノウハウを教える。経営陣，生産製造，財務，販売などのスタッフの現地採用はまだ普及していないが，人事部門では現地の人的資源の育成や政府の法規制に対する理解という点から，現地で人材を調達するケースが多い。採用・昇格制度については，日本的経営の原理と要素を100％適用できないのが現状である。従って離職率の高い国（マレーシア，インドネシア）では「長期雇用」を重視して，勤務日数が多い者にボーナスの支給や勤続年数が長い者を優先して昇進させることもある。

　日本企業が現地へ移転する技術は，先端技術だけでなく，日本国内での技術の入れ替えのため使わなくなった技術も含まれる。マレーシア，タイ，シンガポールでは，技術政策の規制を受けて中古技術の移転を禁止している。中国，インドネシア，バングラデシュでは中古技術の移転がまだ可能である。

　トヨタは中国とタイ，パナソニックはマレーシアに，それぞれ研究施設を所有し，現地の研究機関と連携して研究開発を実施している。アジア諸国における日

系企業の現地子会社経営のあり方は，現地要素と日本本社の要素を交配した「ハイブリッド型」経営システムと言える。

現在，日本国内の教育機関に在籍する留学生の 90％以上がアジア系国籍である。学習やアルバイトを通じて日本の生活習慣を体験する。卒業前後にはインターンシップや就職を経て日本的経営にも接することもある。同様に，観光，会社派遣，留学などによってアジア緒国での経験を持つ日本人も大勢いる。こうした状況から，日本経済，社会，企業経営の国際化はより多角的に進行していくと考えられる。

8. 外国籍企業の日本対内進出と日本的経営

8.1 外国籍企業の日本進出

外資系企業が，最初に日本に進出したのは，150 年以上も前の江戸時代末期である。まず，イギリス貿易商が中国の広州に設立した貿易商社ジャーディン・マセソン商会が 1859 年に横浜支店を設立した。この他，イギリス保険団体，オランダ貿易商会（ネーデルランシュ・ハンデル・マスカパイ，オランダ銀行の前身）が長崎の出島に商館を開設した。これが在日外資系企業の歴史の幕開けである。イギリス企業の進出は 1858 年の日英修好通商条約締結によって加速した。日本の鎖国中も長崎県平戸や出島で貿易を許可されていたオランダは，金融業において早くから日本に進出していた。アメリカからは 1902 年シティ銀行，1917 年アメリカンエクスプレス，1937 年にはコンピュータのアイ・ビー・エムが日本に進出した。自動車メーカーでは，フォード，GM が 1900 年代半ばまでに日本に支店を開設した。スイスの食品会社ネスレ，ドイツの化学・医薬品メーカーであるバイエルも 1910 年代に日本市場に登場した（ジャパンタイムズ，1997）。

2003 年には 4,710 社の外国籍企業（金融・保険・不動産企業を除く）が日本法人（子会社）を所有していた。2005 年に外国籍企業が 3,514 社に減少し，2014 年現在は 3,332 社になっている。その 3,332 社の内訳は，製造業が 594 社（17.8％），非製造業が 2,738 社（82.2％）あった。業種別にみると，卸売業が 1,317 社で全産業の 39.5％を占めて最多，次いでサービス業（14.2％），情報通信業（10.7％）の順となっている。国籍別にみると，ヨーロッパ系企業が 1,464 社（43.9％），アメリカ系企業が 862 社（25.9％），アジア系企業が 792 社（23.8％），その他は 214

社 (6.4%) となっている。日本国内での所在地域別にみると，関東圏に 2,768 社 (83.1%)，都道府県別では，東京都に 2,284 社で全国の 68.5％を占めて最多，次いで神奈川県 (9.6%)，大阪府 (4.9%)，兵庫県 (2.6%)，愛知県 (2.1%)，埼玉県 (1.9%)，千葉県 (1.8%)，静岡県 (0.8%)，福岡県 (0.8%)，茨城県 (0.5％) の順となっている (METI, 2015)。これらの外資系企業は約 63.8 万人の従業員を採用している。いかに多くの外資系企業が日本経済に影響を与えているかを検討する。

外資系企業は日本の大都会に集中する傾向が強い。東京都だけで約 2,284 社，横浜や川崎市を中心とする神奈川県に 319 社，大阪市を中心とする大阪府に 164 社，神戸市を中心とする兵庫県に 85 社，名古屋市を中心とする愛知県に 70 社，埼玉県に 63 社，千葉県に 61 社，静岡県に 28 社，福岡県に 25 社，茨城県に 18 社，その他の県・市に 2,159 社の外資系企業がある (METI, 2015)。これは日本の人口密度や工業地域の地理的配分と関連があると考えられる。外資企業上位 100 社は，合計で約 37 万人を雇用し，全体で合計で約 63.8 万人の従業員を雇用している。混合型人事採用，従業員の対内・対外派遣，企業団体や商工会議所などの機関との関係，労働市場への参入 (Nevin, 1990 and 1991) などによって，外資系企業は日本の企業経営に多方面で影響力を持つものと予測される。特に，先進国国籍の外資企業は，日本的経営の効率が低迷し始めた頃から本国本社の経営システムを次々と日本子会社に導入している。

8.2 外資系企業経営の日本化

2004 年 9 月現在，外資系企業の日本人雇用者数は 1,023,441 人で，これは日本の全常用雇用人口の約 2.4％に相当する。外資系企業の雇用面における特色として，①幹部クラスへの日本人採用や昇格に対する障害（バリアー）が殆どない，②新卒者採用も行っているが，経営の全層において中途採用が主流である，③日本の若者の中には外資系企業への就職に対する違和感が存在するが，永続的雇用政策を打ち出す外資系企業が増加している，④国内大学の新卒者採用はまだ浸透していないが，海外教育を受けた者（帰国子女，外国人留学生など）には外資系企業への就職が増加傾向にある，⑤給与は年俸制を採用している企業が多いが，年収ベースで比較すると国内企業よりも優遇されている，⑥日本アイ・ビー・エム，日本ヒューレット・パッカード，セイコー・エプソン，スターバックスなど

の有名な外資系企業はジェンダー問題を重視しており，女子社員に対する有給休暇，メンター制度，昇格制度などが充実している[8]，などが挙げられる。

Tech総研が2006年1月に行った調査によると，30代のエンジニアクラス職員の平均年収は外資系企業687万円に対して，国内企業は604万円，その平均差は83万円である。仕事がハードでも，能力主義であるので実力を発揮できれば，賃金面での男女差はない。ソフトウェア・電気・電子・機械関連企業では他の部門に比べて，日本企業との間に待遇格差がある。特にソフトウェア関連では外資系720万円，国内企業569万円と賃金面の格差が顕著である。独立行政法人労働政策研究・研修機構（Japan Institute of Labour and Training Promotion/JILPT）の2005年1月に発表した調査報告書によると，外資系企業の2003年新規大卒者男子事務系の初任給額が213,200円であったのに対して，国内一般国内企業は199,000円となっている。賃金だけを考えれば，外資系企業への就職は若者にとって刺激的でチャレンジ精神にもマッチするのではないかと考えられる。外資系企業による中途採用がさらに進めば，日本の硬直した労働市場に大きな影響を与えることが予想されるため，終身雇用制や年功序列制の改善や改革にも重要な役割を果たすと考えられる。

100％外資系企業（例，日本アイ・ビー・エム，ネスレ，アイク，アイ・シ・アイ，日本テキサス・インスツルメンツ，ファイザー製薬，デュポン，日本モトローラ）や外資系企業との合弁会社（例，日産ルノー，山水電機，ゼネラル石油，シェル・ジャパン，富士ゼロックス，ミシュラン・オカモト・タイヤ・コーポレーション）は生産，人事，マーケティングにおいて日本的経営の特色を取り入れている。外資系企業は本国の経営手法を導入するのが一般的であるが，日本のような先進国では現地の文化やビジネス習慣を尊重しないとビジネス経営は成功しない（Huddleston, 1994）。従って，日本へ進出するいずれの外資系企業も，いわゆる日本的経営の要素を軽視することなく積極的に導入して，本国の経営理念や精神を間接的に実現する努力を行う。例えば，①残業を強制しない，②昇格や年俸には能力主義を反映する，③男女差による差別をしない，④経営開発には本国の制度を取り入れる，⑤日本的経営の方法や習慣を研究し，日本人に合う経営方針を模索する，などがその例である。「郷に入れば郷に従え」という姿勢をとる在日外資系企業が圧倒的に多い。

外資系企業の採用基準のポイントは，一般に，高いコミュニケーション能力，国際的な視野，知性，国際的な職場環境に対する適応力，外国語力，チャレンジ精神などである。新卒採用と中途採用の間でそれほど大きな差は見受けられないが，中途採用の場合に技能や経験を重視する傾向がある。これは外資系企業では日本企業のように採用後に社内教育を通じて人材を育てるという気風が希薄であることが大きな理由である (Kang, 1992)。新卒者労働市場では日本企業による人材の囲い込みがあるため，外資系企業はどうしても劣勢にまわらざるを得ない。そこで，新聞・雑誌，転職あっせん業者，自社ホームページなどでの求人掲示，著名大学就職課への求人依頼，ジョブフェアーへの参加，インターンシップ制度などを導入する。また，在日外資系企業商工会議所，大使館，本国主催の文化交流会，外国記者クラブ，民間団体などの文化活動に参加して自社PRを行うこともある。

9. 結論と課題

本章で取り上げた分野およびその他の分野においても，ビジネス環境の変化と共に，様々な変革が生じているが，分野によってそれらは多重多様である。人事管理の領域（雇用，賃金，教育訓練）では，「失われた10年」と呼ばれる1990年代の景気停滞の余波を受け，2002年日本経団連は各企業に終身雇用制や年功序列型報酬制度の廃止を求めた。規模を限らず殆どの企業がこれらの制度の見直しに努めた。トヨタ，日立，パナソニック，ソニー，東芝などの大手企業は，古典的年功制度に能力集中型制度の要素を取り入れて改善した。その他の多くの企業は1990年代から2003年までの間，基本給，ベースアップ，ボーナス，諸手当を減らした。やがて成功している企業には2004年以降は景気が回復するにつれて，ベースアップやボーナスが増額される傾向にあった。2014年に安倍政権が「デフレ脱出」を呼び掛けると，トヨタをはじめとするあらゆる部門の大中小企業がベースアップやボーナスの改善に取り組み，雇用条件の見直しに真剣に取り組むようになった。公共部門の報酬引き上げも実質的凍結状態から脱却したことが，民間部門の給与制度に影響を及ぼした。2007年8月1日に成立した国家公務員法改正法案（天下り規制）が公務員の年功序列制の弱点を強調したこと（担当大臣のテレビ・インタビュー）によって，年功制の改善に長期的に影響したと考えられ

る。退職したある研究者は，終身雇用と年功制は日本的資本主義の最大の欠点と言い，西欧型能力主義報酬制度を導入して，メリトクラシーを実行すべきであると提言した（個人インタビュー）。フリーター，臨時採用，派遣社員などの増加，ワーキング・プアの防止のために，政府，労働組合，民間団体などの活動は日本的人事管理上の新たな課題であると言える。全国の民間部門，政府機関，特殊法人への国家公務員の再就職（天下り）は，企業経営者からの接待供与，官庁の密接な関与，入札・ビジネス契約への干渉などの批判を招きかねない，また天下った者に高額の退職手当を提供することは企業倫理と人事管理の本質にも疑問を生み出す。

人事管理部門では，社内教育訓練の形式に変化が生じた。役員の外部採用が増え，内部昇格の競争は激化した。専門職大学院の学位や資格を重要視する会社が増加した。海外事業部や海外子会社への赴任，経理，環境，研究開発，マーケティングなどの職種には専門性が求められるようになった。今後，ルーティン化された職種や業務が淘汰される時代が到来するかもしれない。日本の労働者組織率は先進国の中で最も低く，2016年現在20％以下にとどまった。中途採用の機会が1990年代から増え，労働市場が流動的になってきた。近年では，デンソー，トヨタ，日産，富士通，ソニーなどの優良企業は，他社出身者の従業員を採用するようになった。

日本の生産管理システムは，原材料や部品をジャスト・イン・タイムで供給することによって，在庫にかかる膨大なコストを削減しようとする方法が一般的である。このジャスト・イン・タイム・システムは，在庫削減のための「魔法の杖」として西欧から評価されているが，危機管理や生産調整に直面すると脆弱である。2007年7月に起きた地震による部品製造会社リケンの被害はトヨタ，ホンダ，日産，マツダの工場の製造活動を一時期中止させてしまった。愛知県東海市の愛知製鋼では，工場の火災でトヨタ向けのエンジン製造が停止，JITやかんばんシステムのもろさを露呈した。生産管理および経営トップの判断から，1990年代には総合品質管理におけるQCサークル活動が低調になったが，最近はまた活発になっている。自動車，食料品，乳製品，ゲーム機器，建設業界での品質問題が国内外市場において問題になり，製品リコールや賠償金支払いという事態にもなった。自動車，電気，電子，機械分野の大手企業が下請け・系列企業の再編

成や縮小を行い，下請け・系列グループ社に対してコスト削減やさらなる品質向上の要求が強くなった。結果的に，下請け企業の倒産や系列からの離脱などが発生した。

　2016年以降，政府，経営者団体，労働組合連盟の3者は，産業部門の労使体制の再構築を重要課題と考えるようになった。特に政府が強調するのは，働き方改革である。労使の共同作業によって，労働環境を改善するために全国民を動的に活用しようとする計画を打ち出している。この改革の柱は「同一労働同一賃金」，すなわち，男女の性別や正規・非正規雇用など労働条件の違いによる賃金格差を禁止し，残業抑制により長時間労働を是正しようとするものである。日本の雇用慣習を根本的に変えることが目標である。各企業で活発な労使協議を行い，労働現場の現実に即した効果的な措置をとることを可能とする努力である。政府は2016年末に発行したガイドラインで，能力や業務達成度に格差がなければ同一基本給を支払い，非正規雇用者にもボーナスを支給するよう明言している。また，雇用者は，労働条件に起因する賃金格差がある場合はその旨を労働者に説明しなければならないことを義務づけており，説明内容に納得がいかない場合に法的手段に出る権利を労働者が留保することも認めている。この改革にはより均等な雇用機会を保証する可能性があると考えられる（Japan News, 2017）。

　海外進出する日本企業が最も不安に感じるのは人事管理の問題である。コミュニケーション上の問題をはじめとして，雇用環境の違い，仕事に対する姿勢，社会・教育・宗教・文化の違いなどが円滑な経営の妨げになるケースが多い。プライベートな時間を優先する文化圏では，日本と同じように残業や会社を通じての社会活動を従業員に課すことが難しいのも事実である。海外派遣の場合，単身赴任の可否，子供の教育問題，帰国後の生活など，従業員の家族も巻き込まざるを得ない。最近では，企業機密漏えい防止の観点から，機密データを取り扱う部署に現地採用の従業員を配置することを手控える企業が増えている。

　日本国籍の多国籍企業は一般的に，組合活動を歓迎しない。また，現地従業員を戦略的意思決定に参加させない。インドネシア，フィリピン，マレーシア，インドなどの多国籍企業は，組合活動を通して賃金アップ，早期昇格，福利厚生制度の改善を求めているが，日系企業はこうした動きに否定的である。1990年以降のバブル経済崩壊後，BRIC4カ国（ブラジル，ロシア，インド，中国）への投資

が増加した。独自の伝統を持つこれらの国々の企業に対してどのような経営戦略や経営方法を打ち出していくかが今後の課題である。日本の内閣総理大臣が2007年8月アジア諸国を訪問した際，インド，マレーシア，中国，タイ，韓国から大学留学生を招聘した。さらに，各国大学と日本の大学の間で協定を結び，日本の高等教育や大学研究のレベルアップを提案した。教育機関レベルでのこうした改革は人的資源の格差を縮小することが期待でき，実際の経営現場でのノウハウの移転が容易になると予測できる。

注記
1) 本章執筆にあたり，数多くの刊行物やホームページを参考にして，その内容を一般化してまとめた。全ての参考文献をリストアップできないことをお詫びすると共に，ご了承いただきたくお願いする次第である。
2) 研究上で多くの定義が存在している。革新的ではないが，ここには著者自身の定義を述べた。もちろん，この定義の批判は否定できないと思われる。
3) 内容の詳細について，各々の研究者による著作物を参照されたい。
4) 他の側面および本章に預かった経営の諸側面の深い研究は今後課題にしていきたい。
5) 本節は，コンダカル（2007）より一部修正してから引用したものである。
6) 通産省の1980年の資料から引用された（Nippon Steel Corporation, 1984）ものである。
7) 本節は，コンダカル（2007）より一部書き直して引用したものである。
8) この情報は，各社から電話により収集されたものである。

参 考 文 献

市村真一編（1992）『アジアに根づく日本的経営』東洋経済新報社。
井上雅雄（1991）『日本の労働者自主管理』東京大学出版会。
岩尾裕純（1982）「日本的経営の意義とその機能」中央大学企業研究所編『日本的経営論―藻利重隆博士古稀記念―』中央大学出版部。
岩田龍子（1977）『日本的経営の編成原理』文眞堂。
大橋昭一（1996）「日本的経営の一般特質」大橋昭一・小田章編『日本的経営の解明』千倉書房。
小川英次・牧戸孝郎編（1990）『アジアの日系企業と技術移転』名古屋大学経済構造研究センター叢書2，名古屋大学出版会。

尾高邦夫（1984）『日本的経営―その神話と現実』中央公論社。
加護野忠男／関西生産性本部編（1984）『ミドルが書いた日本の経営』関西生産性本部。
小池和男（1991）『仕事の経済学』東洋経済新報社。
熊沢誠（1989）『日本的経営の明暗』筑摩書房。
熊沢誠（1993）「日本的経営における働かせ方の理論」基礎経済科学研究所編『日本型企業社会の構造』労働旬報社。
コンダカル，ミザヌル，ラハマン（1998）「マレーシアにおける日本の海外直接投資および技術移転」長谷川廣編『日本型経営システムの構造移転』中央大学企業所研究叢書13，中央大学出版部。
―――（2003）．「日本の大学における経営学教育の明暗」，全国四系列（経営学・商学・会計学・経営情報学科）教育会議編『外国人教授がみたニッポンの大学教育』東京，中央経済社
―――（2007），「経営の国際化」海野博・所伸之編『やさしい経営学』創成社。
佐護誉・韓義泳 編（1991）『企業経営と労使関係の日韓比較』泉文議堂。
ジャパンタイムズ（1997）『1998-1999 外資系企業就職ハンドブック』，ジャパンタイムズ。
高橋由明（1996）「自動車下請け分業構造と垂直統合の理論―日・独間比較」大橋昭一・小田章編『日本的経営の解明』千倉書房。
竹内昭浩（1996）「日本における生産システムの概念と今後の発展―コンピュータ技術の視点から」大橋昭一・大田章編『日本的経営の解明』千倉書房。
津田眞澂（1980）『日本的経営の台座』中央経済社。
東洋経済新報社（2016）『海外進出企業総覧』東洋経済新報社。
日本経営学会編（2005）『日本企業再生の課題』千倉書房。
間　宏（1981）『日本の使用者団体と労使関係』日本労働協会。
林正樹（1995）『日本的経営の経営学』，中央大学生協・出版局。
―――（1998）『日本的経営の進化―経営システム・生産システム・国際移転メカニズム』税務経理協会。
宮坂純一（1989）『報酬管理の日本的展開―賃金とモチベーション』晃洋書房。
村田修造（2002）『日米経営比較―日本経営の再生に向けて』大学教育出版。
山崎清・竹田志郎（2002）『テキストブック　国際経営』有斐閣ブックス「新版」。

外国語参考文献

Abegglen, James C. (1958). *The Japanese Factory – Aspects of its Social Organization*, Glencoe, Ill., The Free Press.

Abo, Tetsuo (1994). *Hybrid Factory – The Japanese Production System in the United States*, Oxford/NY, Oxford University Press.

Amaya, Tadashi (1983). *Human Resources Development in Industry*, Industrial Relations Series 10, Tokyo, JIL.
Ballon, Robert J. (1969). *The Japanese Employee*, Rutland, Vt., E. Tuttle.
Ballon, Robert J. and Inohara, Hideo (1973). *Shunto – The Annual Spring Wage Offensive*, Sophia University Socio-Economic Institute, Bulletin No. 44, pp. 9–20.
Hanami, Tadashi (1981). *Labor Relations in Japan Today*, Tokyo, Kodansha.
―――― (1982). "Labor relations and development in Japan", in ILO (ed.), Labor Management Relations Series No.59, Geneva, International Labour Office
Huddleston (Jr.) Jackson N. (1994). *Gaijin Kaisha – Running a Foreign Business in Japan*, Tokyo, Charles E. Tuttle pp. 19–69.
Hutchins, David (1984). "How Quality Goes Round in Circles" in Sasaki, Naoto and David Hutchins (eds.), *The Japanese Approach to Product Quality – Its Applicability to the West*, London, Pergamon.
Ishikawa, Kaoru (1985). *What is Total Quality Control ? – The Japanese Way* (translated by David J. Lu), New Jersey, Prentice-Hall.
Ito, Hideshi (1996). "Japanese Human Resource Management from the Viewpoint of Incentive Theory", in Aoki, Masahiko and Ronald Dore (eds.) *The Japanese Firm - Sources of Competitive Strength*, Oxford, Oxford University Press.
Iwata, Ryushi (1982). *Japanese-Style Management, Its Foundations and Prospects*, Tokyo, Asian Productivity Organization.
Japan Institute of Labor, The (1986). *Labor-Unions and Labor-Management Relations*, Japan Industrial Relations Series No. 2, Tokyo, JIL, p. 15.
Japan Institute for Labor Policy and Training, The (2017a). *Labor Situation in Japan and Its Analysis, Detailed Exposition 2016/2017*, Tokyo, JILPT.
―――― (2017b). *Japanese Working Life Profile 2016/2017 – Labor Statistics*, Tokyo, JILPT.
Japan Times, The (2017). "Improve working conditions through joint efforts of labor, management", Tokyo, April 4.
JETRO (2016). "Japanese Outward Foreign Direct Investment", https,//www.jetro.go.jp/world/japan/stats/fdi.html (access on March 30, 2017).
Kang, T.W. (1992). *Gaishi – The Foreign Company in Japan*, Tokyo, Charles E. Tuttle.
Khondaker, Mizanur Rahman (1990). "Fundamental Problems of Low Productivity in the Jute Industry of Bangladesh and Their Solution through the Adoption of Japanese Style Management Practices", Unpublished PhD Thesis, Graduate School of Commerce, Tokyo, Chuo University.
―――― (1997). *Japanese Style Management for Bangladesh Public Sector – The Case of Jute Industry*, Dhaka: North South University and Nihon Fkushi University.

Kono, Toyohiro (1984). *Strategy and Structure of Japanese Enterprises*, London, MACMILLAN.

Long, A. and Seo, K. K. (1977). *Management in Japan and India – With reference to the United States*, New York, Praeger.

March, Robert M. (1992). *Working for a Japanese Company Insights into the Multicultural Workplace*, Tokyo, Kodansha International.

METI (2015). "Survey of Foreign-Affiliated Companies within Japan 2015", http,//www.meti.go.jp/statistics/tyo/gaisikei (accessed on April 27, 2017).

Mitsufuji, Tadashi and Kiyohiko Hagisawa (1981). "Recent Trends in Collective Bargaining in Japan", in International Labour Organization or ILO (ed.), *Collective Bargaining in Industrialized Market Economies*, Geneva, ILO, pp. 296-7.

MOFA, The (1963). Development of the Japanese Economy After World War II, Tokyo, MOFA.

Rubinstein, S. P. (1970). "New Management Concepts from Japan, A Tale of Two Conferences", Paperboard Packaging 55, pp. 44-45.

────── (2017). "Free Trade Agreement (FTA) and Economic Partnership Agreement (EPA)", http,//www.mofa.go.jp/policy/economy/fta (accessed on April 28, 2017).

Morrison, Terri, Conaway, Wayne A., and Borden, George A. (1994). *Kiss, Bow, or Shake Hands – How to do Business in Sixty Countries*, Holbrook, Mass., Adams Media Corporation.

Nevins, Thomas J. (1990). *Taking Charge in Japan*, Tokyo, The Japan Times.

────── (1991). *Labor Pains and the Gaijin Boss Hiring, Managing and Firing the Japanese*, Tokyo, The Japan Times.

Nippon Steel Corporation (1984). *Nippon – The Land and Its People* (bilingual), Tokyo, Gakuseisha.

Nitta, M. (1984). "Conflict Resolution in the Steel Industry – Collective Bargaining and Workers' Consultation in a Steel Plant", in Tadashi Hanami (ed.), *Industrial Conflict Resolution in Market Economies*, Deventer, Klauwer Law and Taxation Publishers, p. 234.

Nonaka, Ikujiro (1988). "Mid-level managers need room for broad vision", *The Japan Economic Journal*, August 27, Tokyo Japan.

OECD (1973). *Reviews of Manpower and Social Policies, Manpower Policy in Japan*, Paris, OECD.

────── (1977). *The Development of Industrial Relations System, Some Implications of Japanese Experience*, Paris, OECD.

Ohtsu, Makoto and Tomio Imanari (2002). *Inside Japanese Companies – A Narrative History, 1960-2000*, New York, M. E. Sharpe.

Ozawa, Terutomo (1974). *Japan's Technological Challenge to the West, 1950-74, Motivation and Accomplishment*, Cambridge/Mass, MIT Press.

Toyota Motor Corporation (1988). *Toyota – A History of the First Fifty Years*, 1988, Toyota, Toyota Motor Corporation.

United Nations Conference on Trade and Development (UNCTAD) 2005. *World Investment Report 2005*, New York, United Nations.

Watanabe,Takao (1984). *Demystifying Japanese Management bilingual*, Tokyo, Gakuseisha.

Yoshitake, Kiyohiku (1973). *An Introduction to Public Enterprises in Japan*, Tokyo, Nippon Hyoron Sha.

第3章　インドにおける人的資源管理

1. インドの国家と経済の紹介

　世界最大の民主国家と呼ばれるインドは，25の州と7つの連邦直轄領から構成され，人口・民族，地理，経済，産業などの各分野で多様性に富む国家である。インドの人口は中国に次ぐ世界第2位，12億1,057万人（2011年国勢調査）である。国土面積は，ロシア，カナダ，アメリカ合衆国，中国，ブラジル，オーストラリアに次ぐ世界第7位，約328万7,469平方キロメートルである。この国はバングラデシュ，ブータン，ミャンマー，中国，パキスタン，スリランカと国境を接し，中近東，南アジア，東南アジア地域間での国際貿易の戦略的な要所となっている。

　IMF（国際通貨基金）の報告では，2015年のインドのGDPは2兆907億600万ドル（約228兆円）であり，アメリカ，中国，日本，ドイツ，イギリス，フランスに次ぐ世界第7位となっている。ブルームバーグの調査では，2030年には，インドのGDPは6兆5,000億円に到達し，ブラジル，イギリス，フランス，ドイツ，日本を抜き，アメリカ，中国に次いで世界第3位になると予測されている。IMFはインドの経済成長を「グローバル経済における明るいスポット」であると歓迎し，その若年労働者数は今後15年以内に世界最多となると予想されている。

　インドは，ヒンドゥ教（紀元前7000年頃），仏教（紀元前487年），シク教（1699年）の生誕地であるが，人口に占める各宗教の割合はヒンドゥ教79.8％，イスラム教14.2％，キリスト教2.3％，シク教1.7％，仏教0.7％，ジャイナ教0.4％の構成になっている（表3-1）。主要な宗教であるヒンドゥ教には3,000を超えるカーストがある。宗教人口第2位のイスラム教は，紀元7世紀頃にインドへ到来したあと国内に急速に広がった。

表 3-1　インド経済の基礎指標

面積：約 328 万 7,469 平方キロメートル
人口：12 億 1,057 万人（2011 年国勢調査）
民族構成（2000 年）：
　インド・アーリヤ族　72%
　ドラビダ族　　　　　25%
　モンゴロイド族等　　 2%
宗教的構成（2011 年国勢調査）：
　ヒンドゥ教　　79.8%
　イスラム教　　14.2%
　キリスト教　　 2.3%
　シーク　　　　 1.7%
　仏教　　　　　 0.7%
　ジャイナ教　　 0.4%
　その他　　　　 3%
識字率（2011 年国勢調査）：　73.0%
名目 GDP：2 兆 669 億ドル（米ドル /2014 年）
1 人当たり GDP：1,596（米ドル /2014 年）
GDP 成長率：7.2%（2014 年）
物価上昇率：4.87%（2015 年 4 月）．
失業率：9.4%（2009 〜 2010 年）
総貿易額（2014 年）：
　輸出　310,572　（百万米ドル）
　輸入　447,976　（百万米ドル）
為替レート：1 米ドル =66.256 ルピー（2016 年 3 月 31 日）
日本との経済関係（2014 年）：
　輸出品目—一般機械，電気機器，鉄鋼製品，運送機器，元素・化合物
　輸入品目—石油製品，鉄鉱石，ダイヤモンド，飼料，魚介類，元素・化合物
　輸出額 / 日本へ—7,391（億円）
　輸入額 / 日本から—8,610（億円）
　直接投資 / 日本から—2,193（億円）
在留邦人数：約 8,313 人（2014 年 10 月）
在日インド人数：24,524 人（2014 年 12 月）
日本との主要 2 国間条約：
　平和条約（1952 年 8 月 27 日発効）
　通商協定（1958 年 4 月 8 日発効）
　租税条約（1960 年 6 月 13 日発効）
　包括的経済提携協定（2011 年 8 月 1 日発効）
　情報保護協定　（2015 年 12 月 12 日発効）
　防衛装備品および技術移転協定　（2016 年 3 月 4 日発効）

出所：MOFA/Japan (2016)．http://www.mofa.go.jp/foreign/basic_information/india/2013/ind-1.html#ind_1-4; Indexmundi (2016), http://www.indexmundi.com/india/demographics_profile.html などを参照して作成したものである（2016 年 4 月 11 日アクセス）．

インドでは，179 の言語と 544 の方言が使用されている。インド憲法では 16 言語を公認し，公認言語のうち，ヒンディ語と英語を公用語と定めている。インドの英語使用人口は世界最大である。英語はインドの準公用語のとしての地位を確立しており，国内外でのコミュニケーションのみならず，政治，教育，ビジネスの各方面におけるコミュニケーション手段として重要な言語となっている。二大公用語以外の言語は，ベンガル語，テルグ語，マラーティー語，タミル語，ウルドゥー語，グジャラート語，マラヤーラム語，カンナダ語，オリヤー語，パンジャーブ語，アッサム語，カシミール語，シンディ語，サンスクリット語の 14 言語である。インドの子供たちは，教育カリキュラムの一部，あるいは，母語が異なる州の出身者と接触する社会経験を通して，少なくとも 2～3 種類の言語に触れる。地方言語に関する知識は，就職の際に特に管理職にとって確かな雇用資産だと考えられている。識字率は 73％だが，実際には，地域や年齢層によって差があり，特に若年層の識字率が高い。現在の都市化率は 31.3％である。2010 年から 2015 年にかけては年 2.47％の割合で都市化が進んだ。全人口に対する 54 歳未満人口の割合は 86.2％（Indexmundi, 2016）となっており，インドの労働力は多様性に富むと考えられる。

　1947 年パキスタンと分離独立後，1950 年には，インド政府が「経済計画委員会」を設立し，国家開発計画を策定した。1990 年までのインド政府は混合経済体制を志向し，国家による民間企業と公共企業双方の開発統制を重視した。産業開発および経済開発のために 5 カ年計画を導入した。1990 年代にインドが 2 桁のインフレ率を経験した際，世界銀行と IMF は「自由市場経済」への移行を条件に，インド救済に同意した。インド政府は，通貨切り下げ，海外直接投資の推進と民間部門の活用を主軸にした新規産業政策の策定，公共部門改革，貿易・為替・財政方針の自由化，新たなインフラ構築による経済基盤の開発と拡大，官僚制度の緩和など，多岐にわたる政策変換を進めた。政府の経済政策変換によって，企業経営者の志向は「規制主導」から「市場主導」へ，保護主義から競争主義へと変化し，技術向上，新たな資源供給源からの資源動員，事業の拡大・多様化・方向転換・国際化の機会が創出された（Dixit, 1994）。政権が交代しても，経済改革，新たな法制度と税制度の構築，技術移転，国際協力，経営合理化などに関する 5 カ年計画の内容は自由化の方向性を貫いている。このため，インドの企

業環境に合った独自の人的資源開発が定着し，大きく発展する道筋が整備された。数多くのインド企業はその組織形態の中に人的資源部門ないし人的資源開発部門を取り入れた。

以上の背景に焦点を当て，本章は，インドにおける人的資源管理諸側面の研究を目的とする。研究の方法として先行研究，2次文献の調査および聞き取り調査による推論・結論に頼る。

2. 人事管理の諸側面

本節ではインドにおける人的資源管理の諸側面を Long and Seo, 1977, Sinha, 1991; Sparrow and Budhwar, 1997; Budhwar and Khatri, 2001; Budhwar, 2004; Budhwar, Luthar, and Bhatnagar, 2006; Rao, 2008; Gupta, 2009; IPTU, 2011; Pacific Bridge Medical, 2014 などを参考にして検討する。

2.1 人事採用方法

インドにおける人事採用活動では，雇用者は履歴書による書類審査によって，過去の職歴，キャリアの安定性を確認すると共に，学部および大学院課程などの最終学歴とその学歴を証明する書類を細かく確認する。雇用者は，過去の学歴と職歴を，応募者の潜在的学習能力のバロメーターであると考える。こうした学習と教育を重要視する雇用姿勢は未来志向の文化と関連している場合がある。

従業員の推薦と後継者の育成計画はインドの特に中高度の職の職場環境において広く行われている。インドの集団主義文化の下では雇用者は知人を雇用したり昇進させたりすることを好む。これらの人事慣習は忠誠と人材の維持を促進する。

インドの人的資源管理は離陸段階にあり，採用試験は一般的である。雇用者は，高い潜在的能力を持った従業員を確保するため志望者に厳密な数学，分析およびコミュニケーションの試験を受けさせる。このように志望者に関する認識情報を持つことで，雇用プロセスの信頼性が増すと考えられており，試験は曖昧性回避型文化と関連している。

インドの圧倒的な規模と数のオンライン採用は西欧の標準から考えると驚きである。標準的に，インドの大企業は毎年10,000人の新入社員を採用するが，人

事部のスタッフにとって履歴書の正当性および関連性を確認してふるい分けることは悪夢のような作業である。

　インドの求人広告は学歴と年齢の制限が指定されることが多い。インドの企業は採用する過程でブランドづけを用いる。地位について懸念するインド人従業員は業界で良く知られた雇用主の下で働きたいと希望する。そのため，新聞紙面の求人広告には頻繁に企業情報について詳細に記載する。そうして従業員自身が「ブランド」となり，企業のために「歩く広告」となる。

　採用段階においては 個人的な質問が問われることが多い。結婚やカースト，家族構成も面接や履歴書上で問われる。雇用者はカーストに基づいて差別することが頻繁にあり，氏名により簡単に識別することができる。最近の学歴の証明書は面接試験を行う段階で提出が必要になり，既婚女性は出産予定があるかどうかを問われることがよくある。

2.2　割り当て制度による諸カーストの職業参加

　インドでは経済活動における全てのカーストの参加はかつては平等的ではなかった。工場，生産現場，事務仕事におけるカースト間の格差が現在でも多かれ少なかれ存在する。現在，特に公益職業におけるアファーマティブ・アクション（Affirmative Action）政策――地元では経済活動における割り当ての権利政策（quota system）とも呼ばれる――が存在する。この政策は，公的な仕事，公立の大学，州および国で選出された議会およびその他の公的部門の仕事における，アーディヴァーシー（adivasi）やその他の低いカーストに属するダリット（dalit）と呼ばれる不可触民（untouchable castes）を含む，指定された不利な立場に置かれた人々に対して精巧なクォータ（割り当て制度）を提供する。民間部門におけるアファーマティブ・アクション・プログラムは，不利な立場に置かれた共同体出身の人材を雇用するクォータを割り当て，利点や質を犠牲にすることなく，彼らをビジネスパートナーとして従事させるものである。このシステムの影響を受けて主要な4カースト以外に存在する数多くの低カースト国民は職業に参加し，平等に職や社会生活を過ごすようになった（Mozumdar, 2007）。

　インドの憲法は教育および雇用の双方において「カースト制に基づくアファーマティブ・アクション」を提供している。国家の仕事においては，単一のカース

トグループ出身者のみで構成される部門があることは普通のことである。同様に，労働組合もカーストごとに構成される。このような集団の形成は，職場には様々な意見対立をもたらすため，組織的に困難な状況を生み出す。カースト制は現在もこれからもこの国の人的資源管理における大きな課題である。

2.3 教育訓練

インド国民にとっては，教育訓練が企業への忠誠心を生み出す。雇用者と新入社員は，大学で学んだことと入社後にすべきこととの間に大きな隔たりがあると考える。それゆえ，精巧な新入社員の研修は効果的なコミュニケーションやチームダイナミクス，さらに製品やサービスに関連した技術的な知識やソフトスキルの形成に焦点を当てる。一般的にインドにおける研修プログラムはより集中的で長期間にわたる。初任者の場合，企業の規模に従い3〜12カ月ほどの研修期間となる。平均的な企業の研修時間は年間およそ60〜120時間である。最も研修を行う企業は Infosys 社である。年間約1億4,500万ドルの予算を当てて，全ての初任者にはおよそ4週間の研修を受けさせる（Babu, 2006）。企業はしばしばインド内外の有名大学と提携して持続的な教育を社員のために提供する。最近インド経済の多方面における変化に対して企業は，自社の教育ニーズに応じて多様な形式の社内教育訓練や職務訓練を提供している。特に，IT，電子，電機および自動車部門の会社は人材育成に大きな予算を割り当て，優れた人材を養成する。

2.4 労働者に対する職業訓練

インド中央政府雇用訓練局は職業熟練開発を目的とする多くの訓練プログラムを展開している。これらのプログラムは可能な限り国家的枠組み内で構成されるが，必要があると認められれば諸外国と協働して実施することもある。職工訓練は産業訓練研修所主導の下，インド全土において42の工学系と22の非工学系で開講されている。産業訓練研修所は，8〜12学年の学歴を有する15〜25歳の若年層を対象にした職工訓練を実施する。州によっては地域の需要に応じるために職種ごとに訓練センターを設置することもあるが，必ずしも訓練受講者の選択に一致する職業訓練が行われているわけではない。ハウラー，カーンプル，ルディアーナ，ハイデラバードなどでは職工訓練指導員のための高等訓練機関が設

置されている。また，中央教育技術研究所がチェンナイにある。

中央政府は高度職業訓練計画を1977年10月に発足した。16の訓練センターが設置され，年間1万人の産業労働者が訓練に参加する。この職業訓練は特に女性を対象として行われている。世界銀行が女性向けのこの訓練センターの増設を支援していた。

中央教育用メディア開発学校は，チェンナイに研修機関を設置し，産業訓練研修所の指導員および訓練受講者と見習い訓練制度の下で徒弟訓練生への教材を提供する。この機関は指導員用手引書，教科書，壁掛け図表，OHP，テクノロジーの透明性，土地計算ワークシップなどの開発に携わる。また，監督者訓練に特化する現場監督訓練学校がバンガロールとジャムシェドプルの2カ所に存在する。

中央スタッフ訓練・研究学校はドイツの協力を受けて1968年カルカッタに設置された訓練施設であり，訓練，研究，開発の3部門に分かれている。訓練部門では職業訓練機関や産業訓練機関の管理職者および監督者向け講座を開講し，研究部門では職業訓練における問題指向型の研究を様々な視点から実施し，開発部門では指導用教材やモデルの開発と普及に携わる。

1961年徒弟法 (Apprentice Act, 1961) は特定産業の雇用主に対して，1〜4年間の徒弟訓練を取り入れて実施するように定めている。この法律の1973年の改正では，工学系大学の卒業者および学位取得者に対する徒弟訓練の提供が可能となった。さらに1986年の再改正によって，「10プラス2」の職業教育の流れから外れてしまった職業高校卒業者も技術徒弟訓練生に加えた (Srivastava and Vidyasagar, 1994)。政府のこうした職業訓練機関以外にも民間部門および国営や民間企業部門が設置した訓練施設は全国の産業地帯および都市部門に存在し，熟練の希望者に研修と訓練の機会を提供する。しかし，インドの地理的大きさ，人口の膨大さおよび産業部門のニーズと比べてこうした機会はまだ脆弱・貧弱である。

2.5　給 与 体 系

インドにおいて給与と賃金は，基本給と各種手当からなっている。基本給は他のインド人の雇用者にも一般的に支給される手当と共に支給される。基本給は労働者の給料の40〜50％を占める。その他の給料は各種手当，いわゆる住宅手当，

医療費，残業手当，物価上昇手当，出張旅費，交通費などで構成される。インドでは居住費が高いため，雇用者は住宅手当を通して，住宅費を補償することが多い。医療費は様々な形式で適用される。組織は労働者や従業員とその家族に費用を補償する。また定期的な健康診断およびグループ保険制度に加入するために固定手当を支払う。生活防衛手当（dearness allowance）（アメリカでは生活費と呼ばれる）は基本給の1%として計算される。生活費を調整するために支給される手当であり，その業務の場所（都心，郊外，州）により変動する（Pacific Bridge Medical, 2014）。出張旅行費は4年期においてインド国内で非課税の旅行ならば2回まで許可される。出張旅行費は労働者の給料と組織におけるレベルに基づき支給され，労働者とその家族まで含む。

2.6 賞与と奨励金

1965年の賞与支払法（The Payment of Bonus Act, 1965）は年間30日以上勤務し，月3,500ルピー以上の給料を受け取っている従業員に賞与が支払われることを保証する。賞与の支給は20人以上の従業員がいる企業全てに適用されるが，例外もある。保険会社，教育機関，病院，商工会議所，連邦銀行と社会福祉機関はこの法律の下に賞与を得る資格がない。また，もし従業員が，詐欺，不正行為，窃盗，団体の財産の横領により解雇された場合にも，賞与は支給されない。しかしながら，企業が営利目的であるかどうかにかかわらず，従業員は賞与を望むことがあり，また，雇用者はこの必須の権利に必ずしも同意しないため，この法律の合理性について議論の余地があると考える。また，労働者，従業員，経営クラスの能力格差や産業部門の生産性や利益性の格差，各省・地域の経済や産業化の状況も賞与と奨励金を支給する際，参考にする必要があると考える。

2.7 最低賃金制度

インドの産業部門における「最低賃金制度」は約70年の歴史を持っている。1947年の分離独立後，1948年最低賃金法（Minimum Wages Act, 1948）が制定され，これは農業を含む様々な分野で雇用される労働者に対する最低賃金を定めたインド初の法律である。本法は，中央や州レベルで表別された雇用に関する最低賃金の設定と実施を規定する。2017年現在，このような表別された雇用の数は中央

レベルで45と州レベルで1,650である。本法は関係政府に，時間給労働もしくは出来高作業（piece work）についての最低賃金率，ならびに，出来高作業に就業する被雇用者の最低賃金を作業時間単位で算出するための保証時間率，超過勤務の場合の最低賃金率を定めることを義務づけている。最低賃金率は，成人，青少年，児童，徒弟など指定雇用の種類や州によって異なる。また，時給もしくは日給など賃金期間の長さによっても変動する。

関係政府が確定および改定する最低賃金率には，生活費手当（cost of living allowance）を含めた基本賃金率（basic wage rate），生活費手当を含む含まないにかかわらず割引（concession）率での必需品支給を考慮して，割引相当額の現金を含む基本賃金率，包括基本賃金率がある。生活費手当および必需品の割引現金価格は管轄省庁最低賃金率は各州内で1,000人以上の雇用者がいる指定雇用の職種ごとに決定される。通常，最低賃金は指定委員会が決定するが，特定地域へフィードバックする場合と官報を通じて各産業分野へ通知して反響をみる2通りの場合がある。関連政府はこうして収集した情報をもとに最低賃金率を画定する。

最低賃金法は主に小規模産業の非組織部門労働者に対する給付金についても言及している。しかし，必要性に基づいた最低賃金あるいは最低生活賃金の実現はまだ程遠いのが現状である。最低賃金法別表の第II部の指定雇用に農業が含まれるようになったのは前進と言えるが，農業分野の最低賃金確定は極めて困難な状況にある。農業部門には様々な労働者グループが属するため，最低賃金に関する包括的な制度を構築できずにいる。また何百万人もの農業労働者が60万を超える村に散らばり，それぞれの農村に固有の就業形態が存在することも本法の施行に困難を招く。

労働者に支払われる報酬に関する法律として，このほかに，1976年均等報酬法（Equal Remuneration Act, 1976）がある。均等報酬法は「男女労働者に同一の報酬を支払うこと，および，雇用における性別を理由にした女性差別禁止」を規定する。さらに，採用，昇進，研修，転勤その他においても女性を差別することを禁ずる。

以上2つの法律があるにもかかわらず，最低賃金は雇用主によって恣意的に決定されがちで，誤ってこれら2法が運用されるケースもある。定期的に改定されるべき最低賃金が適切に見直しされていないことに対する苦情もある。

2.8 休　　暇

多くの先進国や発展途上国のように，インドの企業と組織は週休2日制と勤務週5日制に準じている。加えて，祝日は年間約20日あり，勤務はない。例えば，表3-2によると2015年には祝日が19日ある。さらに，労働者は個人や家族の事情により臨時休暇を7日（一度に2日）取ることができ，1年間の雇用後ならば，3週間の休暇を満額の給与で取ることができる。また給与なしでの休職期間も許可があれば取ることができる。

2.9　退職と退職給付

民間および国営部門共に明確な退職年齢がある。公共部門では60歳で退職するが，民間部門では55歳から60歳の間ならばいつでも退職をすることができる。退職給付は大かた2つに分けられる。1つは，いわゆる退職積立金といい，アメリカの401（K）（年金制度）に類似した制度であり，雇用者労働者共に加入している。もう1つは退職金であり，労働者は無償で給付され，従事した年数に基づいて計算される。慣例として，インドでは労働者雇用者共に退職一時金には基本金の10～12％を支払い，雇用者は退職金として雇用した年ごとに15日間に相当する金額を支給する。この2つの一時金の累積額の返済は希望退職や死亡の際，義務的に支給する。一般的に，こうしたファンドは年金支払いに関する協約の下で雇用者の管理で銀行などに投資し，利益を累積させ，定年退職の段階で退職金として支払う。

2.10　働く女子の厚生

インドでは働く女性労働者や従業員のために特別な奨励制度が整備され，出産前後のケア，数週間におよぶ労働の中断，仕事の復帰などの機会が提供されている。過去，民間の企業体において賃金労働体制が登場する時代には，妊娠が通常業務に支障をきたすとの判断から多くの雇用主が女性労働者を解雇していた。妊娠した女性労働者は，雇用継続のために無給休暇を取るか，母胎と胎児の健康を危険にさらしながら妊娠期間中も業務効率を維持するかが大きな課題であった。

出産給付金立法は，出産前後の一定期間に現金給付金を支払うことを目的とする。インドでは最初に1929年ボンベイで出産便益法が施行された。その後，他

表3-2 インドにおける祝日―2015年

日付	祝日名称	概略
1月15日	マウリド＝ン＝ナビー	預言者ムハメッド生誕を祝う日。
1月26日	共和国記念日	全国民が祝う日。
2月17日	マハ・シヴァラートゥリ	インド全域で祝うヒンドゥ教シヴァ神の祭。
3月6日	ホーリー	水掛け祭。春の訪れを熱狂的に祝うヒンドゥ教の大祭。インド3大祭りの1つでインド全域で祝う。
4月2日	マハビラ生誕祭日	ジャイナ教マハビラ生誕日。
4月3日	グッド・フライデー（聖金曜日）	受難日。復活祭の前の金曜日。イエス・キリストの受難と死を記念する日。
4月6日	イースター・マンデー	復活祭り。
6月1日	釈迦生誕日	釈迦生誕日。
7月18日	イード・アル＝フィトル	イスラム教断食（ラマダン）明けを盛大に祝う日。
8月15日	独立記念日	1947年にイギリスから独立した日。
9月5日	クリシュナ・ジャナマーシュタミー	クリシュナ神生誕日。ヒンドゥ教ヴィシュヌ神の化身であるクリシュナ神の誕生を祝う祭。北インドで盛大に祝う。
9月23日	イード・アル＝アドハー	イスラム教犠牲祭。
10月2日	マハトマ・ガンディー生誕日	全国民が祝う日。
10月13日	ムハラム	イスラム暦新年。
10月22日	ダシャラー（ビジャヤダサミー）	インド3大祭りの中でも最も盛大に祝われる，ヒンドゥ教の大祭。10日間にわたって行われる。
11月11日	ディーワーリー（光の祭）	インド3大祭りの1つ。富と幸福の女神ラクシュミーを祭る。
11月25日	グル・ナーナク生誕日	シク教の開祖グル・ナーナク生誕日。
12月25日	クリスマス	全国的に休みとなる。
12月26日	ボクシング・デー	キリスト教に由来する祝日。

Source: World Traveling Guide (2015). "India Public Holidays", http://www.worldtravel guide.net/country/120/public_holidays/Indian-Subcontinent/India.html (2016年5月21日アクセス).

の州でもいっせいに同様の立法がなされた。1961年に出産給付金法が議会を通過し，出産給付金が全国で統一化された。この1961年出産給付金法は現在，インド全国において関連州法に優先して施行されている。

本法律は全ての工場，炭鉱やプランテーションなどの施設および乗馬や曲芸などの上演のために労働者が雇用されている全ての施設に適用される。州政府は，中央政府の認可があれば，この法律の適用範囲を産業，商業，農業そのほかの部門にも拡大することができる。

女性労働者は，出産予定日直前の12カ月／1年間に少なくとも160日勤務していた場合に出産給付金を受給する権利を有する。給付金は平均日給の率に応じて計算される。本法によって出産給付金の対象となる全女性労働者は，1948年従業員国家保険法（Employees State Insurance Act, 1948）が適用される工場や施設で雇用されている場合でも，後発の本法による支給金受給資格者と認定されるまでは，引き続き給付金の支給を受けられる。

本法では妊娠女性に対して，特別医療給付金の追加支給と早流産や母体の健康被害を防ぐために過酷な労働からの保護も認めている。万一，早流産や妊娠・出産による疾病を生じてしまった場合には，6週間の休暇取得を認める規定もある。15カ月未満の乳児を持つ母親には，自身の休憩以外に，育児のための休憩が2回許される。本法は，本法が認めている権利よりも望ましい権利や特典の付与を求めて女性労働者が雇用主と契約を結ぶことを妨げるものではない。本法は，妊娠中絶の場合には6週間の有給休暇，卵管切除術の場合は2週間の有給休暇，およびこれら治療に伴って長期間疾病を発症した場合の休暇をそれぞれ認めるように改正が加えられた。

1995〜96年経済調査（Economic Survey, 1995〜96）によると，国家出産給付スキーム（National Maternity Benefit Scheme/NMBS）という新体制が1995年8月15日に発足した。この計画では，貧困ライン以下の女性には，第2子出産までに限り，妊娠時に300ルピーの現金支給を受けられるようになった。政府は，本体制のために年間89億7,000万ルピーの経費を計上している。1995〜96年の実績では51億5,000万ルピーが割り当てられた。

しかし，インドでは妊婦死亡率は依然として高く100万回の出産に対しておよそ555人が命を落としている。母子健康プログラム（Maternity and Child Health

Program/MCH）が家族福祉計画の一部として実施され，国家出産給付スキーム（National Maternity Benefit Scheme/NMBS）の推進を促した。しかし，家族計画の再概念化と MCH の構成要素である「性と生殖に関する健康／リプロダクティブ・ヘルス・ケア」のあり方が，婦人病に対する関心を除いて，現代の女性労働者の新たなニーズに適合していないのではないかという議論が出ている。さらに，女子労働者厚生制度は勤務する女性全体をまだカバーしておらず，現存の様々な法規制や計画の下で提供するあらゆる設備・集団は不十分であるとの不満がある。

2.11　その他の厚生機会

インドにおいては雇用する組織や企業は家族の拡張としてみなされる。雇用者は短期または長期のローンを提供し，労働者が個人でかつ物質的な目的，すなわち家の建設資金，車の購入資金，家屋のメンテナンス費や家庭内の緊急事情などを達成するように支援を行う。ローンの金額は雇用の種類や従業員の階層によって様々である。見習い期間の後，全ての従業員がそのようなローンを獲得できるようになっている。雇用者は助成金で多様な食料品を提供することによって労働者の家庭を支えることもある。現在，殆どの中規模または大企業がカフェテリアを持ち，社員に割引ランチなどを提供する。

インドの雇用者は，経営幹部や主幹にクラブのメンバーシップ，海外研修，社宅，配送車，運転手付きの車，支払い免除の携帯電話などの役得を与えることが多くある。これらの役得は社会的地位とも関連する。インドの文化において労働者は目にみえる達成指標を手に入れたく，偉業を達成すると同時に地位や富の上昇することがステータスとして成り上がる。

2.12　人事評価

インドという集団的文化においては人事評価はかなり困難になる。上位階級と下位階級が密接な関係を築くため，形式的な評定プロセスがしにくくなる。上級階級は頻繁に下位階級の勤務を増やす。上司と部下の個人的な友好関係が時に客観的な評価を曇らせる。インドの労働文化は組織的な忠誠心を個人の労働パフォーマンスや効率性よりも重視する。さらに，昇進は年功権（seniority）であり，組織での長期的在職が重要な評価基準となる。組織はたいてい年ごとに勤務

査定を行い，現場監督や部長がコメントをしていく。しかしながら，インドの代表的企業は人事評価に先進的なアプローチを取り入れており，360度型評価，目標による管理などによる多面的なアプローチを採用している。

3. 労使関係

3.1 労働組合

労働組合とは，「集団行動を通じて被雇用者の経済的かつ社会的地位の保護と向上を目指す継続的組織」である。一般に，資本主義世界では，労働組合は労働者の3つの基本権利，すなわち団結権，団体交渉権，団体行動権を成立させ，実現する集団である。インドでは長い間植民地支配が存在していたが，植民地支配下の労働組合運動は非情なまでに抑圧されていた。独立後の国家政府の下では労働組合は許可・公認されていたが，植民地主義から逃れてきた発展途上国であったがために労働組合運動は点在する程度であった。労働組合は政党とそのイデオロギーの影響を受けるものだというのが通説であるが，現実は全くの逆で，インドの労働組合の日々の活動と経験が政治的イデオロギーと政治の達成目的を生み出し，その場しのぎの手段や方策など全く役に立たないことに気づかせた。

独立前のインドでは，労働運動そのものが大きく制限されていた。労働者は強い民族主義意識を抱き，独立のために戦った。第一次世界大戦後にインド国内で社会主義的思想が浸透すると国民の思想傾向や政情が成熟し始め，労働者階級の好戦性が高まり，繊維工場，港湾，炭鉱，鉄道などの職場では示威行動のためにストライキが発生した。

労働組合活動の中心はボンベイ，カーンプル，コルカタなどの都市周辺に集中していた。組合活動は，港湾，綿花，ジュート，工業，印刷，紙製品といった産業分野に広がった。1926年に最初のインド労働組合法（Indian Trade Union Act, 1926）が議会を通過し，労働争議によって生じた民事上の損害に対する補償を認めた。

独立以前の労働組合は主に議会と共産主義者の思想の影響を受けていた。労働組合運動に貢献した共産主義指導者として，S. A. Dange と Muzaffar Ahmad が有名であった。共産主義者ではないが，N. M. Joshi も著名な労働組合指導者であった。

1928 年，ボンベイの繊維工場労働者は共産主義系の Girni Kamgar Union の指導の下にストライキを実行した。ストライキは同年 4 月から 10 月まで継続された。1928 年の All Indian Workers and Peasants Party 結成によって革新勢力が結集した形となった。

第二次世界大戦後の独立への幕開けの時代，インドは食料不足と消費財不足に陥り，物価高騰，労働者階級の深刻な失業問題を経験した。この経緯から，銀行業，保険業，政府系サービス部門のサラリーマンや事務職者による労働組合組織が新たに 2 つ誕生した。労働争議法（Industrial Disputes Act）やインド労働組合（修正）法（Indian Trade Unions (Amendment) Act）などの労働者に関連する一連の法規制は独立の年に可決されたものである。

労働組合の活動と成長は，インドの政治的経済的発展を踏まえれば，最も評価されうるものである。随時発表される産業政策と農業政策（Industrial and agricultural policies）が容認され，経済成長の一手段として基幹産業部門の国有化が重視されたことは，労働組合活動の基本方針と大筋で合致する流れであった。

現在の労働組合は，1926 年労働組合法に基づいて組織，登録，および，年次報告書の作成をしなければならない。インド政府労働雇用省労働局は労働組合に関する年次統計を作成している。2010 年統計によると，登録済み労働組合の数は 18,602 団体である。このうち，政府に年次報告書を提出している組合は，全体のわずか 15.8％に相当する 2,937 団体にとどまる。1 労働組合当たりの平均組合員数は 1,735 人である。登録済み労働組合全体の 99.7％，18,546 団体は労働者側，残りの 0.3％の 56 団体は雇用者側の組合である。州別にみると，登録済み労働組合数が最も多いのがケララ州で，全体の 64.7％，12,030 団体が登録されている（Government of India/GOI, Ministry of Labour and Employment, Labour Bureau, 2010）。

インドの労働組合の構成は，工場／店舗もしくは地域，州，中央（インド全土）の 3 つのレベルに分類される。中央から発せられた労働連盟の重要なイデオロギーはまず州へ，それから各地域レベルへと浸透していく。中央の労働連盟は，州支部，州委員会，州協議会を置き，その下位に地域組織を持つ。国家連盟と組合連盟という 2 種類の組織があり，お互いに協力体制をとっている（Wisdomjobs, 2015）。

インド国内の労働組合運動は，実際のところ，党の路線によって大きく隔たり

があり，政党と組合の間には密接な関係がある。研究者の中には，労働組合の現在の体制は利点と欠点を併せ持っているという考えもある。工場および産業別の労働組合は通常，より大きな国内連盟と提携する。最大規模の連盟は国全体の労働者を代表する中央労働組合組織（Central Trade Union Organizations/CTUO）である。最新の労働組合認定が行われた 2002 年に労働雇用省が CTUO として 12 団体を認定した後，その数は今現在も変わっていない。これらの団体は，中央および州レベルで政党と提携している。

　国内連盟は，提携労働組合としてそれぞれ定められた産業部門の労働組合を傘下に置く。各労働組合は，所属する産業部門を問わず，一般国家組合連合体（general national federation）へ参加できる。このような組合連盟は労働組合政策を先導する国の代表である。さらに，国家組合連合体はそれぞれ異なる政治イデオロギーを基盤とする。系列政党が違えば，運動政策，雇用者と政府間の協力政策，継続的な労使闘争政策も異なる。国内連盟のリーダーは一般的に政治家であり，州によっては 1 人の政治家が様々な組織を先導している場合もある。国家／中央連盟は地域組合および国内組合の管轄権問題に関する裁定権を与えられている。

　大多数の連盟は，提携する労働組合がそれぞれの雇用側と独自に交渉することを許可している。連盟は，統括する労働組合の調整役として位置づけられており，国際労働機関（International Labor Organization/ILO）や国際自由労働組合連合（International Confederation of Free Trade Unions/ICFTU）が主催する国際会議へ派遣する労働者代表の選定も行う。

　国家連盟は，全インド労働組合連盟とも称される。インド全国労働組合会議（Indian National Trade Union Congress/INTUC）を例にすると，中央組織，提携組合，産業連盟，地域別支部，中央組合連合体の直接管理下もしくは監督下に置かれた評議会，代表団集会，総会，労働委員会の各機関から構成され，提携組合，代表団，集会，組合職員を含む総会，労働委員会および州組織を通じて活動する。

　労働組合連盟は強い団結力を求めて様々な労働組合を組織化したものである。行動が必要な場合には，独自性を保ちながら協調行動を取る。こうした手法は労働組合連盟の規模を問わず共通するものであり，しばしば，上位の連盟と提携して行動する。

中央労働組合組織（CTUO）は国家レベルでの労働者代表である。CTUO認定を得るためには，労働組合連盟は4州以上かつ4産業・業種（農業を含む）以上で50万人以上の労働者を組織化していなければならない。労働組合認定は10年に一度行われる。現在，新しい条件の下で2011年を基準年として，最新の認定が実施されている。労働組合の申告する組合員数と実際の組合員数に隔たりがあるため，認定審査は非常に厳しく複雑になっている。労働省が2008年に認定した，2002年現在の全国レベルのCTUOを下記にまとめた。各労働連盟の系列政党をかっこ内に示しておく。

1. 全インド労働組合中央評議会（インド共産党／マルクス・レーニン主義）
2. 全インド労働組合会議（インド共産党）
3. インド労働者会合（RSR/インド国民党）
4. インド労働連盟（民族奉仕団）
5. インド労働組合センター（インド共産党（マルクス主義））
6. ヒンドゥ労働者連盟（系列政党なし）
7. インド全国労働組合会議（国民会議派）
8. 労働進歩連盟（Dravida Munnetra Kazhagam）
9. 全国インド労働組合戦線（系列政党なし）
10. 女性自営者協会（系列政党なし）
11. 労働組合共同センター（全インド前進連合）
12. 統一労働組合会議（革命社会党）

上記のほかにおよそ30団体の労働組合連盟が存在し，全国規模，州単位，産業別で活動している。イデオロギーの違いはあっても，組織同士で協調しながら，ストライキ，ロックアウト，ピケ，サボタージュ，雇用者に対する提訴などの労働闘争や労働者の権利確保のための運動を行っている。国政選挙，州選挙の期間中は，系列政党からの出馬する候補者の応援活動を組織する。

　現在，インドの労働組合活動は主に以下の3つの方法で行われる。

　(a) 相互保険（mutual insurance）：組合員の会費，特別徴収金，寄付金でまかなわれる財源の一部が組合員の一般的な福利厚生に利用される。アハメダバド繊維労働者組合（Textile Labour Association, Ahmedabad）やマドラス労働組合（Madras Labour Union）がこれに相当する。

(b) 団体交渉 (collective bargaining)：労働組合代表者が雇用条件について雇用主側と交渉して契約を締結する。労働協約 (collective agreements) は書面化される場合と口頭合意の場合があり，その保証範囲には，賃金，労働時間，物理的労働条件 (physical working conditions)，見習い制度 (apprenticeship)，報奨給，福利厚生 (welfare amenities)，昇進，賞与，諸退職手当 (gratuity)，老齢退職，年金 (superannuation)，経済的福利厚生計画 (economic benefit plan) などが含まれる。また労働協約は，一定期間の雇用関係の規定の提議する法律とみなされる。労働交渉に失敗するとストライキ，ピケ，ボイコット，ロックアウトなどの強圧手段をとることもある。

(c) 政治的行為：労働者の保護・擁護を目的とする法規制の成立を求めて，労働組合が国家に圧力をかける。政治的行為をとる場合，政治的配慮に基づいて支援政党の命令で行動することもある。インドの労働組合は1つ以上の政党と強い結びつきを持ったナショナルセンター (national center) を構成している。

3.2 労働者の経営参加

インドにおける労働者の経営参加の歴史は古く，様々で複雑な段階を経て進展し，厳密かつ具体的な定義を持つ。経営参加の過程を年代順に追ってみると，選出された労働者代表の2者労働委員会 (bipartite works committee) への限定的参加 (1947)，経営協議会 (joint management council／1958) および国有銀行取締役会 (1970) への労働者代表の参加，従業員500人以上の製造業企業や鉱業企業の労働者の経営参加制度および商業部門や電報・鉄道・電気などのサービス業での類似の制度 (1975)，100以上の公共部門企業における現場レベルでの労働者の経営参加 (1983)，となる。中央省庁／州政府，主要公共企業，中央労働組合組織で構成される3者委員会 (tripartite committee) は経営参加体制の進捗状況の見直しと是正措置の提言を行った。労働省に監視部門も設置され，3者委員会の支援にあたった。

上記の体制は制定法で認められていたわけではなかったので，有意義な労働者階級の経営参加を実現するために効果的な枠組みを提供することはできなかった。この問題を話し合うために，1990年1月，ニュー・デリーにおいて全国セミナーが開催され，続いていくつもの地域セミナーが実施された。これらセミ

ナーの内容に基づいて経営における労働者法案（Workers in Management Bill）1990が制定され，インド連邦議会（ラージヤ・サバー／Rajjaya Sabha）で制度の検討が行われた。その後，労働省の議会常任委員会（Parliamentary Standing Committee on Labour and Welfare）が設置されるに至った（1995）。

良好な労使関係の構築，労使関係の各段階での透明性確保，情報共有，労使協議を達成するためのこうした協調的取り組みは，労働者の経営参加を進めるためには避けては通れない。巨大な労働市場を持つ国インドの労使関係の安定，労働者や経営者間の信頼関係，最後に国家の安定を実現するため，経営への参加は著しい役割を果たしたと言える。

4．外資系企業の人的資源管理

インドは主要な海外直接投資の受け入れ国でもあり，投資国でもある。国家経済発展のために受けた海外直接投資の総額は莫大であり，BRIC4カ国（ブラジル，ロシア，インド，中国）の中でもトップレベルにある。多国籍企業および国際投資家は，インドを最も魅力的な投資先国の1つに挙げており，ビジネス環境も安全的で好意的であると認識している。

現在，政府は実質的に全経済部門に対する海外直接投資を認めている。当初は35の指定産業部門において51％までの海外投資に対して自動承認制度がとられていた。1996年に指定産業の範囲が家庭用電化製品産業にも拡大され，小規模産業部門の産業においては海外資本の上限は24％に設定されている。電力およびエレクトロニクスの各産業，ソフトウェア・テクノロジー・工業団地などの輸出志向型企業には100％の海外資本を認めるという振興的な政策がとられていた。これら以外の産業でも，インド国内産業への貢献度を考慮した場合やインド国内に適切な事業相手がない場合には，出資比率100％の海外資本を認めている。しかし一定期間経過後には，インド資本が事業資本の主要部分を占めるようにならなければいけない。国内販売においては，海外ブランド名や外国商標の利用に関する特別な規制はない。海外資本が40％を超える企業に対して課されていた外国為替規制法（Foreign Exchange Regulation Act/FERA）は廃止された。

海外投資家は，2つの方法でインド政府の投資承認を得ることができる。簡便で迅速な方法としては，指定産業，輸出加工区，100％輸出志向型事業所（100

percent export-oriented units），特定の経済限定要素を満足させる海外技術提携契約への海外直接投資に適用される「自動承認制度」が利用可能である。「自動承認制度（ルート）」以外の投資承認は，外国投資促進委員会（Foreign Investment Promotion Board/FIPB）に申請し個別承認を取らなければならない。外国投資促進委員会は，最初の 2 年間に限って総額で 30 億ドルを上限とする外国資本であれば許可する。これは 1980 年代の年間投資額上限が 1 億ドルだったことに比べると著しい開放政策であることが分かる。

　インド産業にとって，多国籍企業の大量参入に対する躊躇がなかったわけではない。多国籍企業の殆どは生産拠点の建設よりも短期的利益の獲得を目的としているのではないかという疑念も多少あった。海外企業がインドに殺到するという近年の傾向に直面して，公平な企業活動の場を求める声もあった。インドへ進出する外国企業の中でも，出資比率が 75％ を超える組織が増加した。

　2000 年代には，通信事業，電力，輸送などの中核産業部門において多国籍企業が優位に立つことが予想され，この予測はインド国内のビジネス環境に変化をもたらすものであり，産業部門はその構造と競合環境の変化に直面することになるとも予側された。2014 年現在，インドにおける対内直接投資の累積額（残高）は 2,523 億 3,140 万ドルであった一方，投資部門は製造業，すなわち，食品加工，飲料水加工，サービス，化学製品，製薬，運送機器，建設（都市開発・住宅），金属，ホテル・旅行，新エネルギー貿易・卸売り，コンピュータ（ソフト・ハード），情報・放送，電力，産業機械，ゴム製品などであり，主な投資国家はモーリシャス，シンガポール，日本，オランダ，キプロス，イギリス，ドイツ，フランス，アメリカ，スペイン，ポーランドなどである。同年，インドからの対外直接投資累積額は 1,295 億 7,810 万ドルあった一方，主な投資部門は製造業，運送機器，通信・倉庫・金融，保険・不動産・ビジネスサービス，卸売り・小売り・貿易，レストラン，ホテル，建設，農業・鉱業，社会サービス，電気・ガス・水などであった。最近 2，3 年間の主な投資先国はモーリシャス，シンガポール，オランダ，アメリカ，アラブ首長国連邦，オーストラリア，イギリス，イギリスバージン諸島，スイス，ケイマン諸島，アゼルバイジャンなどである（UNCTAD: 2015；JETRO：数年）。

　他方，インドにおける日本の投資額（2014 年現在）は 2,193 億円であり，主な

投資部門は運送機器，製薬，金融，保険，産業機械，貿易・卸売り，建設・整備，鉄鋼，機械工具・部品，医療機器，熱処理，建設機材などである。最近2，3年間のインドに投資する主な企業は日産自動車，大塚製薬，三井物産，本田技研工業，三井住友海上火災保険，日本生命保険相互，オリックス，三菱重工業，パナソニック，東洋エンジニアリング，東芝機械，新日鐵住金，エクセディ，NTTコミュニケーションズ，第一工業，アイシン高丘，トヨタファイナンシャルサービスなどである。2015年現在，全インドにおける日系企業数合計は，1,209社であり，全インドにおける日系企業の拠点数合計は3,961カ所である。現在，インドの30州に日系企業がビジネス拠点を所有するが，殆どの有名な日本企業がインドに投資している。外資系企業は，本国の優れた技術や経営システムをインドに移転し，その基盤人材はインド国内労働市場から調達する。製造部門の熟練労働者，一般や専門職事務職員，管理職者，経営者などのあらゆる分野の従業員を新卒および中途採用もできる。国内および海外の大学を卒業する豊富な人材は国内外での直接またはあっせん業者によって採用が可能である。多国籍企業の職は安定的で，給与や諸勤務条件は魅力的である。

　多国籍企業は，インド拠点や子会社のために容易に国際労働市場から多様な国籍とダイバシティ経営・文化の経験を持つ社員を募集することができる。社会の多様性，国際化の進行，英語などの国際言語が利用可能である利便性，外国籍者の受け入れに対する社会的柔軟性などは，投資先としてのインドの魅力を高めている。デリー，アグラ，ムンバイ，チェンナイ，ベンガロール，カルカッタ（現在のコルコタ）などの大都会や市町は古くから外国人の興味を引きつける。インドのスパイスやベジタリアン料理は世界中に市場を広げており，外資系企業の駐在員はインド現地の生活に簡単になじんでしまう。そのため，海外生活に興味を持つ外国人にとって，インドでの滞在はホームシックを生み出すことなく，長期滞在が可能となる。

5．ビジネス経営の環境

　インドは複数政党制による連邦共和国であり，国家議会は上院（Rajya Sabha）と下院（Lok Sabha）の2院制をとっている。政府の最高権力者は首相，国家元首は大統領であり，後者はインド国軍の最高司令官でもある。首相と各大臣は国政

を担う。インド国民の大部分であるヒンドゥ教徒は宗教的な理由から牛肉を，第2宗教のイスラム教徒は豚肉を食べない。これにより，インドに出店したマクドナルド社などの大手ハンバーガー企業はソイミートバーガーを提供している。

インドの父として知られる，モハンダス・カラムチャンド・ガンディーは，「非暴力による抵抗」という概念を開拓し，マーティン・ルーサー・キング・ジュニア牧師らの自由を求めて闘った偉大なリーダーたちを鼓舞した。

インドの社会システムは，不平等，権力格差，階層管理を助長するカースト制によって支配されている。イギリスは，カースト制と自国の階級制度を同一視し，カースト制を強化した。イギリスはインドに，身分階層ごとに異なる労働集団を構成し，自分たちの利益を優先するために国勢調査を導入した。結果として集団ごとの職業の違いがさらに顕著になった。

カーストはcastasという用語に由来する。16世紀初頭にインドを侵略したポルトガル人は，現地の人々が部族，集団，または家族に分かれて働く様子をみて，カースト制度を本国に伝えた。カースト制は，社会的・経済的階層に従い，4つの主要な労働区分に分かれている。ブラモン（Brahmins）は識者と考えられ，クシャトリヤ（Kshatriyas）は兵士，ヴァイシャ（Vaishyas）は商人，シュードラ（Shudras）は身分の低い単純労働者である。カースト制は，集団の中にはっきりと区別された労働区分と地位の違いを作り出した。バラモンはカースト階層の中で最上位，シュードラは最下位と考えられている（Hobson, 2003; Damodaran, 2007）。

1947年の独立以降インドは社会主義的産業発展政策を試みた。大規模企業，重工業，基盤産業などの主要なものは国営部門の下で設立，経営し，民間部門資本はあらゆる分野の企業の設立・経営の機会を支えた。タター自動車を含むわずかな数の企業が民間部門で設立されたが，インド経済における民間投資や外資参加は遅れた。1980年までは，近代的な技術や経営システムを望む企業や産業は少なかった。

1991年以前，インドは直接外国投資に対して閉鎖的政策をとり，政府が経済・商業活動の大部分を管理した。厳しい所有権制限により，海外企業と国内企業の共同経営の場合，海外企業は40％の株しか所有を認められていなかった。大多数の多国籍企業はこの規則に従った。IBMとコカ・コーラ社は株式所有の法令

順守が欠落しているという理由で，インドからの撤退を命じられた。1991年に，ナラシマ・ラオ首相は，グローバル市場での競争のためには，外国資本が必要であることを認め，多国籍企業の所有権制限の一部を緩和し始めた。アメリカは直ちにインドにおける最大の投資国となり，1991年から2002年の間に5,700億ドルを投資した（SHRM India, 2010）。その刺激を受けてヨーロッパ諸国，オーストラリア，中近東，日本，韓国，シンガポールなどからも直接資本がインドに殺到した。特に，アメリカの大学や会社に所属するインド系のエンジニアや技術者が本国へ帰国し，インドのシリコンバレーと呼ばれるバンガルル地域を中心に，ソフトウェア産業が発展した。その結果，インドはソフトウェア開発のグローバル・リーダーとして認められているようになった。インドのソフトウェア産業は海外の関心を引き，最先端の技術地として尊敬を集めるようになった。

インドは，他の英語圏の国民と円滑にコミュニケーションを図ることができ，また高学歴と英語ができる労働力を大勢持っている。さらに，強い労働倫理と1日12時間，週6日勤務する意欲を持った人口の大部分もしばしば好材料となる。加えて，専門職員にかかる費用はインドでは非常に低く，アメリカと比較すると約25％である。グローバル的コンサルティンググループであるマッキンゼーによると，1,000人の従業員を持つ多国籍銀行がインドに移転すると，その銀行は年間1,800万ドルの人件費を抑えることができるという。

インドにおける雇用法の年代順の制定は，職場における人的資源の重要性の増加を表している。過去の20年間，インドの諸団体・企業組織は「人事（personnel）」から「人的資源（human resources）」への概念が変化していることから，「人的資源」の可視性と重要性にますます着目していると言える。

6. 人的資源管理に関する諸法律

インドの雇用管理の様々な側面の統制および実現ために多くの法規制が州および国レベルで長年にわたって作られてきている。その法規制は各種組織および企業において人的資源管理実現の健全な環境の構築およびその実践の状況を促進させている。そのような法や規制は，職場における人々の（a）憲法で保証された権利（すなわち，平等，性差別，協会／組合，強制労働，違法売買，児童労働，危険労働など）および（b）契約上の権利（すなわち，雇用，給与，労働時間，健康と安全，年

金と保険など）双方を保証するものである。インド憲法（第14条）は，全ての国民は法の前に平等であることを明記しており，第15条は国が国民を差別してはならないことを明確にし，第16条は，国の下の雇用または指名の機会が平等に与えられることを保証している。第23条は，全ての違法売買および児童労働を禁じ，第24条は工場，鉱山，その他の危険労働における14歳以下の児童労働を禁止している。第43条は，労働者は適切な生活水準を保証する給料および労働条件を得る権利があると定めている（GOI/Ministry of Law and Justice/MOLJ: 1950）。労働者と労働環境を守り，向上させる同様の条項はほかにもあり，実は，インドにおけるほかの多くの労働法および規制は，憲法の原則の観点から，またその様々な規定と基礎を実現するために施行されており，インド人経営者たちはそのような法に高い重要性を見い出している。

Budwhar and Khatri（2001），Budwhar（2004），NACIB（2009）およびLuthra and Koshy（2015）は産業および企業における人的資源管理の諸側面を管理する150以上の州および中央の労働法が存在すると説明している。制定と施行の観点から重要な法は以下の4つに分類することができる。

(a) 中央政府が単独に制定，施行する法律：

(1) 1948年従業員国家保険法，(2) 1952年被雇用者積立基金および雑則法，(3) 1986年ドック労働者（安全・衛生・福祉）法，(4) 1952年鉱山法，(5) 1976年鉄鉱石，マンガン鉱石，クロム鉱石鉱山労働者法，(6) 1976年鉄鉱石，マンガン鉱石，クロム鉱石鉱山労働者福利厚生基金法，(7) 1946年雲母鉱山労働者福利厚生基金法，(8) 1976年ビディおよび葉巻製造業従事者福利厚生課税法，(9) 1972年石灰石・ドロマイト鉱山労働者福利厚生基金法，(10) 1981年映画産業および映画館労働者福利厚生地方税法，(11) 1976年ビディおよび葉巻製造業従事者福利厚生基金法，および（12) 1981年映画産業および映画館労働者福利厚生基金法，などである。

(b) 中央政府が制定，中央政府および州政府が施行する労働法：

(13) 1986年児童労働（禁止および規制）法，(14) 1996年建築その他の建設労働者（雇用および雇用条件規制）法，(15) 1970年契約労働（規則および廃止）法，(16) 1976年均等報酬法，(17) 1947年インド労使紛争法，(18) 1946年産業雇用（就業規則）法，(19) 1979年州間出稼ぎ労働者雇用および雇用条件規制法，(20) 1988

年特定企業による申告書および登録義務の免除に関する労働法，(21) 1961 年出産給付金法，(22) 1948 年最低賃金法，(23) 1965 年賞与支払法，(24) 1970 年退職金支払法，(25) 1936 年賃金支払法，(26) 1981 年映画産業および映画館労働者（雇用および役務条件）法，(27) 1996 年建築その他の建設労働者（雇用および役務規制）法，(28) 1961 年徒弟訓練法，(29) 2008 年非組織労働者への社会保障法，(30) 1958 年ワーキングジャーナリスト（賃金率固定法，1958 年），(31) 1958 年商船関係者法，(32) 1976 年販売促進従業者法，(33) 1983 年危険な機械（規制）法，(34) 1948 年のドック労働者（雇用の規制）法，(35) 1997 年ドック労働者（雇用規制）（主要港湾には適用されない）法，(36) 2005 年民間のセキュリティ機関（規制）法，などである。

(c) 中央政府が制定，州政府が施行する労働法：

(37) 1938 年雇用主責任法，(38) 1948 年工場法，(39) 1961 年自動車輸送労働者法，(40) 1963 年私傷（補償保険）法，(41) 1962 年個人傷害（緊急規定）法，(42) 1951 年プランテーション労働法，(43) 1976 年販売促進従事者法，(44) 1926 年労働組合法，(45) 1942 年週休法，(46) 1955 年ジャーナリストおよび新聞従業員法および雑則法，(47) 1923 年労働者補償法，(48) 1959 年職業安定所（欠員の通知義務）法，(49) 1938 年児童（労働契約約束）法，(50) 1976 年債務労働制度（規制・廃止）法，および (51) 1966 年ビディおよび葉巻製造業従事者法，などである。

(d) 州政府が独自に制定，施行した労働法として，（マハラストラ州の例）州レベルで制定した法律例は以下の通りである。すなわち，(52) 1961 年徒弟訓練法，(53) 1966 年ビディおよび葉巻製造業従事者法，(54) 1976 年ビディ労働者福祉基金法，(55) 1976 年ビディおよび葉巻製造業従事者福利厚生税法，(56) 1996 年建築その他の建設労働者（雇用および雇用条件規制）法，(57) 1976 年担保付き労働法（廃止法），(58) 1970 年契約労働（規則および廃止）法，および (59) 1986 年児童労働（禁止および規制）法，などである

中央政府あるいは州政府が制定・施行した特定の産業および労働者に関する法規定が，インドの人的資源管理や経営の基盤を支えている。

また，産業労働法と呼ばれる諸法の分類は以下のとおりである。すなわち，(a) 1926 年労働組合法および 1947 年の産業紛争法のような労使関係の法律，(b)

1936年の賃金法の支払いと1949年最低賃金法のような給与と関連している法律，(c) 1948年工場法および1946年産業雇用（起立命令）法といった労働時間・期間・雇用条件に関連する法律，(d) 1961年母性給付法および1976年均等報酬法といった平等と女性のエンパワメントに関する法律，(e) 1976年担保付き労働法（廃止法）および1933年児童（労働契約の誓約）法といった貧困で社会的に不利な立場に置かれた人々に関連する法律，(f) 1923年労働者の補償法，1948年従業員国家保険法，および2008年非組織労働者への社会保障法，といった社会保障に関する法律などである（NACIB, 2009）。国家法律の枠組みにおいて，地方の雇用条件に特化した柔軟な条件を拡大し作り出すために，国家は特別な規制を施行した。例えばグジュラート州は，州の経済特別区（SEZs）内の企業がさらに柔軟な雇用ができるよう，産業紛争法を2004年に制定し，それにより，1カ月前の通知と退職金の付与により経済特区（special economic zones/SEZs）内の企業が政府の許可を得ることなく臨時労働者を解雇することが可能になった（Business Today, 2014）。これらの国家および州法に加え，インドの人的資源管理関連法は，国際労働機構（International Labour Organisation/ILO）といった国際労働団体の条約および日本，ドイツ，フランス，アメリカ，イギリスといった政策立案者が模倣する他の先進国の慣習から刺激を受けている。

7. 人的資源管理の文化的側面

インドの人的資源管理の文化的側面の研究がたくさんあり，どの研究者や実務家も意識的無意識的にこの側面の研究に触れる。アメリカのペンシルベニア大学のWharton Business SchoolによるThe GLOBE（Global Leadership and Organizational Behavior Effectiveness）研究は，世界中の62カ国における文化的，社会的，組織的，そしてリーダーシップ的な違いを分析したものである。この研究の目的は，経営リーダーシップの慣習および価値がどの程度普遍的（例えば，グローバル的な共通性）であるか，また，その程度，さらに数少ない社会に限られたものであるのかを，定めることである。インドはこの研究に含まれた。

この研究では，権力格差の点でインドが高スコアを出したことは，インドのカースト制とイギリスの植民地影響双方から生じた明らかなヒエラルキーによって特徴付けられた社会であることを反映している。平均的に，製造環境において

製造労働者と最高経営責任者（CEO）の間には少なくとも 12 から 15 の段階がある。インドの産業界は明らかなヒエラルキーと公的な構造に特徴づけられている。従業員は上司に賛同しないことにはとても失礼であり，上司をファーストネームで呼ぶことさえ抵抗がある。Mr., Mrs., Dr., Sir または Madam といった公的な敬称は組織および教育の場において広く使用されている。

集団文化は，構成員を内集団と外集団を見分けるしっかりとした社会の枠組みの特徴である。インドでは，内集団メンバーは通常同じカースト，宗教，または家族の出身である。個人のカーストと宗教を名字から見分けるのは容易であるため，差別的な人事を可能としてしまう。自分と同カーストからの従業員のリクルート，雇用，昇進は非常に一般的である。

多くのインドの習慣は儀式主義で，不明瞭で知らないものを避ける文化を示す。例えば，工場の新設といった多くのビジネスにおける決定事項は占い的予言によって好ましい時期が決められる。結婚に関しては，結婚の計画が進められる前に新郎と新婦の相性が星占いによって告げられるのも社会の慣習である（Chhokar, 2012）。

ギート・ホフステードの『ホフステード4次元』は，未来志向における高スコアは未来のために計画を立てる社会を映す。インド文化において，子供たちは幼い頃から「もしものときのために備えなさい」といった格言を使って社会化される。この未来志向は大部分のインド人が個人の銀行口座を開いていることにも反映されている。政府は租税優遇措置をとることによって，そうした口座を開くことを奨励する。

インドの企業経営は「短期的志向」であることを各種研究結果が明らかにしている。過去は過去のこと，将来は分からない，従って，現状にどう対応していくべきなのかが最重要であるという考え方が企業経営者に根強い。気候の季節変動が大きく，洪水，飢饉などの自然災害が多発する国であるため，農業従事者や熟練を要する工芸職人などの伝統産業従事者は，彼らがどのような状況に置かれていて，その時何をどうすべきなのか，という判断に集中するしかなかった。先行き不透明な需要と市場動向に即応しなければならないため，長期的視野に立った経営計画の立案は困難である。インド社会の価値観と信仰の根底にある，過去の行いと未来の成功は繰り返すという「輪廻転生」の考え方の影響もあって，人的

資源開発の枠組みは常に短期的・季節的にならざるを得ない (Sinha, 1991)。この社会的傾向は，長期雇用計画，従業員のキャリア開発，キャリアパス計画，教育訓練への投資などの分野に深刻な影響を及ぼしている。

インドの企業経営は，職務内容の区別に固着する。経営者や被雇用者の職務属性は彼らが所属する社会グループ，職業および業績に由来する。これは，企業組織内で被雇用者が，準拠集団の構築と職務識別の実施を最優先に考えていることと強い相関関係がある。業務内容が明確に提示されていて，職務範囲が明確に定められていれば，被雇用者は快適に仕事ができる。インドの被雇用者は，特殊性の高い業務を好む。ジョブ・ローテーションは，その業務が単純作業であるがゆえに行われるという意識が強いので，嫌われる傾向がある。インドでは，より高い専門性および特殊性を持つ職業の人気が高いので，専門職者と多方面での才能を持ついわゆる万能選手型との間の対立が，インドの企業経営においては避けられない問題となっている (Sinha, 1991)。

インドの企業経営者は，上司，職場チームの上長，社長，自営企業のリーダーなどに対する無条件の忠誠心を高く評価する。企業は家族であるという理念から企業の経営トップは父親的存在と考えられ，長期雇用，職業の専門化，昇進，生活の安定などの確保に努め，従業員の福利厚生全般に責任を持つことが求められる (Long and Seo, 1977)。

インドの企業経営における最重要かつ伝統的な特徴は，終身雇用と職業安定である。インドの社会通念では，家族，カースト，企業など，集団の構成員は永久に不変であるとされる。雇用が確保されなければ，被雇用者は不安に付きまとわれ，物心共に不安定で，仕事に対する動機づけもなくなる。現代のインド企業経営では，効率的な終身雇用と雇用確保に関する議論が盛んになっている。日本社会では，終身雇用が，より大きな業績を生み出す動機づけとなっているが，インドでは「雇用が確保された」という従業員の自己満足にとどまり，企業組織内で生き残るための許可証を入手しただけという結果に終わっているという議論もある (Sinha, 1991)。

インドの企業では経営者にとって従業員が良い業績を残すには適度な緊張と忍耐が必要である。経営者は卓越した能力を備えた人物を重用し，彼らが各分野において際立った成果を達成したときにその人物を認める。Shinha (1991) が述べ

ているように，インド社会は，優れた技能を持つ優秀な人物を Arjun として崇敬し，力を持つものを Bhima として崇拝し，慈悲深い人を Asoka として慕い，機知に富む人を Birbal として尊敬し，忍耐強い人を Gandhi として敬愛し，深い洞察力を持つ人物を Nehru として期待する。インド社会における人物評価は画一的ではなく，各人各様の優れた点を見い出そうという傾向が強い（Sinha, 1991）。現代の若い従業員世代は，各々の目標を達成することに専心し，他者とは異なる自分の特性や卓越性を伸ばそうと競い合っている。新興産業の急速な発展は，競争力のある技能を持った従業員の集積の結果である。

　長い間，女性の大統領がインドを統治したにもかかわらず，企業，社会双方の環境において男性優位の社会的優遇がみられる。インドの女性は西洋文化の女性と同等の性別的平等を享受していない。経営上の上位のポストに関しては男性のみをリクルートするという強い優遇がある（Chhokar, 2012）。

　ホフステッド（Hofstede, 1983）によれば低い権力格差文化では，よりフラットな組織構造と民主主義的な経営者を持ち，公平と公正さに焦点を定める。高い権力格差文化では忠実さを生み出し，内部のリクルートと継承計画はとても重要である。このような慣習は献身的な労働力を生み出す。低・画一・集団文化は一般的に個人の業績を奨励し，従業員の創造性を重視する。報酬の慣習は個人の業績に応じて与えられ，従業員のイニシアチブが評価される。高内集団・集団文化は，縁故主義（nepotism）とえこひいき（favoritism）の環境を生み出す。個人的・家族に関連する情報を就職のために提出することは一般的であり求められている。個人的な関係が雇用基準にとって代わることは珍しくない。低い曖昧性回避（uncertainty avoidance）型文化はリスクを負う人，柔軟性のある役割と素早い意思決定を奨励される。高い曖昧性回避型文化においては多くの試行を採用し，雇用プロセスにおける予測不能性を最小限に抑える，または減らすために，志望者に対して年齢，家族背景といった精巧な情報を求める。

　ホフステッド（Hofstede, 1983）のインド文化に関する研究によれば，インド文化は，低度ないし中程度の不確実性回避型（指標40），中から高程度の権力から郷里（指標77），低度の男性優位（指標56），そして低度の個人主義（指標48）を包含する。低度の個人主義は，家族および集団の功績が，業務上の結果よりも重要視されることを意味する。業務上の最優先事項は自己実現ではなく，家族の

義務や社会責任を果たすことである。家族の結びつき，社会的ネットワークは，新たな仕事，昇進，給与に関する便宜などを得るために重要と考えられている (Sparrow and Budhwar, 1997)。

インド社会に存在する階級制度と不平等は，伝統的なカーストや階級集団に深く根差すものである。インドの組織構造と社会関係も階級制になっているので，インド国民は常に階級を強く意識している。職場では，個別に，上司と部下という「主従関係」の下で働くことを好む。インドの権力格差が大きいのは，カースト制度に基づくヒンドゥ文化の階層主義，家族構成を重視する考え方，イギリス植民地時代の厳格な法規制などの影響である。年齢が全てを決めると言っても過言ではない。年長者は無条件に尊敬の対象であり，企業の中では上に立つ者が，昇進や給与などの決定権を持つ。その一方で，各個人のカースト階層，宗教，社会的つながりも重要な意味を持つ。集団間の関係の特徴としては，他集団に対する疑念，小集団の同一性，権力者に対する強い同調志向などが見受けられる (Sahay and Walsham 1997)。

インドの経営文化とアメリカ，イギリス，日本の経営文化との比較研究もある。英米人と比べて，インド国民は権力に対する畏敬の念が強いので上位者に対して従順で，他者に依存する傾向が強い。また，運命論的，服従的，躾や教育の不足，友好的で穏健，遠慮がない，集団主義，カースト階層や氏族に対する意識が強い，遵法的である一方，自制心の不足，粘り強い，自己本位的といった特徴も持つ (Tayeb, 1988)。高い効率性と成果を重視するアメリカ型の経営と比べると，インドの経営スタイルは運命論的と言える。経済活動に無関心で経済活動の手段が少ないためにインド社会が貧困にあえいでいることを考慮すると，たとえ屈強な粘り強さと耐久力で自然災害と対峙できても，インドの企業経営は，運命を操る「見えざる手」の存在の信仰にますます傾倒していくのは避けられない (Sharma, 1984)。

しかしながら，インドの企業組織および企業経営者は，人的資源開発においては欧米式経営スタイルと東洋（特に日本）式経営スタイルをまねる努力を伝統的に行ってきた。インド企業が欧米の経営スタイルを基礎にするのは，企業経営者の多くが欧米で教育を受けてきたことと，インド国内の経営教育機関の多くが欧米の教育システムを採用していることが理由である。彼らは，血縁・姻戚を大切

にする家族観，社会的義務を重んじる社会通念や宗教観などのインド独特の価値観を，個人スキルの向上，高い効率性，業務上の協力体制などを求める欧米式価値観と組み合わせる努力を絶えず行わなければならなかった（Sahay and Walsham, 1997）。このような世界の異なる価値観のハイブリッド化は，インドの人的資源開発に生産性と効率性を創出するに違いない。

8. 経営管理機関の創立と人的資源管理の普及

インド国民人事管理機関の設立は，国内で増加する人的資源管理の重要性を明示する。インド人事管理機構（The Indian Institute of Personnel Management/IIPM）は1948年カルカッタに設立され，1950年にボンベイ（現在のムンバイ）でインド国家労務管理機構（the National Institute of Labor Management/NILM）が設立された。人事管理，労使関係，労働福祉，人的資源開発の高度化の促進のため，これらの2つの国家機構は1980年に統合され，インド国家経営機構（the National Institute of Management/NIPM）となった（Budhwar, 2004）。コルコタに本部を置く経営者のこの全国組織は52の支部に分割され，合計11,000以上の人的資源管理専門家を保持している。同機構は講義，会合，セミナー，トレーニングコース，カンファレンス，ワークショップ，シンポジウム，資料や書籍の発行，事例作成などを通して人的資源管理に従事する専門家の技術と高度な専門知識の開発に貢献すると共に，人的資源管理コンサルタントおよびシンクタンクとして機能している（NIPM, 2014）。世界中の人的資源管理機構，特に，オーストラリア，イギリス，アメリカの同機構との緊密な関係を持ち，人的資源管理に対する最先端の情報などを会員たちに提供している。

9. 一般経営学および専門職経営学教育

現代の経営学教育は，一般，専門を問わず，インド産業およびインド経済の両面で経営学の知識を持つ人的資源の質と能力の向上に顕著な効果を及ぼしている。インドは，一般，専門，技術工学（MOT），工業技術，IT，法学などの経営スキルを持った巨大な人的資源を保有している。また，成長産業部門へ経営人材を供給する源となる教育分野の経営スキルも卓越している。インドで経営教育が注目されるようになったのは19世紀である。初期のビジネス・スクールでは，

イギリス政府の需要に応じるために商業（物品売買）面のみの教育が行われていた。

インド初のビジネス・スクール（Commercial School of Pacchiappa Charites）は，1886年にチェンナイ（マドラス）に設立された。1903年イギリス政府は，カルカッタのPresidency Collegeで中等商業コースを設置して，秘書業務，ビジネス・コミュニケーション，速記，タイピング，通信，会計の専門授業を行った。高等ビジネス・スクールは，まず1913年にムンバイに設立され（Sydenham College），続いて1920年にデリーに商業学校（後に，Sri Rama College of Commerceと改称）が設置された。インド社会科学研究所が，インドの最初の経営プログラムの一環として1948年に創立され，企業経営に必要な知識の創出および拡散を可能とする人材育成を行った。1953年には，カトリック団体がXavier Labor Relations Institute（XLRI）をジャムシェドプルに設立した。インド初の国営経営研究所として，社会福祉経営研究所（Indian Institute of Social Welfare and Business Management/IISWBM）が1953年にカルカッタに設置された。

各研究所が実績を積み重ねると，インド政府は1961年，カルカッタ（西ベンガル州）とアーメダバード（グジャラート）州にインド国立経営研究所（IIM）を設置するためにフォード財団に補助金を申請した。この補助金申請の目的は，アメリカ流のビジネス教育を海外へ広め，アメリカ式企業経営の海外移転を可能にするためにアメリカのビジネス・スクールに協力を求めるためであった。カルカッタIIMは，実務と教育学の両面での開発のためにスローン経営学大学院（MIT）と共同で，1961年に創設され，経営の量的側面と実務的側面に特化した教育を行った。アーメダバードIIMは1962年に創設，質的戦略統合を専門とする事例研究法に関するパイオニア的教育機関である。IIMの使命は，創設時のIIMが開発した専門知識を基礎にして，講義，研究，訓練，制度構築を通じて，インドにおける経営教育システムの専門化を進めることであった。1973年には，さらに2校のIIMが，バンガロール（カーナタカ州）とラクナウ（ウッタルプラデシ州）に設立された。1982年にボパール（マディア・プラデーシュ州）に設立された森林管理研究所では，アーメダバードIIMの援助を受けながらインド国内の森林管理開発に関する専門教育を実施した。1990年代には入ると，さらに2校のIIMがコジコーデ（カルカッタの古名，ケララ州）とインドール（マドヤ・パラデシュ州）にそ

れぞれ設置された（Saha, 2009; Shukla. 2013）。

　1990年代を通じてビジネス・スクールの数は増加し，その地位も高まった。インドへ進出する多国籍企業が増えたことにつれて，インド国内企業も多国籍企業と競合するようになった。商業学校卒業生は会計業務には優れていても，マーケティング，財務，業務運用，コミュニケーション全般，批判的思考法，批判的解釈，IT関連知識などの技能が不足していた。企業間競争が激しくなる中，企業幹部に求められる能力を備えた商業学校卒業生が少ないことを悟った企業は，商業学校修了生の教育に経費をかけるよりも，MBA取得者を幅広く募集するようになった。MBAプログラムの成功と学生および企業経営者からの需要を認識した各大学は，経営教育を学術的一分野とみなして，MBAやBBAなどの教育プログラムを開始した（Saha 2009; Shukla, 2013）。

　人的資源開発省の年次報告（2009～2010年）によると，1947年の独立当時，20の総合大学と500のカレッジが存在した。2009年12月時点で，総合大学と総合大学レベルの研究所は504施設に増えた。その内訳は，州立大学243校，私立大学53校，国立大学40校，準大学130校，議会法に基づく重点研究機関33校，各州法に基づく技術大学5校である。また，カレッジの数は25,951校となり，このうち，1956年大学認定委員会（UGC）法第2項（f）が認定するものが7,362校，同法第2項（f）に基づいて第12項（B）で補助金受給を認められたものが5,997校となっている（Shukla, 2013）。

　現在では，1,800を超えるビジネス・スクールがインド各州に設置されている。2000年以降は，アメリカとイギリスのみならず，オーストラリア，アイルランド，カナダ，ロシア，フランス，ドイツ，シンガポールなど海外各国から多くの大学がインドに進出している（Saha 2009; Shukla, 2013）。特に，私立大学や民間の研究機関が海外の大学と提携してMBA課程を積極的に設置している。このMBA課程修了者の学位や卒業証書は海外の大学から与えられる。1990年代初頭，私立のマネジメント・スクールが数多く新設された。欧米の大学と提携して設立されたビジネス・スクールもある。インドの経営教育は，今，変革の時に直面している。インドを席巻する経営開発の自由化とグローバル化という2大潮流は，経営教育の近代化にも大きな影響を与えている（Shukla, 2013）。MBAは2012年までに4,500課程から360,000課程に増加し，毎年約20万人もの学生がビジ

ネスおよびビジネスに関連する教育を受けるために海外留学を選択する（Shukla, 2013）。インド国内でのビジネス教育は生徒主体になりつつある。上位の教育機関は，教育課程の見直しや教育内容の明確化に尽力している（Saha, 2009）。

ビジネス・スクールと教育機関は，教育の質の確保，研究への取り組み，インドに関する資料や書籍の拡充，産業界との提携，専門領域の拡大，国内外の認定団体との協力，国際志向を持った卒業生の輩出，教育内容の国際化などに徐々に取り組みつつある。Sinha（1991）の資料によると，インドにおける経営教育は，カリキュラム内容がアメリカのビジネス・スクールのものに酷似しているなど，欧米の影響を強く受けていることが明らかである。カルカッタ IIM が実施しているカリキュラムは，スローン経営学大学院（MIT）のカリキュラムを基本にしており，アーメダバード IIM のカリキュラムはハーバード・ビジネス・スクールをまねている。同様に，そのほかの教育機関も欧米の教育機関のカリキュラムを手本にしている。

教育機関以外では，民間部門の商工会議所などの団体のほか，中央政府や各州政府も，経営スキル開発のためのプログラムを準備している。中央政府は，1956 年に行政官大学（Administrative Staff College of India/ASCI）を設立し，政府，産業界，国防関係の上級管理者向けの経営プログラム開発を提供している。経営コンサルタント業務，インド式経営に関する研究を行うと同時に，国内随一の教育訓練機関となっている。インド政府は，民間企業に勤務する管理職者に現代的な経営手法を浸透させる目的で，1957 年に全インド経営管理協会（All India Management Association/AIMA）を設立した。1958 年には，教育コースとコンサルティング業務を提供し，生産性管理の研究に携わるための国家生産性委員会（National Productivity Council/NPC）を設置した。小規模企業の経営管理者向けに，国家中小企業拡大訓練校（National Small Industry Extension Training Institute/NSIETI）という独立教育機関を，1962 年，ハイデラバードに設置した。以上 2 施設をはじめとする専門的な経営開発団体は，インド国内で，セミナー，会議，通信教育，経営者向けのレベル別ワークショップなどを実施している（Sinha, 1991）。いずれのプログラムも幅広い内容を取り扱い，各方面のニーズを十分に捉え，国内外の専門家も出席するため，毎回数多くの参加者が集まる。世界銀行，イギリス連邦本部などの国際的組織から，資金提供，人材提供を受けて経営スキル開発プ

ログラムを進めてきた結果，国内企業と多国籍企業の双方からの需要に応えられる経営スキルを持つ人材を自国内で提供できるようになった。

10. 結　　論

インド経営大学院バンガロール校舎（Indian Institute of Management, Bangalore）の組織行動学の教授であるマシュー・J・マニマラ（Manimala, 2015）はインドの報酬制度について次のようにコメントしている。「インドには決まった慣習法はなく，政府も退職金やフリンジベネフィット（付加給付）に関して民間企業よりも穏健である。民間でのフリンジベネフィットは数多く，種類も様々だが，全ての従業員が均一に受けられるわけではない。インドには最低ニーズバスケット方式というものがあり，労働者がある制限内で選ぶことができるようになっている。このシステムは主に節税対策のために使われ，従業員の個々の必要にある程度応じることができるものとされている。会社は実際の支出を最低限にして，給与を会社へのコスト（cost-to-company/CTC）という名目で表示することに高い関心がある。これはむしろ複雑なシステムとなっている」。

インドの従業員補償法（Indian Employees' Compensation Act, 2010）は，元は「労働者補償法」として1923年に制定され，2010年に修正され名称が変わった。この法令における「補償」とは，雇用されている時間帯およびそれ以外にも起きた事故による労働者の怪我（けが）に関して与えられる補償のみに言及している（条項3（1）参照）。その一般的な「補償」は1948年最低賃金法（Minimum Wages Act, 1948）により最低賃金のみ支給される。最低賃金に加え多くの幅広い慣例もある。

海外直接投資（FDI）と多国籍企業は，インド国内で急速に増加している。インド政府は，多国籍企業の運営がしやすいようにと数多くの改革案を開始している。外資による100％所有を認められた多国籍企業は，インド企業との合弁を必要とせず，地元企業と利益を分配することもなくなった。インドのソフトウェア産業部門とハードウェア産業部門での成果は，主要な先進技術立国では広く評価されている。安価な労働力と共に，インドの「頭脳」は外資系企業の運営にコスト面でも貢献するであろう。

現在のインドのビジネス環境は競争力と活力に満ちているため経営システムの開発，特に人的資源開発に多くの可能性が潜んでいる。これまで経営側と対立関

係にあった労働組合も変革に直面しており,産業の成長,友好的な労使関係,労働組合間の親交などを促進するために経営側や政府との協調体制を保つようになっている。労働組合や労働者間の協力体制を強化するためには,複数の労働組合への加入,労働組合間の敵対意識の緩和,労働組合活動に対する政治的干渉の軽減,労働組合員の増員など構造的な修正が必要である。

インドの研究者は,労働関連法案,特に,労働者寄りの1926年労働組合法の条項修正を提案している。余剰労働者を抱える国営部門企業の縮小,大企業への自由勤務慣習の導入を提言する研究者もいる（Budhwar, 2004）。インドの人的資源開発部門の幹部,政府,起業家は,実績に基づいた賃金システムの導入,海外への頭脳流出抑制,流入移民や帰国した経営幹部の取り込みなどに積極的に力を入れるべきである。また,労働力の主力としての女性採用,客観的な人事査定,所属カーストや氏族,宗教や出身地などによる偏見のない昇進や異動も実施すべきである（Dixit, 1994）。インド企業組織は,アメリカ,日本,イギリス,ドイツ,フランスなど先進国との適合性を持つ現代的人的資管理システムを実施すべきである。

参考文献

Business Today (2014). "Goldman Sachs says reforms to create 110 mn jobs in 10 yrs", March 29.

Babu, V. (2006). "Infosys: Incredible Infosys: What's the secret sauce that makes Infosys the best company to work year after year", *Business Today*, June 30.

Budhwar, Pawan S. (2004). "Human resource management in India", in Budhwar P.S. and Debrah, Yaw A. (eds.) *Human Resources Management in Developing Countries*, London: Routledge.

Budhwar, P, Luthar, H., and Bhatnagar, J. (2006). "The dynamics of HRM systems in Indian BPO firms", *Journal of Labor Research*, Vol. 27, No. 3, pp. 339-360.

Budhwar, P. and Khatri, N. (2001). "A comparative study of HR practices in Britain and India". *International Journal of Human Resources Management*, Vol. 12, No. 5, pp. 800-826.

Chhokar, Jagdeep S. (2012). "India: Diversity and Complexity in Action", in Chhokar, Jagdeep S, Brodbeck, Felix C., and House, Robert J. (eds.) *Culture and Leadership Across the World: The GLOBE Book of In-Depth Studies of 25 Societies*, New York: Routledge.

Damodaran, Harish (2007). "Business and Caste in India - With reservations", *The Economist*, London, October 6.

Dixit, M.R. (1994). "New Environment, Corporate Strategy, and the HRD Agenda", in Rao, T.V., Silveria, D.M., Srivastava, C.M., and Vidyasagar, R. (eds.) *HRD in the New Economic Environment*, New Delhi: Tata McGraw-Hill Publishing Company Ltd.

Government of India/GOI, MOLJ (1950). *Constitution of India* (Updated up to (Ninety-Eighth Amendment) Act, 2012), New Delhi: MOLJ.

Government of India/GOI, Ministry of Labour and Employment, *Labour Bureau* (2010), "Trade unions in India, 2010", Chandigarh/Shimla, www.labourbureau.gov.in (accessed on May 11, 2016).

Gupta, Vipin (2009). "Management in India", Hasegawa, Harukiyo and Noronha, Carlos (eds.) *Asian Business and Management – Theory, Practice, and Perspectives*, New York: Palgrave Macmillan.

Hobson, Kevin (2003). http://www.britishempire.co.uk/article/castesystem.htm, "The Indian Caste System and The British – Ethnographic Mapping and the Construction of the British Census in India" (accessed on October 12, 2014).

Hofstede, Geert (1983). "National Cultures in Four Dimensions: A Research-Theory of Cultural Differences Among Nations", *International Studies of Management and Organization*, Vol. 13, No. 1/2 (Spring-Summer), pp. 46-74.

Indexmundi (2016). "India Demographics Profile 2016", http://www.indexmundi.com/india/demographics_profile.html (accessed on April 11, 2016).

India Pakistan Trade Unit (2011). "India Trade, Indian Employment Law, India work Permits–", http://www.iptu.co.uk/content/india_employment_law.asp (accessed on July 20, 2017).

JETRO (数年).『ジェトロ世界貿易投資白書』,東京, ジェトロ。

Long, William A. and Seo, K. K. (1977). *Management in Japan and India – With Reference to the United States*, New York: Praeger.

Luthra, Rajiv and Koshy, Shinoji, (2015). "Doing business in India", http://www.indialaw.org/laws.html#law1 (accessed on September 12, 2015).

Manimala, Mathew J. (2015). This was mentioned by Professor Mathew Manimala in an e-mail to the author.

Mozumdar, Suman Guha. (2007). "Of Job Hunting and Indian Caste System, Rediff India Abroad", http://www.rediff.com/money/2007/nov/02hire.htm (accessed on September 12, 2015).

NACIB/Nation Anti Corruption Investigation Bureau (2009). "Labor Laws in India", www.

nacib.in/pdf (assessed on July 7, 2014).

National Institute of Personnel Management/NIPM (2014). "About NIPM", http://www.nipm.in (accessed on June 3, 2014).

Pacific Bridge Medical (2014). "Recruiting Medical Executives in India", http://www.pacificbridgemedical.com/publication/recruiting-medical-executives-in-india/ (accessed on July 30, 2016).

Rao, Pramila (2008). "Human Resources Practices in India – SHRM India", http://www.slideshare.net/shrm/hr-knowledge-human-resource-practices-in-india, (accessed on May 31, 2014). (****origin of this note).

Saha, Goutam G. (2009). "Management Education in India: Issues and Concerns", *Journal of Information, Knowledge and Research in Business Management and Administration*, Vol. 2, No. 1, November-December, pp. 35–40.

Sahay, S. and Walsham, G. (1997). "Social Structure and Managerial Agency in India", *Organization Studies*, No. 18, pp. 415–444.

Sharma, I. J. (1984). "The Culture Context of Indian Managers", *Management and Labour Studies*, Vol. 9, No. 2, pp. 72–80.

SHRM India (2010). "Foreign Direct Investment in India", http://www.london.edu/assets/documents/PDF/foreign_dir_investment_india.pdf (accessed on October 15, 2015).

Shukla, Shubhendu S. (2013). "Management Education in India: Issues and Concerns", *International Journal of Education and Learning*, Vol. 2, No. 2, pp. 15–26.

Sinha, Dharni P. (1991). "Indian Management: Context, Concerns and Trends", in Putti, Joseph M. (ed.), *Management: Asian Context*, Singapore: McGraw-Hill Book Co., pp. 95–112.

Sparrow, P. R. and Budhwar, P. (1997). "Competition and Change: Mapping the Indian HRM Recipe Against World Wide Patterns", *Journal of World Business*, Vol. 32, No. 3, pp. 28–73.

Srivastava, D.M., and Vidyasagar, R. (eds.) (1994). *HRD in the New Economic Environment*, New Delhi: Tata McGraw-Hill Publishing.

Tayeb, M. H. (1988). *Organizations and National Culture: A Comparative Analysis*, London: Sage Publications.

United Nations Conference on Trade and Development/UNCTAD (2015). *World Investment Report 2014*, NY/Geneva: United Nations.

Wisdomjobs (2015). "Industrial Relations Management", http://www.wisdomjobs.com/ (accessed on May 11, 2016).

第4章　中国における人的資源管理

1. 国家経済の基礎指標と歴史的展開

中国の正式名称は中華人民共和国，国土総面積は 959 万 6,961 平方キロメートル（日本の約 25 倍，世界第 4 位），人口は 13 億 6,782 万人（日本の約 11 倍・世界第 1 位），23 の省，5 つの自治区，4 つの直轄地で構成されている。国民 1 人当たりの GDP（2014 年）は 7,589 米ドル，総 GDP は約 10 兆 3,800 億米ドル（2014 年）で，アメリカに次いで世界第 2 位の経済大国となった（表 4-1）。国家経済における産業構造〔GDP 比，2010〕の内訳は，第一次産業が 10％，第二次産業が 46％，第三次産業が 44％となっている。また，雇用の産業構成（2008）は，第一次産業が 39.6％，第二次産業が 27.2％，第三次産業が 33.2％となっている。財政会計年度は 1 月から 12 月，為替制度は管理フロート制，通貨名は中国元（1 米ドル＝ 6.56 元 /2015 年 12 月）である。

中国は古代文明発祥の地の 1 つであり，4,000 年の歴史を持つ。首都北京は 800 年以上にわたって政治，経済や文化の中心となっている。1911 年に倒れた中国最後の清王朝では，製紙技術，コンパス，火薬，活版印刷などの発明がなされた。また，漢方薬の国としても評判が高い。1911 年に辛亥革命が起きると，翌 1912 年に革命派は南京で中華民国の建国を宣言した。その後数度の革命運動を経て，1927 年，国民党の蒋介石は南京に国民政府を樹立した。第二次世界大戦後，1949 年に毛沢東が率いる共産党が北京で中華人民共和国の成立を宣言してから現在に至るまで共産党による政権支配が続いている（Morrison, Conaway, and Borden, 1994/ 幾島訳）。

1949 ～ 1978 年にかけて，中国では社会主義体制の確立と社会主義経済制度の実施を進めた。この約 30 年の間には，文化大革命，日本をはじめとする世界各

表 4-1　中国経済の基礎指標

面積：約 960 万平方キロメートル
人口：13 億 6,782 万人（2014 年末時点，中国国家統計局）
民族構成（2010 年）：
　漢族　　　　　　91.6％
　チワン族　　　　1.3％
　その他　　　　　7.1％
宗教的構成（2010 年国勢調査）：
　仏教　　　　　　18.2％
　キリスト教　　　5.1％
　イスラム教　　　1.8％
　ヒンドゥ　　　　0.1％（弱）
　ユダヤ　　　　　0.1％（弱）
　その他　　　　　0.7％
　無神論者　　　　74.0％
識字率（2010）：　95.1％
名目 GDP：10 兆 3,800 億ドル（米ドル /2014 年）
1 人当たり GDP：7,589（米ドル /2014 年）
GDP 成長率：7.4％（2014 年）
物価上昇率：2.0％（2014 年）
失業率：4.1％（2014 年）
総貿易額（2012 年）：
　輸出　2 兆 489 億（ドル）
　輸入　1 兆 8,178 億（ドル）
為替レート：1 米ドル =6.56 元（2015 年 12 月 31 日）
日本との経済関係（2012 年）：
　輸出品目―自動車処理機械類，衣類，携帯電話類
　輸入品目―原油，鉄鉱等，自動車類
　輸出額 / 日本へ― 1,890（億ドル）
　輸入額 / 日本から― 1,447（億ドル）
　直接投資 / 日本から―約 73.8 億ドル
在留邦人数：131,534 人（2010 年）
在日中国人数：687,156 人（2010 年）
日本との主要 2 国間条約：
　貿易協定（1974 年）
　海運協定（1975 年）
　文化交流協定（1979 年）
　租税条約（1984 年）
　投資保護協定（1989 年）
　漁業協定（新協定）（2000 年）
　領事協定（2010 年）

出所：MOFA/Japan (2014). http://www.mofa.go.jp;　JETRO (2015), http://www.jetro.go.jp/world/asia/cn/basic_01.html; Indexmundi (2016), http://www.indexmundi.com/china/demographics_profile.html などを参照して作成したものである（全てアクセスは，2016 年 4 月 11 日）。

国との国交回復，毛沢東主席の死去など，大きな出来事が起きている。1949年の独立以後，毛沢東の指導のもと，共産主義改革と農業と手工業の集団化，社会主義的工業化が持続的に推進された。熟練労働者の育成のために，教育機関，職業訓練機関および工業大学も創立された。五カ年計画の実施にあたっては旧ソ連の経験を踏襲し，その知識・技術を導入する試みが行われた。ソ連から経済・技術の両面の支援があり，両国間では専門家の相互派遣などもあった。国家経済の近代化は，中国独自のスローガンに基づいて展開された（Warner, 2004）。

1960～1970年代は，文化大革命の影響で粛清，紛争，内乱，学校や工場の閉鎖などが頻発する不安定な時期であった。平等主義（Egalitarianism）の実験的試行を行うも，短期的効果があったにもかかわらず，結果的には失敗に終わった。大学や職業訓練機関が一時期的に閉鎖されたため，青少年は農村部へ派遣されることになった。1980年には中国の伝統的な，「シフ」（師匠）や「トゥデイ」（弟子／見習い者）制度が再開された（Warner, 2004）。

1976年毛沢東死去後は華国鋒氏が後を継いだが，1976年に鄧小平氏が実権を掌握した。鄧小平氏は中国共産党による一党独裁体制を堅持しながら，改革・開放政策を導入した。具体的には，①国家経済における「オープンドアー政策／Open Door Policy」の開始，②他国との貿易の増加，③農業，工業，化学，技術の4分野における改革，④軍事的改革を目標にした。鄧小平氏による国家経済のこの改革政策は，中国国内経営・管理の近代化および西欧化の出発点であると言っても過言ではない（Warner, 2004）。

1990年代の改革方針には，①近代的な企業制度の導入，②公司（会社）法の改正（人民公社の廃止，有限会社化，株式会社化），③政府による企業経営介入の排除，④不採算企業の閉鎖，⑤国営企業の民営化，⑥外資導入などが含まれていた。いずれも，国家中央による計画主義経済から市場社会主義（market capitalism）への移行を目指すものであった（Naughton, 1995; Warner, 2004）。

中国の資本主義経済制度の導入は，①1990年代後半の香港およびマカオの返還，②世界貿易機構（World Trade Organisation／WTO）への加盟，③アメリカによる中国への恒久的最恵国待遇供与，④アセアン・中国自由貿易地域形成の合意（ASEAN-China Free Trade Area），⑤北京オリンピック開催，⑥チベットに関するダライラマとの建設的交渉，⑦日中首脳会議などを経て，長時間かけて緩やかに進

んでいた。そして 2011 年 3 月,中国は日本を追い抜いて世界第 2 位の経済大国となった。

　国営企業の改革は 1990 年代の大きな課題の 1 つであった。中国経済の中核である国営企業の数は 1990 年代に 118,000 社にのぼり,国家経済の 1.6％（工業のみ）を占め,生産額は 3,738 億ドル（全体の 34％相当），従業員数は，11,261 万人（全労働人口の 18％に相当）であった。主要産業分野は，石油，天然ガス，電力，素材エネルギー，水産，食料品，木材，などであった。そのうち赤字企業の割合は 44％である。国営産業部門の大きな問題点としては，過剰生産，過剰投資などによる赤字，非効率的な生産性，国有企業への財政支援，金融機関からの貸出による財政赤字の拡大，金融システムの不安などがあった。

2. 人的資源管理の諸側面

本節には中国における人的資源管理の諸側面を検討する。

2.1　企業における伝統的「ヒト」の経営

　20 世紀の前半の中国では,「レンシ・グアンリ　or personnel management」制度による人事管理・労務管理が続いた。当時の労務管理は共産主義制以前の制度および旧ソ連の影響を受けていた。人事管理には，この時期に国営化された外国企業経営の影響と 1950 年代以前の中華資本主義が残っていた。さらに，日本植民地時代の満州国の国営企業や民間企業の経営方法の影響もあった。

　1950 年代に設立された大企業における人事管理はいわゆる官僚主義に基づく管理方法をとっていた。ウェーバ主義の要素もあり，内容的には，採用，配置，報酬，賞罰のあらゆる側面における労働者の基礎的ニーズを満たすことに重点が置かれていた。人事管理および人的資源管理の「中国化」の試みも継続的に行われていた。外国文化を受動的に受け入れるのではなく，自国の伝統的な労務管理方法を基盤にして，外国経営の要素を中国化しつつ吸収しようとした。以下には中国の人的資源管理の諸側面における特徴と現状を Chen and Jin (1991), Warner (2004), Chooke (2012), Varma and Budhwar (2014) および Warner (2014) を参考にしてまとめる。

2.2　入社前教育

中国では，雇用側が入社前に提供可能な教育訓練として，就職後の雇用環境で必要となる熟練や職務態度を若い求職者に構築させる制度が多数存在する。こうした訓練機会は国営部門と民間部門の双方で提供している。過去数十年間は中国が海外労働市場に労働力を輸出していたが，人的資源開発をするために労働省や各種政府機関が多数の訓練機会を提供した。中国全土に，訓練を提供する民間機関，中央政府や地方政府が認可する専門学校および各種学校があり，求職希望者は実費を払って訓練を受ける。

2.3　採用・配属・異動

中国では，国営や民間を問わず，全ての企業は，あらかじめ政府の認可を受けた雇用計画に基づいて採用活動を行わなければならない。人的資源の極端な都市集中が進んだことによる規制である。

人材の源泉は，都会で教育訓練を受けた，高等学校卒業者，大卒あるいは中退者，各種専門学校や職業訓練学校の卒業者，兵役を終えた軍人，帰国華僑人，無職者，地方政府に認可された農村部門への求職希望者などである。就職希望者は，学歴，経験，年齢に応じて職種を自由に希望することができる。雇用者も求職者の個別のニーズに応じて必要な人材を採用することができる。採用情報は社内掲示板，新聞広告，人材広報などによって提供するが，最近では会社のウェブサイト上での求人も活発になっている。

採用方法は，現場労働者，事務職のいずれにおいても人事部門責任者による面接が主流である。雇用側は，健康，体調，性格などをチェックする。かつては，党推薦や党における活動が重要なチェック項目であったが，最近は重要とされない。

採用内定された者はオリエンテーションに参加し，会社の沿革，イデオロギー，社風，社是などに関する教育を受けるのが一般的である。企業は，入社前教育や特定の熟練を新入社員に求める場合もある。製造業部門で採用決定した新入社員は通常，製造現場に配属される。市場経済移行期に設立された企業は未成熟であるため，経営面での改善の余地は多く残っている。

2.4 雇用契約

中国企業の雇用契約は，大きく分けて任期付き契約と長期契約の2種類がある。中国労働法の下では，外資系企業（foreign-invested enterprises/FIEs）を含めてあらゆる雇用者は，被雇用者の国籍を問わず，被雇用者と個々に雇用契約を結ばなければならない。雇用契約には期限付き契約と期間を設定しない契約があるが，期限付き契約では雇用期間を短く設定するが，雇用期間を設定しない長期雇用計画の場合も雇用開始日と雇用期間を明記することがある。また，雇用契約に見習い期間（probationary period）に関する取り決めを含めるのも一般的である。雇用期間は，国は最長6カ月と定めているが，地方条例（local regulation）では契約内容によって2週間から6カ月の幅を持たせてもよいとしている。

2.5 雇用期間

1950年代における中国では，終身雇用（job for life）および「ゆり籠から墓場まで」（cradle-to-the-grave）の福利厚生制度を都市部の国営企業部門の労働者に適用した。この制度は「鉄飯碗（ティエファンワン）（iron rice bowl）」というキャッチフレーズで，国営部門，政府関係機関の公務員，軍人に適用された。伝統的な終身雇用システムは，変動する現代の労働環境とミスマッチである。あらゆる国営企業では，1986年後半から，国家指導で「契約雇用」システムが構築された。現在では，民間部門の企業にも契約雇用システムが導入されている。雇用契約には，生産高や品質など達成目標，見習い期間，契約期間，勤務条件，組織規則，契約違反に関する規定，その他必要とされる重要条件が含まれる。雇用契約の種類には，長期，短期，季節，臨時などがあるが，長期契約の場合は任期がおよそ5年であり，契約の更新も可能であるが，転職もできる。しかしながら，転職は行政部門の合意の下で行わなければならないため，手続きは人事部門が管理をする。転職の手続きは書類で行う義務があるが，臨時移転契約の場合は，関連部門経営者と契約を結ぶことも必要となる。

2.6 マネジャーの採用

中国企業の経営幹部の採用は一般公募によって行うケースが多い。採用方法を管理するために，関係する人事行政部門は採用委員会を構成する。採用方法とし

ては面接が一般的であるが，応募者は採用委員会が求めるキャリア目標およびその達成方法について書面で提出する。面接時の質問に対する回答を点数化し，提出書類の分析と評価を合わせて，候補者に順位をつける。この順位は，採用決定時の最終の判断材料になる。採用プロセスを通過した内定者は，定められた期間内に，公証人立ち会いの下で雇用契約書に署名することになる。この方法は，最も優秀な経営者を獲得するための，最も効率的な方法である。このプロセスは，自立心を持ち，生産のみならず人事や財務管理の責任を引き受けて，経営活動を総合的に実行可能な経営者の採用を目指す。中国のマネジャークラスは行政的に上位の管轄におらず，雇用された企業との経済的関係を持つが，これは他の国にはない中国独自の経営管理上の特色である。経営者の報酬制度は企業のパフォーマンスと連動していることが多く，契約目標の達成度によって給料が上下動し，達成度が目標を下回れば減給もありうる。

2.7　職業安定所・人材派遣会社

中国の人的資源開発では，人材あっせん業が重要な役割を持つ。人材派遣会社や職業安定所は地方政府の権限下にあり，労働市場の末端にいる求職者にサービスを提供する。2009年現在，中国全土の人材あっせん業者は37,123社におよび，126,000人が登録している。国営企業の大規模な縮小，農村部から都市部への出稼ぎ労働者の流入，失業中の学卒者あるいは中退者の増加などが原因となり，人材あっせん業者の登録者数は急激に増加している。人材あっせん業者は地方政府の規制を受けるものの，自由裁量権も有している。通常，求職者はあっせん業者に登録し，派遣先が決定すると派遣先企業と雇用契約を結ぶ。中国の労働契約法は2008年に施行されている。そのため，今後は人材あっせん業者を経由する雇用が減少し，企業による直接雇用が増えることになるので，労働市場では顕著な変化が生じると思われる。長期の雇用契約を嫌がる雇用者が多いため，新規の臨時雇用契約を結ぶか，人材派遣企業の従業員としての直接雇用をするかの選択を求められる。

2.8　生産目標の割り当て制度と人事管理

割り当て制度は，中華人民共和国建国以前から続く中国における人的資源管理

の基盤である（Chen and Sun, 1983）。この制度の基本は，生産と効率の目標基準をあらかじめ設定して，企業経営者にそれを割り当てることである。生産割り当ては，経験による推測，時系列的分析に基づく推測，類似製品の製造コストを参考にした見積作成，技術的調査などを参考にして設定する。求人状況は生産の割り当てによって決定される。割り当て制度の責任者は，外国から新技術を導入し，企業内に蓄積された知識や経験を統合して，割り当てを決めている。この制度は，職務分析，図表による管理・監督，IT導入によって改良が進んでいる。また制度そのものの効率化や高品質化のために，割り当てシステムの標準化が進められている。成長企業および新設企業にもこの制度が拡大する可能性は極めて高く，中国における人的資源管理の近代化をもたらし，経済発展にも影響することが考えられる。

2.9 報酬制度

中国における報酬制度は非常に厳格で，伝統的に中央政府が管理している。直近の20年間では，企業主導の報酬制度の試験的導入を実施した結果，生産性の向上や従業員の意識改革に結びついたという評価もある（Chen and Jin, 1991）。国営企業の報酬制度では賃金も補助金も標準化されており，支給額は政府が決定する。賞与の決定権は各企業に委譲されている。企業経営者は，生産性や業績をもとにして賞与支給額を決める。従って，金額的には12月の賞与支給額が多い。賞与を年に2～3回支給する企業もある。民間部門の企業および中小企業の給与支給額は各企業が自由に設定することができるが，通常は，国営部門の状況を見極めた上で報酬体系を決定する。国営および民間部門のいずれの企業についても，企業・従業員双方にとってよりよい給与体系を構築するためには，職能分析や実績評価のさらなる活用が不可欠と考えられる。

2.10 インセンティブと賞罰

中国の企業経営におけるインセンティブシステムは積極的報酬に重点を置き，否定的報酬を避ける。インセンティブシステムの構築にあたっては，どの企業も，金銭的報酬と精神的報酬のバランスが取れた，客観的で規則に則った制度を目指す。インセンティブの基準は，仕事に対する姿勢や貢献度，業務内容の品

質，生産性，運用・業務改善，コスト低減，建設的なアイディアの提案，社内外のルール順守，社会秩序の維持，地域活動などが加味される。労働組合や行政担当者は，インセティブ基準を達成したインセンティブ受給有資格者に対して，受給資格申請を促す。関係部門の担当者は申請者1人ひとりを評価し，さらに上位の経営者に推薦する。インセンティブの内容の具体例として，タイトル賞授与（例：成績優秀，モデル労働者等），昇格，報奨金などがある。インセンティブと相応して，処罰制度もある。遅刻，欠勤，目標不達成，命令違反や規則違反，贈収賄，社会ルールに反する行為，安全規則の無視による事故や損失，経費や資源の浪費，およびこれら違反行為による会社の名誉棄損などがある。処罰内容としては，訓告，減給，罰金，降格，解雇などがある。解雇は非常に例外的で，工場長や組合代表ないし組合員全員の合意の下で成立するが，関係行政部門に対しての報告義務もある。刑法に違反した場合，当該者を司法部に引き渡すことになるが，引き渡された者は上訴の権利を有する。

2.11 人材派遣業者による職前教育

1980年代，雇用上の問題解決のため，国営，民営の両部門で人材派遣会社の創立が相次いだ。やがて大規模企業では社内に人材派遣事業を担当する部署を設けるようになった。人材派遣会社や企業内の人材派遣部門の業務内容は，人材派遣業の経営，人材の組織化，人材採用活動の管理，および，職業訓練であった。社会の需要の追い風もあって，人材派遣会社は短期間のうちに急速に発展した。また，雇用の促進，労働市場の形成，入社前教育プログラムの導入など，中国の労働システムの近代化と改革が進み，経済発展にも大きく貢献した。また，労働行政部門が担当していた業務を人材派遣会社に委譲し，都市部の若年無職者層の肥大化など，人的資源の面で中国化が抱える問題への対応も実施した。雇用者側と求職者側のミスマッチ回避も人材派遣会社に課せられた使命であった。求職者には職業訓練をはじめとする各種プログラムの提供や技能開発を行い，雇用者側には採用システム（求人方法，採用基準など）や人事管理方法の提案，労働市場情報の提供などを行った。産業社会の労働文化的側面の知識形成，人的資源管理の促進と定着とその近代化という点で，人材派遣会社は大きな存在であった（Chen and Jin, 1991）。

2.12 教育訓練

中国の企業経営では，市場競争において高いパフォーマンスを維持することを重要とし，従業員に熟練や技能の向上を常に求める。教育訓練は社内で実施し，その方法は生産能力の向上を目的とする職務訓練（OJT）が一般的である。科学的技術やノウハウ，生産性の向上と効率を目指す教育訓練が多い。改革開放時代には経済政策，経営理論，経営文化，技能，政治などに関する教育訓練が徹底的に行われた。実務教育では，貿易，翻訳，法律，会計，税務・財務関係など広範囲にわたる教育が実施されていた。また，開放政策が導入された沿海部経済特区には，グローバル知識の開発と経営能力の向上を目的とする西欧型経営管理理論，熟練技能テクニック取得のためのプログラムを提供する機関がある。経営者や役員クラスのために，国レベルで標準化された資格試験も用意されていた。全国の高等教育機関や専門研修機関が短・中期の技能訓練コースを設置し，熟練技能者不足に悩む中小企業部門を援助した。海外留学あるいは海外就職後に帰国した若年層は，最先端の経営や職能スキルを国内に移転した。国外での実務の経験を持つ労働者は，現在の中国における人的資源管理や経営の諸側面の近代化には欠かせない存在となっている。

2.13 経営者の教育

改革開放時代以降，長期間にわたって高度成長が持続している中国では，経営学教育の発展と近代化が重要と考えられるようになり，経営職希望者の教育水準の向上に重点が置かれている。かつての中国では経営職は専門職として認められていなかったが，現在では権威ある職業の1つとして注目を集めるようになった。その結果，中国全土の高等教育機関が一般専門教育コースを設置し，学部レベルで経営や経済などを教える大学も増えている。1980年代から2000年代までで，経営教育を受けた企業社員と学生の数は数百万人に及ぶ。都市部では経営研修機関が急速に増え，各種短期コースを提供している。通信教育コースや夜間コースなどの選択肢もある。

殆どの大学にはビジネス研究科が提供する，MBAやEMBAのコースがある。昼間や夜間のコース以外に，オン・ライン・コースも増設されている。西欧の有名なビジネス・スクールも中国キャンパスを開校し，西洋型シラバスに基づい

て，企業の若手従業員や中堅管理職者の教育を行う。フォーブズ中国の 2010 年の調査によると，上海の中欧国際工商学院，復旦大学，交通大学（Antai College），長江商学院，国立中山大学，西安大学，南開大学，浙江大学，南京大学，上海財経大学，北京の光華管理学院，北京国際 MBA，清華大学，中国人民大学および対外経済貿易大学などがビジネス・スクールの中でもトップクラスに格付けされている (Forbes, 2010)。Eduniversal/Palmes league の 2015 年のランキングによると，中国のビジネス・スクールの中でも 54 校のグローバル影響力が極めて強いと評価されており，中国から海外への影響力の供給源となっているのみならず，中国国内でも強い影響力を保持していると言われている。これらビジネス・スクールでは，会計・監査，商法，ファイナンス，コミュニケーション，金融市場，マーケテイング，人的資源管理，国際経営，一般経営，情報管理，不動産，公共事業経営，工学・企画，健康経営，衛生，保険，サプライチェーン・ロジスティックなどの 30 以上の専攻分野のコースを提供する（Eduniversal/Palmes League, 2015)。

中国の大企業は自社内に研修部門や研修センターを持ち，企業や社員自身が必要とする熟練技能向上のための経営コースを設置している企業もある。研修期間は数週間から数カ月間にも及ぶ。外部の専門研修機関に配属され，社外教育研修機関の講師により会計，経営情報システム，財務，品質管理などの先進知識を学ぶことができる。受講資格は役員クラスから現場労働者に至るまで全労働者に与えられている。研修修了あるいは研修合格者には証明書を授与する。

中国経営者協会，品質管理協会，科学研究協会，建築研究協会など専門家組織があり，会員や一般向けに様々なプログラムや活動を計画している。学会，会議，出版，研修を通じて，熟練技能の開発と改良，普及を行い，経営者の知識向上に努める。

国営・民営の部門を問わず，企業は，教育研修のために経営幹部や従業員を海外の大学や研修機関に派遣することもある。また，海外から著名な講師を招き，経営の最先端の知識取得の機会を提供する。高収入の一般家庭では，子供を海外留学させる傾向が顕著である。

2.14　昇格・昇進

中国は競争主義社会で，企業社会も成果主義である。工場トップは事務部門労

働者の昇格に関する責任者であり，スタッフの昇格や解雇に関する決定権を持つが，最終決定には中間管理職者や同僚の意見も反映される。技術部門事務職員やマネジャーの昇格の場合は，学歴，業務実績，能力などが査定対象となり，最終決定は，上級経営者による評価委員会に委ねられる。労働者クラスの昇格は，技能や実績が最重要項目である。優秀な昇格候補者はすぐに昇格が可能であり，二段階昇格も可能である。労働者同士の集団評価よりも能力試験および技能検査の結果が重視される。

2.15 人事評価

中国の企業は，科学的評価方法に依拠する，より客観的な人事評価を行っている。人事評価の方法は，業種や職種によって変動する。現場労働者の場合，政府部門の技能標準に当てはめて評価が行われる。この評価制度では，評価対象者が，技能の理論的側面に関する筆記試験や面接試験に合格していることが条件となる。試験合格者は，より高いレベルの技能職への昇進，ジョブ・ローテーションや転職の資格取得，より高い目標が設定された職種への異動，新技術を扱うオペレータへの昇格などが可能になる。

専門職，経営者や他の高級従業員の評価制度は，一般労働者の評価制とは異なる。実績以外に，分析能力，組織能力，意思決定力，勤勉さ，規則に対する姿勢，会社への忠誠心なども評価項目となる。また，評価には，自己評価だけでなく，同僚の評価，上司による評価，部下による評価など，複数の評価を受けることになる。

3. 労使関係

3.1 労働組合組織

中国の労働組合は，工場別もしくは企業別に組織され，全労働組合は自動的に，中華全国総工会（All-China Federation of Trade Unions/ACFTU）の会員となる。労働組合は，1950年労働組合法（1992年修正条項と2001年修正条項あり）で定める五原則に基づいて組織されなければならない。具体的には，1.労働組合はACFTUの統括下に置かれ，その組織体制は統一された構造であること。2.中国共産党は労働組合に対して優先権があり，組合は共産党から指示，指導を仰がな

けらばならない。3. 労働組合の組織階層は，レーニンが唱えた「民主集中制」に沿っていること。4. 労働組合は中国共産党と政府当局の傘下に置かれる。5. 下部（企業）労働組合の組合員は産業（支部あるいは部門）労働組合および地域労働組合に参加することができる。地域労働組合は産業労働組合の上級組織とされる（Traub-Merz, 2011）。1950 年労働組合法は，ACFTU を中国の労働組合組織における最高位機関として定め，1992 年修正条項と 2001 年修正条項はこの規定を再確認している。

中国の下部労働組合は工会と呼ばれ，工場や企業単位で組織される。労働組合法は労働者数 25 人未満の企業が複数の部門を組み合わせて労働組合を設立することも認めている。しかし，上級労働組合の場合は，2 つ以上の企業が合体して組織し，設立することはできない。労働組合法第 4 条では，全ての労働組合は，社会主義路線，人民民主独裁，および中国共産党（CPC）の指導を堅持することを明示する。ACFTU の 2008 年基本原則によると，労働組合は国内労働者階級の大衆集団組織であり，中国共産党（CPC）の指導を受ける者であると定めている。第 11 条では，基礎労働組合，地方労働組合連合，全国もしくは地方労働組合の設立時には，上級労働組合に報告して承認を受けなければならないと規定している。産業別労働組合の強化のために，産業別労働組合の地域支部は同じ業界の全国労働組合委員会の指導を受けるものとし，地方労働組合による指導を認めていない。

中華全国総工会（ACFTU）は，中華人民共和国における唯一公式な全国規模の労働組合連合である。1925 年 5 月 1 日に広州で開催された第 2 回全国労働大会（54 万人の労働者を代表する 277 名の組合代表が参加）において設置が決定された。2004 年現在，171 万 3,000 の基層労働組合と 1 億 3,400 万人の労働者を擁する（ICTUR, et al., 2005）。中華全国総工会の公式発表では，2016 年 8 月現在組合員数は 2 億 8,000 万人となっている。世界労働組合連盟（WFTU）の会員である。上級組合として，省級労働組合連合会 31 団体と全国規模の産業労働組合連盟 10 団体（航空産業，金融，情報通信，建設，製造，鉱山など，詳細後述）がある。労働組合運動に対する中国共産党の管理指導により，1922 年から 1927 年にかけて組織が拡大された。労働運動は，商工業の中心地である広州，香港，上海を中心に活発化し，武漢に本部を置いた時期もあった。1927 年，国民党の蔣介石は ACFTU

を非合法化し，CPC と労働組合活動家の処刑を執行した。蒋介石時代の労働運動は穏健，協調的であった。1949 年毛沢東が国家主席の座に就くと，国家唯一の労働組合連合として ACFTU の再開を決定したが，1966 年以降文化大革命時代には再び組織を解散した。

　1978 年 10 月，中国工会第 9 回全国代表大会で ACFTU を地方労働組合組織および産業労働組合全国組織の最高指導機関であると規定された。また，労働組合法 1992 年修正条項と 2001 年修正条項この規定を再確認していることは前述のとおりである。ACFTU は，(1) 全国鉄道労働組合連合会 (All-China Federation of Railway Workers' Unions)，(2) 全国農水産業労働組合委員会 (National Committee of the Chinese Agricultural, Forestry and Water Conservancy Workers' Union)，(3) 全国航空労働組合委員会 (National Committee of the Chinese Aviation Workers' Union)，(4) 全国銀行労働組合委員会 (National Committee of the Chinese Banking Workers' Union)，(5) 全国軍需，郵便通信産業労働組合委員会 (National Committee of the Chinese Defense Industry, Postal and Telecommunications Workers' Union)，(6) 全国教育，科学，文化，医学，スポーツ産業労働組合委員会 (National Committee of the Chinese Educational, Scientific, Cultural, Medical and Sports Workers' Union)，(7) 全国エネルギー，化学産業労働組合委員会 (National Committee of the Chinese Energy and Chemical Workers' Union)，(8) 全国金融証券，商業，軽工業，繊維，煙草産業労働組合委員会 (National Committee of the Chinese Financial, Commercial, Light Industry, Textile and Tobacco Workers' Union)，(9) 全国機械，金属冶金，建設資材産業労働組合委員会 (National Committee of the Chinese Machinery, Metallurgical and Building Material Workers' Union)，(10) 中華全国海運産業労働組合委員会 (National Committee of the Chinese Seamen)，(11) 建築産業労働組合 (Construction Workers' Union)，以上 11 の産業別労働組合連盟を擁護する[1]。

　ACFTU は中国全労働者の約 3 分の 1 を抱えているとも言われるが，農民や辺境地域の労働者などは依然として労働組合を組織できていない。通常，企業や地方政府が対応する労働者の権益に関する政策問題（労働時間，祝祭日，休暇，労災防止策，教育訓練規定，労使協議，利益分配制など）に対しても，ACFTU は発言権を持つ。職場での労使関係は，企業の所有形態や規模にかかわらず，中国共産党と強い結びつきのある ACFTU が一元的に管轄することが求められている (Warner,

2014)。

3.2 公務員としての労働組合職員

労働組合職員の待遇は，ACFTU と同様，中国共産党の監督下にある。雇用先の労働組合と個別の労働契約を結ぶことは禁じられ，法的には「公務員」と同等の扱いである。公務員法で定められている公務員ではないにしても，中国共産党の集団組織従業員に適用される監督規定，懲罰規定に基づいて処遇される。給与は，公務員規定に基づいて，国庫からではなく ACFTU より支給される。労働組合職員は，他の行政部門の公務員労働組合に参加することができる。労使問題の取り扱い方は，それぞれの労働組合でも外部の行政官庁でも大きく変わらない。労働組合が独自に人事管理を行うことは制限され，職員の職権も限定されている。労働組合職員が労働者代表としての団体精神を示すことは少ないので，党内での異動が簡単に発令できる。合法的独占，税金からの資金調達，リーダーシップの選択的統制，賃金支給，公務員規定による監督などの点から考えて，中国の労働組合は中国共産党配下の国家機関の1つとみなすことも可能であり，欧米諸国の労働組合とは全く異なる組織であることは明白である（Traub-Merz, 2011）。

3.3 団体交渉とその効果

1994年労働法によって賃金交渉の法的枠組みが規定されて以来，様々な法規制が施行された。それでもなお，法的な抜け穴や矛盾が残っているため，管轄が重複する場合の実効的取り決めが存在しない。法的拘束性のない規定が存在するため，雇用者は契約内容を実行する判断に迷いが出る（Huang 2010）。もともと，工場あるいは企業単位での賃金交渉は認められていなかったが，法律が定める賃金交渉の範囲が拡大すると共に，地域あるいは支店単位での契約締結が可能になった。

団体交渉契約に関する ACFTU の統計では，団体交渉権を持つ労働者数の全労働者数に対する割合は，2002年の20.5％から2007年には23.4％にわずかながら増加している。団体交渉の対象となる雇用者集団は，2002年から2007年にかけて460％増となっている。Traub-Merz (2011) は，これらの数値には小規模企業が含まれているので信頼度は低いとしている。団体交渉権を持つ雇用者集団の割

合は，低く見積もると，2002年には14.5%，2007年には47%である。この調査結果から，労働組合の多くは団体交渉を行っていないことがわかる。ちなみに，団体交渉を実施しなかった労働組合の割合は，2002年は約79%，2007年は約77%であった。

ACFTUは団体賃金協約に関する報告を行っていないので，給与引き上げ額の統計算出は難しいが，殆どの中国企業では賃金引き上げを達成したという例は見当たらないという独立系調査機関による報告もある。企業労働組合は雇用者の監督下に置かれるので，労働組合の存在自体が，賃金アップ，福利厚生，人事異動などの労働条件の改善に影響力を持つことはない (Lee and Liu, 2011)。

しかしACFTUは，労働者の合法的権益の保護と労働条件の安定化を目的として，2014～2019年行動計画の中で集団交渉の促進を打ち出した (ACFTU, 2015)。経営側と継続的に話し合いを行い，労使間で賃金を決定するために集団交渉を実施する労働組合連盟（例：四川省達州市連合）も徐々に増えている (ACFTU, 2015)。より実利的で明確な目標設定をした団体交渉活動をするために団体交渉活動の管理を進めている労働組合連盟もある。労働者委員会としての体制を標準化して，より活発で大規模な労働者の経営参加を進めて，団体交渉の結果を可視化しようとする動きである (ACFTU, 2015)。上海市静安区労働組合連盟には，地方企業の団体交渉運動を支援するための専門部署が設置されている (ACFTU, 2015)。団体交渉活動に関する改革は，労働者階級の組織化のスピードに比べてゆっくりと散発的であるが，中国産業界の労使関係は，徐々に，合理化，近代化が進み，労働者志向と西欧志向が強くなっている。

4. 国営企業における経営

国有企業部門（SOEs）は中国経済の頂点に立つ。2011年現在，中国の国有企業は15万社を数える。全ての国有企業は中国中央政府と地方政府が経営し，中華人民共和国国務院国有資産監督管理委員会（SASAC）が管理，監督する。1978年の経済改革導入時，国有企業はGDPの約80%を産出していたが，2011年には18%までに減少した。しかし，7億5,000万人という中国全労働者の約半数を雇用し，産業資産の50%を所有する国有企業は，依然として中国経済の原動力である。また，経済活動の中心である電力，情報通信，金融サービス，輸送など

の部門を独占するのも国有企業である (Wang and Chee, 2012)。1980年代後半, 中国政府は国有企業の改革に着手した。1990年代から2000年代にかけては中規模国有企業の民営化が進み, 2011年には全産業活動の35%を占め, 全産業分野の利益の43%を産出するようになった。国有企業の経営状態は明確になっていないので, 外部には分からないことが多い。高度に集権管理され, 中央政府の厳しい監視下に置かれている国有企業には, 引き続き, 中国特有の階層主義的リーダーシップと儒教文化が残っている (Wang and Chee, 2012)。

　改革開放政策が施行され, 個人企業（私営企業）の経営が許可されるようになると, 外資系企業の中国市場進出が増え, 改革開放政策は急ピッチで進み, ほぼ同時に労働者の国営企業離れが始まった。そのため, 経営効率が悪くても経営不振に陥る国営企業は少なかった。

　現在, 中国の労働者市場では, 国営企業よりも民間企業, 特に外資系企業の人気が高い。経営効率が悪く, 競争力のないまま国営企業を存続させていけば国家経済の基盤改革が進まないという認識が行政部門に広がった。多くの国営企業が個人と経営契約を結んで民営化し, 民間企業として雇用契約を結ぶようなった。現在の中国は, 社会主義というよりも, 資本主義と社会主義の2種類の制度が「共存共栄」していると言えよう。資本主義と社会主義の「共存共栄」の上に,「世界工場」と呼ばれる中国の国家経済と労働社会が成り立っているのである。

　しかし,「鉄飯碗」の雇用習慣に対する関心が全くなくなってしまったわけでもない。2014年, 某都市の公務員採用広告に数百人の応募者が殺到したという記事もある。面談時に応募理由を尋ねると,「経済競争が激化しても, やはり, 公務員職は安定しているので, 将来の生活の心配をする必要がない」という回答が返ってきている。残念ながら, 応募者の気持ちとは裏腹に, 中国の国営企業は, 競争主義雇用制度, 成果主義人事管理システムにシフトしているのが現実である。

5. 外資系企業の人的資源管理諸側面

　中国は, アメリカ, イギリス, カナダ, オーストラリア, オランダ, フランス, シンガポール, インドを超える, 世界最大の海外直接投資 (FDI) 受入国である。2014年現在, 海外直接投資残高は1兆852億9,300万米ドルである。海外

直接投資受入額は，2013年と2014年共に1,239億1,100万米ドルずつとなっている（UNCTAD, 2015）。多国籍企業や外資系企業が次々と支社，支店，下請け会社といった海外拠点を創設し，M&Aにより地元企業の吸収合併と買収を進め，成長し続ける中国経済とビジネス社会に参画している。中華人民共和国国家工商行政管理局（SAIC）の報告によれば，2013年7月現在，中国で業務を行う海外投資会社は442,000社を数え，その資本金総額は1兆9,500億米ドルにのぼると言われる。2014年10月現在，中国における日系企業総数（拠点数）は31,279社であった。こうした外資系企業は様々な形式の人的資源管理方法と戦略を本国本社から導入し，その現地化を試みる。以下は中国における外資系企業の人事管理のいくつかの側面をBaker & McKenzie（2013）により紹介する。

5.1 労働協約

基本的に，中国の労働組合法（Labor Union Law）は，従業員25人以上の全企業に労働組合を設立するよう命じている。しかし実際のところ，各企業がこの法律を恣意的に運用しているので，労働組合を組織しないまま業務を行っている外資系企業も多い。労働協約（collective contracts）は通常，労働組合もしくは被雇用者の代表と企業の間で締結される。従って，労働協約の中で示される基準を下回る基準を定めた雇用契約を締結することはできない。しかし，被雇用者に有利な内容であれば雇用契約期間について個々に協議することが可能である。

5.2 雇用契約の満了と退職

中国の外資系企業には，「自由退職および解雇の原則（at will employment）」という考え方が存在しない。一般に，被雇用者は雇用者に30日前に事前通知をすれば退職（場合によっては許可されないこともあるかもしれないが）してもよいことになっている。同時に，雇用者は関連法規に定められている条件に合致すれば，一方的に従業員を解雇することが許される。認められている解雇条件（従業員が能力不足，研修や配置転換後も引き続き不適格のままであるなどの場合）の大半は，雇用満了に関する労使双方の合意をはじめとして，30日前の事前通知および退職金支給を求めている。通常，退職金は勤続年数の1カ月分の給与相当額とするが，地方条例によってはこれと異なることもある。予告なしの解雇の場合でも，退職

金の支給を認める地域もある。

5.3　労働者の社会保障と住宅

　中国の法律は，労働者の国籍を問わず，原則，全労働者に中国の社会保険制度（social insurance scheme）へ加入することを定めている。しかし現実は，地方官僚制度の制約や規制の限界の問題があって，全ての外国人労働者がこの制度に加入できているわけではない。中国の社会保険制度は，老齢年金保険（old age pension insurance），基礎医療保険（basic medical insurance），労働災害保険（occupational accident insurance），失業保険（unemployment insurance），出産保険（maternity insurance）の5つの基金で構成されている。雇用者と被雇用者ともこれらの5基金に出資することが義務づけられている。また，地方官庁が定める割合に従って，政府が管理する被雇用者個人の保険口座への出資が求められることもある。さらに，労使双方には住宅準備基金への出資も求められる。これは従業員の住宅購入，住宅新築，修理に備えるためである。こうした出資は，社会保険の場合と同じく外国人労働者には要求されないこともある。

5.4　外資代理店の雇用

　外資代理店は従業員を直接雇用できないという点で，中国労働市場の特例である。外資代理店は政府指定の労働力あっせん業者（labor service companies）と人材派遣契約を結び，労働力を調達する。あっせん業者は，自社雇用の中国国籍労働者を契約先の外資代理店の従業員として派遣して，派遣先からサービス料を受け取る。

　特定のあっせん業者と外資代理店が締結した労働力調達の契約の内容に基づいて，中国人従業員の給与と社会保険金が派遣先の外資代理店からあっせん業者に支払われる。その後，あっせん業者が派遣先から受け取った従業員給与と社会保険金を従業員と社会保険当局に按分する。場合によって外資代理店が給与と社会保険金を直接従業員と社会保険当局に支払うこともある。

　中国人派遣従業員と雇用契約を結ばない場合でも，派遣契約の内容を監督するスタッフとは契約を行うこともある。こうして取り交わされる契約には，報酬，職務内容，特別な会社方針，守秘義務および労働市場では競合しない義務などに

関する取り決めが含まれる。

　法的には，外資代理店は労働法や雇用関係法規に束縛されない。しかし，労働問題仲裁委員会（labor arbitration commissions）や人民法廷（People's Courts）は，外資代理店と中国人従業員の関係に関する雇用関連法の立案に前向きである。

　国外法に準拠する雇用契約に従って，海外親会社が，外資代理店の外国人（非中国国籍）従業員と雇用契約を結ぶことも少なくない。このような外国人従業員は，中国政府が定める登録手続きに従って，代理人として登録する必要がある。

5.5　外国人のビザと居住地

　中華人民共和国外国人出入国管理法（Foreigner Administration Regulations）は，就労目的で中国へ入国する外国人に対して一時入国労働ビザの取得を義務付けている。実際には，この規定が全ての地方管轄官庁で実行されているわけではない。観光ビザや興業ビザで入国後，駐在就労ビザに変更することを許可している地域も存在する。

　中国入国後，外国人労働者は公安庁（Public Security Bureau）に登録し，健康診断を受け，マルチ労働ビザと就労許可書と駐在許可書を取得しなければならない。外国人労働者を雇用する中国雇用者には，自分の被雇用者が労働当局への外国人登録を完了するように援助することが義務づけられている。香港，台湾，マカオへの永住者も含めて，海外永住権を持つ中国人には，これとは異なる申請手続きが適用される（Baker & McKinsey, 2013）。

5.6　現地従業員の雇用

　中国で外資系企業を設立しようとする際，現地従業員の雇用が不可避である。政府部局と交渉をする際にも，現地の言語や習慣を理解しているか，現地従業員との接触の進捗などが重要項目となってくる。現地への適応能力の高さが求められる。

　現地従業員の賃金は，年金や住宅基金への定額徴収（mandatory contributions）を考慮しても，比較的安価である。外国人の経営幹部の報酬は，住宅手当，健康保険，転勤手当などを含めると，現地経営幹部の5倍までも跳ね上がる。香港特別行政区政府の調査によると，広東省の現地雇用労働者の平均月給は約20米ド

ル，北京と上海では450米ドルで，香港では1,350米ドルに上昇する。

　中国は世界最大の労働人口を抱えるが，それでもなお，海外投資家が必要とする従業員を探すことは難しい。急激な経済成長と投資の流入は，技能を有する労働者の獲得に激しい競争が存在することを意味する。これは大卒若年層で失業率がわずか1％であるという事実からも明らかである。

　マッキンーズ社が行った人的資源専門家に関する2005年の調査によると，金融，会計，定量分析など9つのサービス業部門の就職希望者のうち，外資系企業で働くために必要な適性を持つ者は全応募者の10％にも満たない。中国は大量の工学系大卒者を輩出しているが，工学系の教育制度は理論ばかりに偏っていて，プロジェクトや共同作業などで実際的な知識や経験を身につける機会を与えていない。教育制度の不備や教育内容の偏りによって，有能な人材，特に高度な専門家としての資格を有する人材が国内で不足している。

　外国人投資家が中国人就職希望者を積極的に採用しない理由の1つに，彼らの英語能力が低いことが挙げられる。教育省（Ministry of Education）はこの問題を認識しており，7歳から8歳の子供に対して新たに英語を必修科目とした。この対策によって長期にわたる英語能力の不足は間違いなく軽減されるであろうが，よりよい成果を求めるなら，英語教師研修の徹底や英語教師を海外から採用をすることも必要である。

　中国は国内市場を国際企業向けに開放しているので，有能な人材への需要は必ず高まってくる。優秀な従業員をめぐる競争は，中国の経済成長の後ろ盾となる外資系企業と国内民間企業の間で激化すると思われる。

　諸外国と同様に，中国も雇用に関する法規制を数多く整備している。国内の全ての従業員が会社と雇用契約を結び，報酬や契約期間を明確に取り決めなくてはならない。また全新入社員には試用期間を満了することが求められている。試用期間の長さは雇用契約の中に明記されているが，通常は，下級職の者は1カ月，上級職者は最長6カ月とされている。試用期間中は，休暇や疾病手当の受給資格がないこと，最短で1日前の事前通告があれば中途解雇は労使双方いずれからも要求可能である。

　中国企業は，必ず，従業員に「13カ月目の給与」とされる最低1月分の給与に相当する賞与を提示することになっている。「13カ月目の給与」の慣例と3大

法定休暇（旧正月，5月の労働節，10月の国慶節）の存在を認知しないと，外資系企業は生産に大きな影響を受ける可能性がある．

5.7　現地採用の方法

Alain Charles（2006）を例にして，中国における外資系企業の現地採用の方法について概説する．

外資系企業が中国で現地スタッフを採用する際に利用する最も一般的な採用媒体は新聞広告である．広告の多くは英語と中国語で掲載され，翻訳能力と広告内容の質が重視される．新聞の採用広告の欠点は応募者が殺到することである．山積みされた履歴書の内容を精査して適切な人材を選び出すには膨大な時間を必要とする．

現在では求職者と雇用者を引き合わせるための人事採用専門ウェブサイトも増えている．ChinaHR.com や Recruitment.com.cn などがその例である．この方法は費用効率が高い上に，外国人投資家にとっては融通が利きやすい．しかし，オンラインで誰でも簡単に応募できるので，不適格応募者の数も相当数に及ぶという弊害もある．

特に，新規プロジェクトのために従業員の大量雇用を考えている多国籍企業にとっては，求職フェアへの参加も効率的な採用方法とされるが，能力不十分な求職者が多く集まるので，応募書類の審査は非常に骨の折れる作業になってしまう．

最近では，大学との提携も盛んになり，外資系企業にとっては能力のある従業員を採用する機会も増えている．中国の一流大学と協定を結ぶことは，人材確保の競争は激しくても，外資系企業にとって，若くて才能にあふれる人材を採用するための最良の手段である．求職者の成績，学歴および職歴などを短時間で確認することができるので，選考手続きを比較的迅速に進めることが可能になるなどの利点もある．

中国においてすでに拠点を持っている企業にとっては，人脈が人材発掘の手段になることもある．外国との合弁企業の場合，中国側が現地スタッフの採用を支援することも可能である．

中国国内企業の殆どが人事採用の基準を設定しているので，外資系企業もその

第4章　中国における人的資源管理　121

基準を有効に利用することも円滑な人事管理の一助となる。しかし，中国の人事採用基準にだけ頼りすぎると，欧米式のビジネス慣習に不慣れな従業員を採用することになり，入社後の教育や査定で問題が発生することが危惧される。

応募者の履歴書選考，経歴調査を政府の援助を受けた人材派遣会社に依頼することも可能である。ただし，この種の人材派遣企業は上海に3社あるのみで，料金は決して安くはない。また，給与水準の設定に発言権を持ちたがるので，依頼する企業は給与調整の主導権を失うことにもなりかねないので注意が必要である。

中国の民営部門には，欧米と同じ形態の人材派遣を専門とする企業もたくさんある。彼らは人事選考や事前面接業務を行う報酬として，一時金もしくは派遣した労働者の初年度給与の何％かを要求する。

熟練中間管理職者のヘッド・ハンティングは，多国籍企業の間では当たり前のことになっている。優秀な人材が極端に不足し，人材獲得競争が熾烈になっているためである。中国で操業する外資系企業が増加するにつれて，この問題は今後ますます深刻になるだろう。中国での雇用契約締結には費用も時間もかかる上に，契約に至ったとしても必ずしもよい結果が出るとは限らない。契約期限満了前に競合企業に転職されてしまうことを未然に防ぐため，小額の昇給が頻繁に行われているが，ヘッド・ハンティングに対する効果的な防衛策は慰留戦略しかないと思われる（Alain Charles, 2006）。

6．中国経営の文化的特徴

先述のとおり中国文化は世界4大古代文明の1つを源とし，4,000年以上の歴史を持つ。中国文化の根底をなす最も重要な要素は儒教である。儒教は，社会における人間関係を基本とする。開祖の孔子は2,000年以上前の封建時代の学者かつ政治家であった。儒教は宗教ではないという主張が主流ではあるが，孔子の教えは，あらゆる人間関係を律する厳格な倫理・道徳体系として知られている。「家族」を，社会基盤を構成する基本単位とし，家族の調和を持続するためには人間関係における相互責任を果たす必要があると説いている。この人間関係は君と臣，夫と妻，父と息子，兄と弟，友と友の間に当てはまる。社会における階層関係は絶対的であり，また階層と年齢に基づく上下関係が社会の全ての関係を決

定する。個人の行いは全て家族に及び，子が親に尽くす孝が何にも増して大切だとされる。この5つの関係の中，友と友の関係は横型であり，他の4つは縦型である。縦型関係は，上位と下位の関係を示す。また，人間関係では，徳，礼，義，知，忠も極めて重要とされる（Morrison, Conaway, and Borden, 1994）。ビジネスや組織に存在するあらゆる上下関係に儒教の本質が混合されている。

儒教以外の中国の文化的側面としては，言語と宗教が挙げられる。公用語は北京語に代表される北方中国語をベースにした標準語（漢語）であり，国民の70％が話す。現在，55の少数言語が公式的に認定されている。中国語には動詞の時制がないため，ビジネスでアポイントメントが必要な場合は，時間を正確に確認することが肝要である。ビジネスマンの多くは英語を話す。宗教は，仏教，イスラム教，キリスト教が主流であるが，多くの人は，儒教と道教といった伝統的な哲学・道徳観も大事にする。ビジネスにおいては，宗教の影響があまり強くない（Morrison, Conaway, and Borden, 1994）。

中国では全人口の92％を漢民族が占め，残りの8％に55の少数民族が含まれる。それぞれの民族は，独自の言語や文化，生活習慣を持っているために，民族間の文化的衝突が当たり前のように生じている。政府が民族間の関係改善を呼び掛けても失敗に終わることが多いため，民族間の紛争は収まらず，西欧諸国からは人権に関する批判を浴びている。国土面積が広大であるため，いったん生まれ故郷を離れるとまるで外国へ来てしまったような錯覚が生じやすい。方言，行動，ジェスチャーなどに十分注意しないと嫌われることもよくある。

華僑文化の中心は中国大陸であるが，歴史の流れの中で様々な影響を受けて変化を繰り返してきたため，華僑人には他のアジア民族にはない独特な行動様式や価値観が存在する。

共産党，家族，学校，職場，地域社会が人々の生活を規定し，外部世界の情報，価値観，判断基準，考え方，社会的公正さなどにも影響を与えている。儒教とその道徳観および共産主義革命後の中央集権型支配が集合的文化を形成している。また，国家が指導する資本主義（guided capitalism）への移行は，特に若者層の精神面や思考様式に影響を与えている。中国に在住しながら西洋型の思考や生活様式を吸収した若者たちの間では，個人の日常生活や仕事を自由に満喫したいという姿勢が以前よりも強くなっており，一種のトレンドとなっている。

中国のビジネス習慣にはいくつかの特徴が存在する。まず，時間には絶対に正確でなくてはいけない。遅刻やキャンセルは非常に無礼なこととみなされているため，ビジネス・ミーテイングでの遅刻は厳禁である。アポイントメントや契約の際は，日時を十分に確認すること。出張に最適な時期は，4～6月と9～10月で，出張する前には，必ずコンタクトをとっておくのが重要である。手土産は，様々なレベルとグループを対象にしたものを準備する。商談資料は白黒印刷が好ましい。殆どの中国人は，縁起の良い日時を占ってからでないと重要な決定は下さない。全般的にビジネスに関して非常に慎重である。商談成立までは強い信頼関係の構築を必要とするので，数回は中国へ足を運ぶことが必要である。名刺の裏面には北京語で印刷すること。金色で印刷した名刺が最も格式が高いとされる。相手の名刺を財布に入れ，それをお尻のポケットに入れるのはとても失礼である。会議終了後，現地の取引相手よりも先に部屋を出るのは無礼である。ビジネスランチなどに招待された場合でも，特に食事中にはビジネスの話を避けることが好ましい。また，相手の行動を見ながら行動するのが適切である。一般に女性はアルコール類は飲まない方がよい。握手は一般的であるが，名前の呼び方には注意が必要である。大げさな表情やジェスチャーはしないこと。中国で贈り物をする場合には，違法行為になることもあるので注意が必要である。ビジネス・シチュエーションで贈答品を受け取る習慣も増えているが，人前で高価な物を手渡さないのが望ましい（Morrison, Conaway, and Borden, 1994）。

7. グアンシと人的資源管理

中国社会に存在する非公式な人間関係として「グアンシ（guanxi）」と呼ばれる，血縁，地縁，友人関係の中で築かれた，網の目状になった人間関係がある。これは，ドイツや西欧の経営組織にみられる「ゲマインシャフト」（共同体）組織や日本的経営に存在する「コネ」とは異なるものである。グアンシと共に「孝」あるいは「礼」，「ミアンジ」，「顔」，「レンキン」，「義務」が社会的絆を強化する（Warner, 2004）。グアンシの基本となる4つの原則は，「信頼」（他者を尊敬・理解する），「好意」（忠誠と義務），「依存」（調和や相互関係，互恵），「適応」（忍耐し育てる）である（Buderi and Huang, 2007）。こうした要素が，市場や各階層において互いの非公式的役割を定め，現在の官僚的構造の基盤となり，階層関係を機能させてい

る。

　グアンシという概念は，中国の社会哲学とも言える儒教の教えに基づくもので，社会的・経済的順位を維持するために，階層の中で他者と協調することの重要性を説くものである。特に，暗黙のうちに相互義務を果たし，互恵の念を忘れず，相互に信用し合うことが，グアンシおよびグアンシによる人脈の基盤となっている（Luo, Huang, and Wang, 2011）。

　グアンシとは，2者間で相互に利益を享受し合う個人的人間関係を表す。2者は必ずしも同等の社会階級に属していなくても構わない。グアンシはネットワークに属する各個人が何かを必要とする場合相互に助け合ったり，互いに影響を及ぼし合ったりするような人間関係のネットワークも意味する。

　また，大家族，学校の友人，職場の同僚，組織やグループの仲間など，社会的人間関係の中で相互に享受できる恩恵そのものを表すこともある。中国人は，習慣的に，グアンシによる親密な人間関係ネットワークを多指向かつ永続的に構築しようとする。ネットワーク内のメンバーとの関係を保つことは，相互に義務を負うことを必ずしも意味しない。お互いに恩恵を受け合うことは，むしろ，グアンシを維持するための手段であるとされる。互恵の精神を示さないことは，許されざる攻撃行動とみなされる。すなわち，グアンシとは，相手に望めば望むだけ，自分も相手に施すことが求められる，という人間関係である。グアンシという考え方によって，お互いに恩恵を与え合う関係を末永く続けることができる（Ostrowski and Penner, 2009）。

　職場におけるグアンシは重要である。職場のグアンシは，同窓生や同郷のつながりから発展したり，同族企業間の従業員のつながりから広がったりするなど，社会的な人間相互の関係の中で培われる。従って，グアンシを意識する人々は，いろいろな場面で「持ちつ持たれつ」の関係を保ち，誇りと尊厳を持って相手に接するようになる。また，自分が所属する企業や組織に対しては，親近感を持つようになる。表に出ない，目に見えない非公式な人間関係は団結力を生み出し，他者に共感して理解しようとする姿勢を形成し合うので，組織内の協調性，個々の目標達成を認め合う健全な競争環境を創出する。

　上述のような人間関係は，結果的に身内びいきを招きやすいと考えられがちであるが，中国の企業経営者や管理職者は身内びいきにならないように細心の注意

を払う。大企業では建設的な労働環境と友好的な労使関係を構築し，中小企業では労働者同士の互助関係が育まれている。中国では，信頼できる経営管理者は血縁から招き，雇用機会は近親者に与えるのが共通認識であり，欧米で一般的に行われている能力や適性の評価などを基準にはしていない。従って，研究者の中には，グアンシを利用して，結果的に身内びいきによる労働者管理が行われているのではないかと考える者もいる。中国における人間関係は，能力のある人材に雇用や昇進の機会が適切に与えられていないのではないかと懸念される（Jun and Si, 2010）。主体（経営管理者）が個人的な対人関係を利用して不正な目的を達成しようとするときに，グアンシは身内びいきとなる（Verhezen, 2008）。職場では，経営者，従業員およびその他関係者が，グアンシ本来の互恵関係を最大限に有効利用すれば，間違ったグアンシがもたらす悪影響を回避できる。

8. ビジネス環境のさらなる転換

鄧小平の指導による改革開放は従来の社会主義経済の方向を変え，完全競争市場を目指して市場型社会主義への移行を進めてきた。経済・イデオロギー・法律・政治・社会などの分野で多くの改革が実施され，市場型経済への離陸が始まった。中でも最も大きな改革は1992年の人事改革である。また，1994年の労働法施行も中国経済を大きく変化させた。労働法は勤務に関する全ての規制と関連法を包括する。中国の労働市場では，労働者が職種を自由に選択できるようになった。人材採用の決定権が企業経営者に移り，政治的介入もなくなり，外資系企業も自国の経営システムを中国で実行できるようになった。さらに，中国全土で国営企業の民営化を進め，独立決定権を企業経営者に与え，資本主義経済に必要となる能力主義を浸透させ，動機づけを促すような給与制度を導入させた。

中国は儒教の教えに基づく階層型社会である。企業の意思決定も階層型社会の影響を強く受けている上に，党中央からの介入も少なからずある。企業の意思決定は集権型であり，トップ経営者の意向が強く前面に押し出される。政治や行政制度，経営システムの改革は可能であっても，儒教の教えの影響を受けた階層型組織構造の根本的な廃止は困難である。民営化された企業の経営者の中には，中国の伝統的制度に自由社会の要素を持ち込もうとする者もいるが，分散型・参加型意思決定が行われるようになるまでにはまだ相当の長い時間が必要と思われ

る。

　国営企業や公有企業では，権限が経営者に集中する一方で，仕事効率が低く，いかにして「党の経営」から「組織の経営」へ転換していくかが企業制度改革の1つの課題である。具体的な施策として，①国有部門の中小企業については，これらの企業を所管する地方政府がまず，民営化を含む様々な改革を推進することを容認する，②大企業においては，株式会社への転換などを通じて混合型所有を進め，出資者による経営監督を可能にするシステムを整備する，ことを提言する。

　現在の中国では，都市部では若年層の失業率が上昇し，農村部では余剰労働力が存在する。農村都市間の労働移動の課題が浮き彫りになっており，都市部での雇用や産業社会における労働力調整の課題も山積している。国連調査によると2007年から中国が高齢化社会に入り，養老年金などの保険制度について問題になっている。国内での安価な労働力供給が難しくなり，多国籍企業や国内の先端企業が熟練かつ有能な人的資源確保の面で今後困難に直面することになるであろう。

9. 人的資源管理の課題と挑戦

　「21世紀は中国の世紀である」とよく言われる。確かに，13億を超える人口，国土の広さ，資源の豊かさからみても大国であることには間違いない。1978年に社会主義下での改革開放政策が始まって以来，GDPは30倍に達する勢いで成長し，目覚しい経済発展が進んでいる。2011年1月には，世界第2位の経済大国となったが，実際には，経済発展を持続するための課題は山積している。それらを乗り越えるために今後中国は，相当の改革を余儀なくされるであろう。

　中国における人的資源管理は極めて難しい。経済特区や一般的自治区などは現地の状況に柔軟に対応する必要があるので，中央政府が策定した政策の内容が，地方で実施される際に変わってしまうためである。

　中国では，仕事に対する国民の考え方や姿勢が資本主義国家とは根本的に異なっている。「中国は社会主義ではなく，新型資本主義国家である」という意見もあるが，資本主義か社会主義かは別にして，国民が豊かな生活を望んでいる以上，変化に対する姿勢と変化のための改革および改革の速度が，中国の人的資源

管理の鍵となるであろう。

　中国の経営者は欧米型統治と東洋型社会的責任を統合する経営システム構築を試みようとするが，西洋市場主義経済にみられるイノベーション志向の高学歴専門経営者がまだ少ないのが現状である。人的資源管理の分野では成果主義賃金，成績評価，社内外の教育訓練の導入と共に近代的人的資源の豊富な国から熟練人材の移転を目標とする。

　国営企業の非効率および国営企業の民営化などの改革政策，国民文化の改革，人的資源管理のための機関編成，ビジネス部門の総合改革などが現時点においても手つかずの状態である。他方，主要で多様な民族は言語・生活習慣・心理的な特徴を持っているから民族間の文化的な衝突が頻繁に生じる。政府が民族間の関係を改善する声明を発表するが，民族間の交流や信頼を図る活動がさらに必要である。また，健全な労使関係の構築に向けての政策や改革もまだ足りていないと思われる。

　中国の数多くの大学が専門職大学院管理学（MBA）のコースを設けている。人的資源管理，生産，流通，市場調査，金融などあらゆる分野で欧米諸国と同水準の研究を行い，企業にも知識と実践方法を提供している。こうした大学は北京・大連・深圳などの大都会の大学に限られている。最近，西欧の大学は中国にキャンパスと講座を拡大する傾向がある。香港・マカオの大学は以前から西洋の教育・技術の研究に力を入れていた。中国へ返還された後にも以前の制度が存在し，中国本土の教育などの改革にも影響が及んでいる。

　外資系企業との合併会社は，国内の大企業にOJTなどの多様な研修制度を社内外に設けた。また，海外の研修プログラムや機関にも社員を派遣する。中国から西洋の国々に移民した華僑人が経済の自由化に伴い祖国へ逆戻りする傾向が強い。結果としては，経験を持つ熟練労働者が中国に戻って来ている。これが中国に西欧の経済・経営ノウハウを浸透させ，国民伝統と混合の上，経営の効率に一層の拍車をかけた。

　人的資源開発は経済活動の実績の影響を強く受けるため，中国の人的資源開発が抱える問題は深刻である。Cooke（2014）は，中国の人的資源開発部門が直面している問題として，経営者層の人材不足と能力不足，人的資源開発実践と若年層労働者に対する需給バランスの調整，人的資源開発スキルの専門化，などを挙

げている。若年層労働者と旧世代の労働者との間に存在する，仕事やキャリアに関する倫理観の違いも人的資源開発を進める上で，解決が難しい問題となっている。多国籍企業や中国人経営者が所有する民営企業は，優秀な管理職者と専門経営者が国際的に不足しているため，その誘因策に苦慮している。優秀な人材の不足は，企業の成長の障害となる。有能なリーダーが慢性的に不足している国有企業部門の経営状態は壊滅的である（Cooke, 2012）。海外留学を修了した新卒者は就業経験がないために，中国独特の知識を必要とする，不動産，建築，コンサルタント，法律，金融，製造などの業種では採用側の需要を満たさない。

　優秀な技能を持つ従業員や経営者の深刻な減少に対応するために，ヘッド・ハンティングを試みる雇用者もいる。退職を脅し文句に昇進を求める従業員もいる。優秀な従業員を引き留めるために，新たな肩書，魅力的な賃金，応募者の能力や経験を超えてもやりがいのある職種を用意する企業もある。このような労働市場の状況下では，より高度な技能習得のための教育訓練の提供が可能か否かが大きな問題となる。教育訓練に投資しても従業員が企業に残るかどうかを不安視する雇用者も多いため，2～3年の就業経験を持つ応募者を採用する傾向が強い。

　中国では個人の行動や過去の実績に応じて報酬を与えるのが伝統であるため，実績管理と実績に基づく報酬制度も，中国企業が抱える問題の1つとなっている。欧米スタイルの実績管理システムの導入が進む中，能力給制度に抵抗を示さない若年層労働者やキャリア開発の機会を希望する従業員も増えてきている。

　中国企業における人的資源管理はまだまだ発展途上である。人的資源管理者の教育訓練や専門知識開発も限定的であるので，管理者の技能や経験も貧弱である。結果的に，人的資源開発の戦略や政策が進まず，企業の実績と人材確保のバランスが取れなくなっている（Cooke, 2014）。イギリス，アメリカ，オーストラリアなどの欧米諸国のように人的資源開発に関する専門知識や学識を共有し，調査研究を効率的に行うことのできる，十分な知見を持った国家規模の組織の誕生がまたれる。

注記

1) 労働組合連合体の正式的日本語名称がわからず，ここでは英語名称に依存して翻訳したものを取り上げた。

参 考 文 献

清家　敏・馬蜀平（2008），『中国企業と経営』，角川学芸出版，pp. 451-453。

ACFTU (2008). "Constitution of the Chinese Trade Unions (amendment)", Adopted on 21 October 2008 at the 15th National Congress of Chinese Trade Unions.

ACFTU (2014). "Structure", http://en.acftu.org/ (accessed on May 25, 2016).

ACFTU (2015). "Union News" – "2014-2018 ACFTU Plan on Further Promoting Collective Bargaining", February 10; "Collective Bargaining Gives Workers a Voice", July 21; "Ningbo Unions: Refining the Management of Collective Bargaining", July 23; and "Shanghai's first collective Wage Bargaining Work Station", July 27. For details, see http://en.acftu.org/28605/28605.shtml (accssed on May 26, 2016).

Alain Charles Publishing Ltd. (2006). *The China Business Handbook*, London: Alain Charles Publishing Ltd.

Baker & McKenzie (2013). "China Employment Law Guide", http://www.baker mckenzie.com/files/Uploads/Documents/North%20America/DoingBusinessGuide/Dallas/br_china_employmentlawguide_13.pdf (accessed on June 3, 2016). 同社は，世界約40カ国，数千の弁護士ネットワークを持つ優れた国際弁護士事務所である。香港，北京，上海に事務所を構え，各種法律サービスを提供する。

Buderi, Robert and Huang, Gregory T. (2007). *Guanxi (The Art of Relationships) : Microsoft, China, and the Plan to Win the Road Ahead*, New York: Simon & Schuster.

Chen, Ping and Jin, Pui-Tai (1991). "Managing Human Resource in China", Putti, Joseph M. (ed.) *Management Asian Context, Singapore*: McGraw-Hill Book Co.

Chen, P., and Sun, Y.M. (1983). "Quotas in Industry", *Shanxi People's Press*, February, pp. 1-10.

Cooke, Fang Lee (2012). *Human Resource Management in China* – New Trends and Practices, London: Routledge.

Cooke, Fang Lee (2014). "Human Resource Management in China", in Varma, Arup and Budhwar, Pawan S. (eds.) *Managing Human Resources in Asia-Pacific*, New York: Routledge.

Edunivesal/Palmes League, (2015). "University and Business School Ranking in China", http://www.eduniversal-ranking.com/ (accessed on July 23, 2015)

Forbes (2010). "China's Best Business Schools", http://www.forbes.com/ (accessed on

April 26, 2015)

Huang, Renmin (2010). "Characteristics of collective wage bargaining in China and the practical role of trade unions", in Traub-Merz, Rudlof and Zhang, Junhua (eds.) *Comparative Industrial Relations: China, South Korea, and Germany/Europe*, Beijing: China Social Sciences Press.

International Centre for Trade Union Rights (ICTUR), et al. (eds.), *Trade Unions of the World*, London: John Harper Publishing.

Jun, Lin and Si, Steven X (2010). "Can guanxi be a problem? Contexts, ties, and some unfavorable consequences of social capital in China", *Asia Pacific Journal of Management*, Vol. 27, No. 3.

Lee, Changhee and Liu, Mingwei (2011). "Collective bargaining in transition: measuring the effects of collective voice in China", in Hayter, Susan (ed.) *The role of collective bargaining in the global economy: negotiating for social justice*, Cheltenham: Edward Elgar.

Luo, Yadong, Huang, Ying, and Wang, Stephanie Lu (2011). "Guanxi and Organizational Performance: A Meta-Analysis", *Management and Organizational Review*, Vol. 8, No. 1.

Morrison, Conaway, Borden (1994). *Kiss, Bow, or Shake Hands – How to do Business* in Sixty Countries, Holbrook/Mass.: Adams Media Corporation.

Naughton, B. (1995). *Growing out of the Plan: Chinese Economic Reform 1978-93*, Cambridge: Cambridge University Press.

Ostrowski, Pierre and Penner, Gwen (2009). It's all Chinese to Me: An Overview of Culture and Etiquette in China, North Clarendon, VT: Tuttle.

Traub-Merz, Rudolf (2011). "All China Federation of Trade Unions: Structure, Functions and the Challenge of Collective Bargaining", *Working Paper* No. 13, International Labour Office, 2011.

UNCTAD (2016). *World Investment Report 2015 – Reforming International Investment Governance*, New York: UN.

Verhezen, Peter (2008). "Guanxi: Networks or Nepotism?, The dark side of business networks". Zsolnai, Laszlo (ed.) *Europe-Asia Dialogue on Business Spirituality*, Antwerpen: Garant.

Varma, Arup and Budhwar, Pawan S. (2014). *Managing Human Resources in Asia-Pacific*, New York: Routledge.

Wang, Barbara and Chee, Harold (2012). "China's Pubic Sector: A Different Way of Working", *The Guardian*, January 3.

Warner, Malcolm (2004). "Human Resource Management in the People's Republic of China", in Budhwar, Pawan S. and Debrah, Yaw A. (eds.) *Human Resources Management in Developing Countries*, Routledge, New York: Routledge.

Warner, Malcolm (2014). *Understanding Management in China: Past, Present and Future*, London: Routledge.

第 5 章　マレーシアにおける人的資源管理：
日系企業の事例に焦点

　本章はマレーシアにおける企業経営の諸側面を検討することを目的とする。研究の流れとしては，まずマレーシア経済の現状を検討する。次に，ブミプトラと呼ばれるマレー系企業経営の後に華僑系企業経営について検討する。最後に日系企業の人的資源管理諸側面の検討とその移転・移植の可能性を特別に調べる。この一環としてマレーシアにおける日本の海外直接投資の状況も検討する。研究の方法として文化調査，聞き取り調査やアンケート調査などを導入する。

1. 国家経済の紹介

　アセアン創立時期のメンバー国であるマレーシアは経済・社会・文化において多様性を持つ国である。世界経済の 22 位であるこの国は世界銀行の経済発展の基準によると中所得水準の国である一方，多民族国家の中で目覚ましい経済発展を成し遂げている。多民族の国家であるこの国の 3 つの主な民族はブミプトラ，華僑人やインド系である。「土地の息子（sons of the soil）」と呼ばれるマレー系は人口の約 60 %を占め，華僑系は 31 %である一方，インド系は 8 %である。国家の宗教としてイスラムを定めているが，仏教，キリスト教，ヒンドゥ教などが自由に宗教生活を送り，共存または共生している。歴史的に 3 つの主な民族間には職業的な差異が存続したが，マレー系は農業や漁業以外の政府部門・軍隊・警察において圧倒的な割合を占めインド系はマレーシア鉄道やゴム農園を中心に従事されていた。地域的・民族的バランスの取れた経済発展のため政府や民間レベルで多様な方針や戦略が打ち出され，実行された結果，マレーシアは 2020 年までに先進国の仲間入りをしようとする熱望を持ち，あらゆる部門の国民の参加を促すような計画を実行している。特に，第二次国家経済開発計画（1971 〜 1975 年）は社会工学的計画の下で貧困をなくし，経済事情による民族の機能化を排除す

る目標を設定され，1990 年までに 30％の会社の所要権はブミプトラに，40％は華僑やインド系に，残り 30％は海外の投資家によって保持される目標であった。民間部門の多様な段階においてブミプトラの雇用は民族間の格差を根絶することを期待された（Sin, 1991）。マレーシアの経済社会発展を目的とする全ての計画は教育，資本，海外投資，技術，経営などの分野において様々な政策，計画や戦略が打ち出され，その結果マレーシア経済が発展の離陸段階から高度化され，安定化された自立的な段階に展開してきた。

　マレーシアの人口は，2013 年現在，2,995 万人である。大きく 3 つの民族があり，その構成は，マレーと先住民は 61.9％，華僑人は 22.6％，インド系は 6.7％，その他は 0.7％，無国籍は 8.2％である。マレー系と先住民はブミプトラと呼ばれ，その意味は「土地の息子」である。主な宗教はイスラム教であり，少数民族の人は仏教，ヒンドゥ教，キリスト教などを信仰している。人口の宗教的構成は，イスラム教は 61.3％，仏教は 19.8％，キリストは教 9.2％，ヒンドゥ教は 6.3％，儒教・道教・他の華僑宗教は 1.3％，その他は 0.4％，無教は 0.8％，特記されていないものは 1％，である。人口の伸び率は 1.47％である一方，都市化率は 2.49％であり，総人口の 72.8％が都市に住む。主な都市およびその人口は，クワラルンプール（156 万），クラン（119 万），ジョホールバル（105 万）である。識字率は 93.1％で，総人口における 15 ～ 24 歳人口の割合は 16.9％，25 ～ 54 歳人口の割合は 41.2％である（Indexmundi, 2014）。

　同国における植民地の歴史は長く，ポルトガルは 16 世紀から 17 世紀まで，オランダは 18 世紀，イギリスは 19 世紀から 20 世紀の前半までマラヤ連邦，北ボルネオ（現在サバ），サラワク，シンガポール自治領およびブルネイを支配した。第二次世界大戦時，マレーシアはおよそ 3 年間日本の占領軍によって支配され，1946 年にイギリスは再びマレーシア連邦の植民地化を図り，1957 年には自らマレーシアの独立を認めたが，ブルネイがマレーシア連邦との合併を拒否してイギリスの保護領として残った。マレー半島，サバ，サラワクやシンガポールがマレーシア連邦として 1963 年に独立したが，シンガポールは 1965 年にマレーシア連邦から分離独立を図った後，正式国家名称のマレーシアが誕生した。イギリスの植民地時代から，鉱山およびゴムがマレーシアの国家経済の基盤となった。

　1965 年の決定的独立から 2014 年までの 50 年間にかけて経済発展の様々な試

みの結果，2012年現在マレーシアは303,526百万米ドルの名目GDPおよび2013年現在国民1人当たり10,548米ドルの名目GDPを持ち，世界銀行の経済発展基準においては中所得水準の1国として誇れる立場を保持している。経済成長率は2010年から若干の変動を除けば5％前後である。1987年アジア通貨危機以降から現在に至るまで物価が安定しており，失業率は3％に足らず，貿易のバランスは20年間にわたって黒字にあり賞賛に値するものと評価する。第一次資源で豊富なマレーシアはパーム油，原油，石油製品，LNG，ゴム製品，食料品などと同時に優れた第二次産業製造品，すなわち，電気製品，化学製品，機械・器具製品，金属製品，化学工学設備などを輸出している。表5-1はマレーシア経済の基礎指標を表す。

　日・マレー経済協力関係の中の1つの大きなマイルストーンは，マハティール首相が1970年に宣言した「ルックイースト」政策である。先進国の中で一番最後に経済発展を成し遂げた日本をモデルにして経済発展活動の政策・計画・実行のあらゆる面において日本から学ぶ一方，日本からの直接投資の受け入れや技術を導入することおよび日本の経営ノウハウや労働精神を学習することを目標とする政策であった（Lim, 1994）。この政策の弾みで日本から投資および多国籍企業がマレーシアに進出し，発展の様々な面における日本からの指導もあった。日本の国交関係，特に福田赳夫や中曽根康弘政権のマレーシアの発展への協力姿勢は，日本のビジネス界，教育研究者，マスコミからマレーシアへの興味を生み出した（Lim, 1994）。さらに，1993年1月に創立されたアセアン自由貿易地域（ASEAN Free Trade Area/AFTA）や2006年7月に発効した日本・マレーシア経済連携協定（Japan-Malaysia Economic Partnership Agreement/JMEPA）が日・マレー間の経済協力や貿易へのもう1つの弾みであった。2013年10月現在，約21,500人の邦人がマレーシアに，約8,000人のマレーシア人が日本に教育・ビジネス経営・研究・長期滞在などの目的で移住した。また，同時に2,293人のマレーシア人が日本の教育機関に留学し，観光を目的とする514,310人の日本人がマレーシアを，172,339人のマレーシア人が日本を訪れた（ASEAN-Japan Centre, 2014）。日・マレーシア間の友好関係が今後もますます深まると同時に，マレーシアが日本から発展の多様な様相を受け入れようとする機会が拡大すると言える。

表 5-1　マレーシア経済の基礎指標

面積：約 33 万平方キロメートル
人口：2,995 万人（2013 年現在）
民族構成：
マレー系　　　67％
中国系　　　　25％
インド系　　　7％
その他　　　　1％
宗教的構成：
イスラム教　　61％
仏教　　　　　20％
儒教・道教　　1％
ヒンドゥ教　　6％
キリスト教　　9％
その他　　　　3％
名目 GDP：303,526（百万米ドル /2012 年）
1 人当たり GDP：10,548（米ドル /2013 年）
経済成長率：4.7％（2013 年）
物価上昇率：2.1％（2013 年）
失業率：3.1％（2013 年）
総貿易額（2012 年）：
輸出　227,334　（百万米ドル）
輸入　196,634　（百万米ドル）
為替レート：1 米ドル =3.22 リンギ
日本との経済関係（2013 年）：
輸出品目—鉱物性燃料，電気機器，木材等
輸入品目—電気機器，自動車，鉄鋼
輸出額 / 日本へ— 29,012（億円）
輸入額 / 日本から— 14,872（億円）
直接投資 / 日本から— 1,095（US$ 百万）
在留邦人数：約 21,000 人（2013 年）
在日マレーシア人数：7,848 人（2012 年）
日本との主要 2 国間条約：
通商協定　　　（1960 年署名）
租税協定　　　（1970 年署名）
経済協力協定　（2006 年発効）

出所：マレーシア中央銀行。これは，http://www.mofa.go.jp（アクセス 2015 年 1 月 26 日）からの引用である。

2. ブミプトラ経営の特徴

本節ではブミプトラ企業経営における政府部門の指導とその特徴を検討する。「ブミプトラ（Bumiputra）」とは、「土地の息子/sons of the soil」あるいは「地元民」を意味する言葉である。この熟語は国内人口比の約67％を占めるマレー系およびその他の先住民を指し、「ブミプトラ政策」は「マレーシア連邦憲法の153条」から推論され、1969年の民族間紛争の後に成立した「新経済政策1970年」の下で国家経済にはブミプトラ資本保有比率を30％に引き上げ、雇用機会において民族構成比を反映させるなどを目標とする国民経済政策のことである。以前は、経済・ビジネス活動にマレー系の割合・参加が極めて低く、存在していた部門は小規模商業、小売・卸売、農業や林業などであった。それ以降、公務員、警察、軍人などにマレー人が雇われるようになったが、企業・工場のブルーカラーやホワイトカラーの職業に馴染めなかった。資本保有比率の向上以外に新経済政策の1つの大きな目的だったのは、1990年までに雇用開発の面において、マレー系50％、中国系40％、インド系9.4％、その他の民族0.4％の比率を確保することであった。ブミプトラ起業家の促進は資本保有の大きな課題であったが、その目的で政府部門の指導の下で政策や計画を打ち出した結果、経済開発の速度が遅かったことや他の欠点があったにもかかわらず、21世紀にはブミプトラ企業・会社、起業家、経営者、管理職者、従業員の数が著しく伸びた。

マハティール政権の終わり頃、ブミプトラ政策は一時期的に情熱を損なったことがあったと言えるが、現存のナジブ政権は2013年の総選挙でマレー系の圧倒的支持を受け、経済におけるブミプトラ割合の拡張や社会的地位の向上を目的とする新たな方針を打ち出した。その内容は、投資信託の拡大を通してブミプトラ出資比率の拡大や持家の促進などの当初の計画以外にも政府関連企業の調達先としてブミプトラ系企業を優先的に利用すること、成長傾向にあるサービス業部門への参加の機会づくり、金融・保険業に関する資本規制の緩和、投資銀行・イスラム銀行・保険会社・タカフル保険への外資出資比率の引き上げ、株式市場への上場に関するブミプトラ資本比率の規制を撤廃するなどの事実上の優遇の強化政策である（福永：2010）。

ブミプトラ企業や経営ノウハウを促進するために多様な機関が政策、計画や

戦略を打ち出した結果，マレーシア経済のあらゆる部門で，大・中・小企業が発足した上でビジネス活動を営んでいる。次の特徴を満たすことは，真のブミプトラ経営会社としてみなす前提条件である。すなわち，会社の総資本の30％をブミプトラ株主やその集団が所有すること以外にも，自己資本の50％以上をブミプトラ株主群が所有すること，また，1人の個人ブミプトラ株主が最低限35％の自己資本を所有すること，非ブミプトラ株主群は株主総会において10％以上の投票権を持たないこと，言い換えれば，確定できる全非ブミプトラ株主は，株主総会において24％以上の投票権を持つことができない，ということである（Marimuthu, 2010）。法規制によると，ブミプトラ企業における株を所有するのには直接的・間接的に非ブミプトラ投資家集団との関係がなくても良いのである。ブミプトラ集団は会社の正当な持ち主である，または，無干渉的に自ら所有する株式に当てはまる投票権を行使することができる。取締役会においては，会長，最高経営責任者，役員の最低限51％をブミプトラ人にすると同時に，経営者，専門職経営者および管理職スタッフの最低限51％もブミプトラ人にすることが規則である（Marimuthu, 2010）。

　商業や産業部門にブミプトラ起業家促進の政府指導の一例は「ブミプトラベンダー促進プログラム」（Bumiputra Vendor Development Program）である。歴史的にこのプログラムの下で省庁から支援を受けて政府代理機関が産業のあらゆる分野にマレー系の民間企業にビジネスの機会を手配し，新規事業や会社の創立も支援する。こうしたサポート機関は経済のあらゆる部門で活動中であるが，農業，プランテーション，公共設備，鉱山，工業，製造，小売・卸売，金融，観光，商業・貿易，不動産，情報，技術などの分野におけるブミプトラ起業家は専門的政府や民間支援機関からアドバイスを受ける。支援機関は多く存在するが，マレーシア国営部門の大企業もブミプトラ会社向けにビジネス計画を持つ。ブミプトラ政策を実行するために連邦政府の各省に「ブミプトラ開発課」（Bumiputra Development Unit）を設置し，各州の自治体の中に同様なセクションが活躍している。

　また，政府のブミプトラベンダー開発プログラム以外にも半政府機関，民間コンサルティング会社，非政府組織などもブミプトラ起業家やビジネス企業・会社に企画，政策，ロジスティクス，機械や技術，経営や管理に関する多方面にノ

ウハウを提供する。Amanah Ikhtiar Malaysia, Tekun Nasional, Mara, PUNB, Tenaga Nasional Berhad（TNB）, Percetakan Nasional Malaysia Berhad（PNMB），などはブミプトラ経営やビジネスの支援機関として蓄積された経験や組織資産を持っている。政府はこうした機関の活動を歓迎し，経済や社会開発の政策や計画の中に政府役割を委ね，草の根レベルの活動計画をより効果的に行うようにする。

　こうした機関から支援を受けるために起業家は必要な条件を満たさなければならない。例えば，印刷業分野で活動中のPercetakan Nasional Malaysia Berhad（PNMB）は以下の条件を求める。すなわち，会社が完全にブミプトラ所有であること，最高経営責任者はブミプトラであること，財務担当を含めて経営者の過半数がブミプトラであること，支払う資金は最低10万リンギであること，年間売上高は100万リンギであること，1965年の株式会社法に基づいて登録された「Sendirian Berhad」（有限株式会社）であること，代理やあっせん業者ではなくものづくり会社であること，上場された企業ないしその子会社ではないこと，印刷業界において3年間の経験を要すること，会社の立地場所はケラン谷であること，などである。もう1つの例は，「TNBのブミプトラベンダー開発プログラム」である。TNBはマレーシア最大の電気開発公益事業であるが，電気関連業界をサポートする中小企業促進の目的で1993年にブミプトラベンダー開発プログラムを創立した。現時点で440以上のブミプトラ会社が発足した。これらの会社は，優先ベンダー，優先サプライヤー，パネル下請けや戦略相手の4つのカテゴリーに分けてビジネスを経営するが，特定のベンダーにはグローバル規模の合弁事業が成立するために機会を与える（Tenaga Nasional Berhad, 2015）。

　マレーシアの政府部門の企業は省庁行政の保護監督の下でプロブミプトラ事業を計画する。例えば，石油部門の代表企業であるペトロナス（Petronas）は，ベンダー開発キャンペーンの一環として石油やガス部門のサプライ・チェーンの活性化を強化する目的でブミプトラ中小企業を組み込む戦略を持っている。電気通信分野のTelekom MalaysiaとAxiata，建設部門のUEM，プランテーション部門のSime DarbyとFelda Global Venturesなどが同様に戦略を持っている。

　政府部門や民間集団の多様な指導や支援の結果，現時点でマレーシアには，ブミプトラ系会社・企業集団，個人企業やビジネスが拡大した。2014年現在，

1,026,100 社登録された会社のうち 283,200 社（約 27.6％）がブミプトラ系であった。店舗・企業体に関する政府調査によると，2005 年には，合計 645,136 件の中小企業のうち 241,281 件（37.4％）はブミプトラ所有であった。その 218,930 件（90.7％）はミクロ組織であった（Economic Planning Unit, 2015）。こうした会社や企業が国家経済において貢献することと同時に国民資産の大きな割合を所有する。表 5-2 はクアラルンプール株式市場である「ブルサ・マレーシア」（Bursa Malaysia）に上場されている有名なブミプトラ会社である。

表 5-2　株式市場に登場されているいくつかの有名なブミプトラ企業

1 Advance Synergy Berhad	17 Malakoff Berhad
2 Affin Holdings Berhad	18 Malaysian Airline System Berhad
3 Ammb Holdings Berhad	19 Menang Corporation Berhad
4 Antah Holdings Berhad	20 Mulpha International Berhad
5 Boustead Holdings Berhad	21 Nam-Fatt Berhad
6 Cement Industries Of Malaysia Berhad	22 Panglobal（Equities）Berhad
7 Damansara Realty Berhad	23 Perusahaan Sadur Timah M'sia（Perstima）Bhd
8 Edaran Otomobil Nasional Berhad	24 Rashid Hussain Berhad
9 Far East Holdings Berhad	25 Spk-Sentosa Corporation Berhad
10 Golden Plus Holdings Berhad	26 Tdm Berhad
11 Gopeng Berhad	27（Syarikat）Telekom Malaysia Berhad
12 Integrated Logistics Berhad	28 Tenaga Nasional Berhad
13 Kfc Holdings（Malaysia）Bhd	29 The New Straits Times Press Berhad
14 Kulim（Malaysia）Berhad	30 Time Engineering Berhad
15 Land & General（Holdings）Berhad	31 Tradewinds（M）Berhad
16 Landmarks Berhad	32 Uac Berhad
	33 Worldwide Holdings Berhad

出所：Marimuthu, 2010.

こうした企業・会社との資金や財務の取引集団として銀行や金融機関も著しく発展した。西洋型銀行やイスラムのシャリアー法に基づいてビジネスを経営するこうした金融業界はブミプトラビジネスとも協力する。特に，CIMB Group（Commerce International Merchant Bankers/商業貿易銀行）はマレーシアの第2金融サービス集団であるが，ブミプトラ商業銀行（Bumiputra Commerce Bank）や南銀行（Southern Bank）を合併して誕生した国内初のユニバーサルバンクでもある。現在，一般都市銀行（CIMB Bank），投資銀行（CIMB Investment Bank），イスラミク銀行（CIMB Islamic Bank）を3つのブランド組織としてビジネスを経営する一方で，数多くのブミプトラ会社のメインバンクの役割を果たしている（Bumiputra Commerce Holding: 2015）。

　2015年の現時点までに，累積して独自性と特色を現したブミプトラ企業経営の諸側面を以下のとおりにまとめた。一般的に，株式市場に登場する企業においては，ブミプトラ系資本の参加が目覚ましく増え続けた。ブミプトラ促進を目的とする政府支援を得られた企業が積極的に産業の各部門に参入し，独占的な地位を持つようになった一方，銀行や金融などの分野における華僑資本の拡張に制限を与えた。華僑系企業は，政府の希望に応じてブミプトラ参加の機会を設けさせることだけではなく，意味のある経営参加や意思決定の権利を与えるようにマレー系やその所有する企業に機会を与えるようになった。

　政府関係の企業においては，政府が大人数の大規模・メジャー会社の過半数株を持ち，ビジネスや経営の重要な役割を果たしている。ブミプトラ部門の成長を促進するために，政府は1970年代にPERNAS（Perbadanan Nasional Berhad）およびRenong Berhadなどの持ち株会社を発足した。また，HICOM（The Heavy Industries Corporation of Malaysia）という会社を創立し，鉄鋼，オートバイやエンジンの製造およびその他の重工業の発展に尽くし，PETRONAS（Petroliam Nasional Berhad）を創立し，石油や天然ガスなど戦略的な資源を管理した。1970年から1985年まで政府部門の会社が109社から1,014社までにのぼり，1990年には1,100社となった。一般的に，こうした政府部門企業は膨大な資本を必要とするビジネス分野，すなわち，植林地，油田，石油やガスなどの天然資源の開発，鉄鋼工場，公共施設，空港，建設，重産業機械や設備などの開発と運営に従事する。政府の投資腕として知られるKhazanah Nasionalはマレーシア空港の

72.74％や Penerbangan Malaysia の 100％シェアを持ち，後者はマレーシア航空会社（Malaysian Airline System）の 52％を支配する（Chan, 2009）。政府の持ち株会社やそれらが所有するこのような会社の例は多く存在する。1997 年のアジア通貨危機の後，国民の利益や戦略的存在を配慮し，政府はこうした企業の防衛のために様々な手段をとった。

外資導入を促進するために，政府は税金の値引き，100％出資，現地製造品の 100％輸出に対する免税などの多様な優遇措置を打ち出し，多国籍企業とマレーシア企業間の合弁の設立にも力を入れた結果，マレー系企業との合弁を図る外資系企業が現れてきた。また，イスラム銀行制度の下でオペレーションをできるような外国資本を促進する一方，アジア型シリコンバレーと言われるマルチメディア・スーパー・コリードー（Multimedia Super Corridor/MSC）への情報技術関係企業への投資を呼びかけた。2014 年 12 月現在 4,600 社以上の外資系企業がマレーシアを拠点にして国内・地域・大陸・グローバルの多様な規模でビジネスを経営している。

3. ブミプトラ経営の文化的側面

本節ではブミプトラ経営における文化的側面を解説する。

マレー社会の根本にはブディー（budi）概念が存在する。ブディーは社会的な価値体系に位置する全ての徳目を体現している。ブディー構造は，murah hati（寛容/generosity），hormat（尊敬/respect），ikhlas（誠/sincerity），mulia（義/righteousness），tibang-rasa（決定権/discretion），malu（集団レベルでの恥/feelings of shame at the collective level），segan（個人レベルでの恥/feelings of shame at the individual level）といった徳目によって構成されている（Dahlan, 1991）。ブディーは個人に対するホーリスティックな視点を持つと同時に，集産主義，長期的で関係性志向を強調し，主観的な判断から選択を行い，時間については主観的・相対的双方の視点を持ち，他者との調和を保つという願いを持つものである（Storz, 1999）。

GLOBE のリーダーシップの有効性についての調査によると，マレーシアはインド，インドネシア，イラン，フィリピン，タイを含む東南アジア 6 カ国群に属する（House, Hanges, Javidan, Dorfman, Gupta, and GLOBE, 2004）。この調査では，カ

リスマ的資質，チーム志向，自己防衛的，参加型，人格志向，そして自律の6つのリーダーシップスタイルを7ポイントという尺度で得点をつけるものである。マレーシアの得点は，カリスマ的資質が5.89，チーム志向が5.80，自己防衛的が3.50，参加型が5.12，人格志向が5.24，自律が4.03であった。解釈としては，マレーシアのリーダーは，かなりカリスマ的であり（5.89ポイント），高い基準，決断力，革新に重きを置き，周囲の人々を特定の展望を持って鼓舞することを探求し，人々の間にそれを実行する情熱を起こさせると共に，インスピレーションを与え，自己犠牲的で実績志向があるということである。彼らのチーム志向（5.80ポイント）は，誇り，忠実さ，メンバー間の協力，チーム凝集性，目標の共有，悪意（malevolent），そして経営上の競争において明らかである。自己防衛性（3.50ポイント）は，地位意識，自己中心性，顔面の保身（face savers）を示唆し，また，個々のメンバーおよびグループの安全と保障に重点を置くものである。参加志向（5.12ポイント）は，彼らが，意思決定とその実現において，他者からのインプットを重視すると同時に，責任に相応した権限の委任も重視することを示している。人格志向（5.24ポイント）においては，同情心，寛容，謙遜，そして人格重視を強調し，また，彼らは非常に忍耐があり，協力的で周囲の人々の幸福を考慮している。最後に，彼らは自律スタイルを保持しており（4.03ポイント），個人的で，独立的，自己中心的である（House, Hanges, Javidan, Dorfman, Gupta, and GLOBE, 2004）。また，マレーシアは，6カ国の中で最も未来志向かつ規則志向である（Gupta, Suries, Javidan, and Chhokar, 2002）。

　上述のマレー文化の概論はホフステドー（Hofstede, 1991）が述べた経営の文化的概説より若干異なっている。氏によるとマレーシアの3つの主民族，すなわち，マレー，華人やインド系の間に価値観の低水準の個人主義（individualism），中水準の男性性（masculinity）および同様に高水準の権力から距離（power distance）を持つ価値観が存在する。華人とインド系はマレー系よりも長期指向性を持ち，さらに華人系は他の2つの民族よりも不確実の回避（uncertainty avoidance）においては柔軟性を確保する。言い換えれば，華人系やインド系は不確実の回避に対して良く準備が出来ている半面，マレー系は仕事の明瞭さについて高い重要度を選択する。マレー系は関係構築指向性を持ち，安定性を優先する一方，伝統を尊重する。華僑人はビジネスのやり取りの中に階層的関係を組み込

み，リスクに対する適応性を持ち，忍耐等の特質を持つ（Lim, 1998; Chan, 2009）。

マレー経済経営社会が持つ1つの文化的独自性はそのゴトン・ロヨン（gotong royong）/mutual cooperation（相互協力）の姿勢にある。相互協力のこの伝統は農村（カンポン）の緊密な社会単位から誕生し，親戚・友人・隣人を支援する責任の感覚を開発する精神でもある。マレー系経営者は相手の華僑経営者よりも「相互関係」に重点を置く。華僑人経営者よりも彼らのこうした高い階層への優先は，信頼できるリーダーシップへの強い傾向，トップ経営層における最高経営責任者の中央集権型意思決定，上司から部下への集権化された権限の委譲および上司から部下への命令などの存在を示す。さらに，マレー系経営者は緊密関係の価値観を重用し，調和（harmony），関係（relationship），互いの利便（give and take）関係を大事にする一方，華僑人経営者は勤勉さや金銭的報酬を重用し，インド系経営者は調和と年配の人物を重用視する。他方，華僑人経営者は相手のマレー系よりもとても物質的で，金銭的報酬によって動機を促せるが，通常，達成指向性を持つ（Abdullah, 2001; Lim, 2001）。一般的に，これら3つの民族は忍耐，年配への尊敬，礼儀，妥協などの価値観を持ち，組織行動の中に慎重に取り入れる。

マレー社会には古代から「mesu arat/consulation」（協議）の文化が存在し，何ごとについても相談すること，特に意見の相違や利害の対立がある際，関係者全員の意見を聞いた上で解決策を見いだす習慣がある。政府の指導機関はこの特徴を重視し，経済や経営関係の場においてもこの文化を実践するようになった。

マレー系の過去30〜40年における経営実務から累積された経営価値観をまとめると，集団主義，父親的温情主義，権利と階層に対する尊重，関係主義などである。父親的温情主義は階層的関係と相互関係の結果であると思われるが，近年には経営者が部下同士の直接の連絡を歓迎するようになった（Chan, 2009）。

さらに，マレー系マネジャーは経営においてイスラム教の文化的特徴や実務を実践する。例えば重要な事業の発足，業務の開始，日常の職務において天恵や「バラカー／恵み」（barakah）を祈る。イスラム教はシャリアー法によって作る鶏，牛，やぎ，羊のハラール肉を食べるが，非ハラールの動物や鶏肉，豚肉とそのソーセージ，ラード，ゼラチン，ショーニートニングなどがハラム（禁物）で，食堂に持ち込んではいけない。ハラール肉を作るにあたっては，その鳥と動物を殺す際にイスラム教徒が礼拝の詩を捧げることを要求する。イスラム教において

はあらゆる酒類はタブーであるため，職場の非公式的集合や外資系企業経営者との商談の場におけるアルコール類飲料は禁止である。

　マレー系ムスリムはあらゆる宗教儀式にまじめに取り組む。毎週金曜日は礼拝日であり，全ての男子職員はお昼の礼拝（ジュムアーのサラート）のためにモスクへ集まる。政府関係の事務所や民間企業は12時15分から14時45分まで休憩をとる。土曜日の午後も休みである。イスラム教徒は1日5回礼拝を捧げるが，職場に礼拝場所「ムサッラ」を設けるのは一般的である。宗教熱心な家族や従業員は仕事においてもまじめであることは定評がある（Nirenberg, 1979）。

　殆どのマレー系はイスラム教徒であるが，イスラムの伝統的な「土曜日から水曜日まで」の勤労日，金曜日の聖日，木・金を週末とすることを完全には守らない。13州のうち，プルリス，ケダー，クランタン，トレンガヌ，ジョホールの5州のみが政庁・機関が金曜日休みであり，日曜日が平日である。これらの州の政府機関でのアポイントメントを取る時，または民間ビジネス会社との会議の際，金曜日を予定に入れることに十分注意を払わなければならない。連邦首都クアラルンプールの場合は，ビジネスデーは月曜日から金曜日である。土曜日の午前中勤務する会社や政府事務所もある（Morrison, Conaway, and Borden, 1994; Sin, 1991）。オフィスアワーは通常8時から17時までで，昼休みは12時から13時までであるが，14時まで休みを取るところもある。祝祭日も州によって異なるが，イスラム教徒の多い州では他の宗教の祝祭日，例えば，復活祭，クリスマス，太陽暦の正月などにはお祝いをしない。

　イスラム教徒は年に1カ月間の断食をするが，これは月暦のラマダンに行われ，太陽暦には設定されておらず，太陽暦では毎年10日間早まる。この期間中，ムスリムたちは夜明けから日没まで飲食・性行為を避けるほか，虐言・悪口・怒りも避ける。ムスリム従業員がきつい仕事を避けることがあるが，他宗教の信徒や外資企業の非ムスリム経営者の理解が必要である。

　マレーシアの殆どの企業・工場は工業団地，輸出加工区，自由貿易区等，大都市の郊外に立地し，政府事務所はクアラルンプール，プトラジャヤ，ペナンなど都会に集中しており，ハリ・ラヤ・プアサ（イスラム教の断食月終了のお祝い），華僑正月，ディパ・バリ（deepavali），クリスマスなどの祝祭日に，従事者は故郷の町や農村（カンポン）へ里帰りする。大勢の従事者が一遍に帰省することで交通

機関に大変な混雑が起きる。こうした時期に，祝祭日の前後の勤務日に職場での欠席が多くなる一方，企業や政府事務所では人員不足が目立つ。特に，外国から政府事務所や国営部門への仕事をすることがあれば，こうした時期を避けることが好ましいであろう。

4. 華僑経営の特徴

マレーシア経済発展の初期，植民地時代には鉱山とゴムの団地において生産活動が広がり，労働力の需要が増え，この時期に中国系とインド系の労働者が契約労働者として移住してきた。労働契約が終わった後，熱意のあった中国人は，ビジネスマンになり，小さい店を鉱山とゴム産地の隣地内および農村に広げた。特に中国系の人は，商売の仲介人としてマレー系農家や漁師などから作物を買い取り，代わりに日常製造用品を販売した。錫とゴム作りの関係で小規模の陶磁および修理の店を持ち，後に錫の発掘などに技術を導入し，ビジネスの拡大と成功を成し遂げた。

現在，華僑人はマレーシア国民総所得の6割を支配し，所得税の90％を貢献すると共に産業やビジネスのあらゆる部門に欠かせない存在である。主要な華人企業グループにはKuok Brothers, Genting, Hong Leong Group, Rimbunan Hijau, Samling, Oriental, Lim Thian Kiat, Lion, Low Yat, Public Bank, Mosaics, YLT Corp., Berjaya, Ekran, Metroplexなどがある（表5-3）。

規模が大きくても株式市場に上場していない華僑企業はかなりあるが，大企業は業種，国や地域をまたいで，自己資本や銀行からの借入金に依存してビジネス活動を経営する。華僑企業の株式構成は複雑である一方，その資産の傘下企業の実態を正確に把握することも極めて困難である（朱, 2000）。それにもかかわらず，華僑経営は近代化の要素を取り入れ，人事，財務，マーケティング管理の諸側面において先進国経営精神や実務を導入している。権限と責任の分散はそれぞれであるが，大規模企業は大きな権限を集中させ，小さい権限を分散させる管理方式を採用する。一般的に，ブミプトラ経営と比較して華人経営ははるかに近代的である。

マレーシアにおける華僑経営の特徴には，占いや風水に頼る一面がある。塔の坊，秘術信仰，手相見など占いによって重要な意思決定の未来性に対する見解を

表 5-3 マレーシアの主要な華人企業集団とその業務内容

グループ名（総帥）	一族の資産額	主な業務内容
1 Kuok Brothers (Robert Kuok)	70億ドル	投資，ホテル，製造業，農園，不動産，海運，商業，通信，新聞・出版，金融，保険など
2 Genting (Lim Goh Tong)	55億ドル	投資，カジノ，リゾート，建設，不動産，農園，製造業，海運，電力，ガス・油田調査
3 Hong Leong Group (Quek Leng Chan)	55億ドル	銀行，金融，製造業，不動産，ホテル，新聞・出版，商業など
4 Rimbunan Hijau (Tiong Hiewking)	30億ドル	木材・加工，製造業，メディア，建設など
5 Samling (D. Yaw Teck Seng)	25億ドル	木材・加工，農園，不動産，投資など
6 Oriental (Loh Cheng Yean)	20億ドル	自動車組立・販売，不動産，製造業，ホテル，農園，商業など
7 Lim Thian Kiat (Lim Ah Tam)	20億ドル	金融，不動産，カジノ，製造業，農園，運輸，商業など
8 Lion (William Cheng)	10億ドル	鉄鋼，製造業，商業，不動産，農園，小売，金融，観光，建設など
9 Low Yat (Low Yat Chuan)	10億ドル	不動産，ホテル，建設，製造業，金融など
10 Public Bank (Tey Hong Piow)	10億ドル	銀行，金融，保険，製造業，不動産など
11 Mosaics (Lau Gek Poh)	10億ドル	木材，製造業，農園，不動産，商業など
12 YLT Corp. (Yeoh Tiong Lay)	10億ドル	建設，電力，不動産，製造業，投資，観光など
13 Berjaya (Vincent Tan)	10億ドル	製造業，カジノ，投資，不動産，商業など
14 Ekran (Ting Pek Khiing)	10億ドル	投資，不動産，建設，木材・加工，製造業，リゾート，商業など
15 Metroplex (Lim Siew Kim)	10億ドル	不動産，ホテル，カジノ，電力，商業など
16 Kuala Lumpur Kepong (Lee Oi Hian)	10億ドル	農園，製造業，不動産，投資，鉱業，商業など
17 Duta (Yap Yong Seong)	8億ドル	不動産，製造業，ホテル，投資，建設，観光など
18 MUI (Khoo Kay Perg)	6億ドル	製造業，不動産業，投資，小売，メディア，ホテル，金融など
19 MBf (Loy Hean Heong)	5億ドル	金融，不動産，電力，投資，製造業など
20 Tan Chong (Tan Kim Hor)	5億ドル	自動車組立・販売，製造業，不動産，電力，観光，投資など

＊資産額は 1996 年の状況を示す。
出所：朱（2000）より作成。

集めるケースが普段からある。華僑人は feng shui/ 土占い（geomancy）を信じるが，経営者，商人やビジネスマンの家族は家庭の専門占い師と契約を持ち，必要な時に相談をする。住宅やビジネス事務所の正門の方角，建物の設計，看板，事務室のレイアウト，照明装置，部屋の色彩設計，家具の色などが会社・経営者に不運幸運を運び，経営者が仕事のために事務所で座席する机の位置さえも仕事に不運幸運を持って来ることを信仰する（Sin, 1991; Chan 2009）。西欧の教育機関で教育や研修を受けた華僑人経営者も 21 世紀においてこのような考えを用いることは不思議ではない。華僑人経営者はアラビア数字の 4 を含む価格で取引を断る。不動産開発会社は 4・13・14 のアンラッキーな（unlucky）数字について敏感であり，部屋，階層，住宅などの番号をつける時に必ず避ける（Chan, 2009）。

　こうした不思議な一面があっても華僑人経営者は近代的経営道具の適用についてとても前向きである。例えば，後継者となる子どもを西欧のレベルの高い教育機関へ留学させ，社員の研修に西欧の経営戦略，組織，人的資源管理，マーケティングなどの最先端の技術を学ばせる。また，政府のインセンティブの下で産業地帯に工場を建て，外資系企業との合弁を形成の上で国際規模のビジネスも経営する。筆者はバンギおよびバヤン・レパス工業団地に所在する華僑人会社での聞き取り調査の際，人事開発においては企業の理念や社是社訓の教訓も行っていると聞いた。結局，華僑人起業家や経営者は近代的経営や技術をとても情熱的に取り入れている。

5. 経営の法的諸側面

　経営の法的側面は国家全体の共通のものであるが，マレーシアには最低賃金法は一部の企業に限って実行していたが，経済の全部門にはその影響はなかった。2012 年政府が「2012 年最低賃金令」を発表した後に，全ての業種は 2013 年から最低賃金制度を尊重するようになった。現在最低賃金が，マレー半島全地域では月額 900 リンギと時給 4.33 リンギであることに対して，サバとサラワク州や連邦直轄地ラブアンでは月額 800 リンギと時給は 3.85 リンギである。最低賃金制度は外国人労働者にも同様に適用される。以前，マレーシアの企業部門においては退職年齢を定めておらず，企業は各自定年退職を設定していた。殆どの企業は，暗黙ないし明示的に 55 歳を退職年齢としたが，2012 年に「最低定年法」が

制定され，退職年齢が60歳に定められた。企業はそれまで持続的に雇用することを義務づけられ，最低定年の前に実質的に退職させることができなくなった（ジェトロ：2013）。これ以外に他の法規制もあるが，ブミプトラ・中国系や外資系のあらゆる雇用者に適用することが義務づけられている。

6. 日本からの直接投資と貿易

マレーシアと日本の貿易および投資の歴史の始まりは1970年代である。日系企業はこの時期から積極的にマレーシア向けに投資を行い，現地子会社の設立やM&Aなどによって投資や貿易を拡大した。ゴム，錫，ボーキサイトなどの第一次産業製品を日本国内市場向けに輸出したが，後に製造やサービスを目的とする日本の直接投資がマレーシア向けに増加した。表5-4はマレーシアにおける日本からの投資の比較状況を示す。2013年12月31日現在，日本の世界全体に対する投資残高は117兆7,265億円である一方，アジア諸国に対するその残高は32兆6,945億円であり，マレーシアにおける残高は1兆3,913億円である。アジア諸国は日本の直接投資の約27%を占める一方，アセアン諸国は約12.20%，マレーシアは約1.18%を占める。アセアン諸国の中でマレーシアにおける日本投資の割合は約9.7%である。マレーシアは，歴史的に日本に対する最も深い友好関

表5-4 マレーシアにおける日本の直接投資（2013年末直接投資残高）

（単位：億円）

	合計	製造業（計）	食料品	繊維	木材・パルプ	化学・医薬	石油	ゴム・皮革	ガラス・土石	鉄・非鉄・金属	一般機械器具	電気機械器具	輸送機械器具	精密機械器具
アジア	326,945	202,370	12,050	2,727	4,638	27,242	1,546	6,849	7,571	19,154	21,219	39,128	47,512	4,915
中華人民共和国	103,402	76,418	3,757	1,496	2,494	7,211	33	2,043	1,944	6,944	11,613	15,045	20,068	1,155
香港	20,884	6,447	446	145	126	330	-	-	-	450	995	2,748	76	296
台湾	12,442	9,242	64	-	-	1,518	-	177	462	705	629	3,821	792	543
大韓民国	31,453	15,049	148	16	-	5,408	800	33	2,288	1,830	1,097	2,331	565	-
シンガポール	38,512	13,590	3,694	-	1	3,350	-	950	212	408	380	1,999	910	346
タイ	46,975	32,648	939	344	715	2,551	-	1,842	448	4,560	2,484	5,758	10,942	1,277
インドネシア	20,850	13,055	447	340	724	1,745	22	722	318	479	885	863	5,745	87
マレーシア	13,913	10,012	345	168	153	2,876	-	232	869	764	1,233	1,806	847	313
フィリピン	11,329	7,500	1,855	-	-	256	-	204	239	1,558	-15	2,175	873	172
ベトナム	11,369	7,232	319	74	238	507	418	361	491	928	741	1,081	1,278	488
ASEAN	143,575	84,404	7,615	942	1,834	11,515	714	4,323	2,577	8,702	5,709	13,762	20,595	2,687
インド	14,476	10,452	-	50	117	1,253	-	230	220	523	1,176	1,402	5,144	161
全世界	1,177,265	549,776	61,465	5,279	9,916	105,343	5,515	15,096	18,932	38,838	44,776	99,575	117,575	14,883

出所：http://www.boj.or.jp/statistics/br/bop/index.htm／

係を持ち，経済発展の諸段階においては，日本の投資を受け入れようとする経済部門の規制緩和，投資優遇措置の導入，日本との2カ国間の多様な貿易・投資協定の締結などを行ってきた。

2000年代にはマレーシアにおける日本の直接投資の姿勢が変化したが，2001年には（累積）投資額が49.8億米ドルだったのに対して2013年には93.1億米ドルに増加した。2001年における主要な投資国・地域の割合は，日本18％，アメリカ18％，中国16％，ドイツ13％，シンガポール12％，韓国9％，その他14％であったのに対して，2013年には日本12％，シンガポール15％，中国10％，ドイツ5％，その他58％であった（アセアンセンター，2014）。2001年における主要な投資分野は，電気・電子製品50％，紙・印刷・出版16％，非金属・鉱物製品9％，化学品4％，その他21％に対して電気・電子製品は28％，非金属製品15％，化学品12％，運送機器7％，その他38％であった（アセアンセンター，2014）。製造業部門における投資の副業種は，ガラス・土石，ゴム・皮革，電気機械器具，運送機械器具，精密機械器具，一般機械器具，食料品，鉄・非鉄・金属，化学・薬品，木材・パルプ，繊維などである一方，非製造業部門における投資の副業種は，金属・保険業，鉱業，運送業，卸売・小売業，農・林業，漁・水産業，サービス業などが主要である（アセアンセンター，2014）。

外資を求めたマレーシアの経済発展政策は古いものであるが，その基盤起動力は，日本の投資，技術や労働精神を導入しようとする，1972年に宣言された「ルックイースト」政策であったと言える（Khondaker, 1993）。1967年の経済のキーセクター向け税制優遇措置を規定する「所得税法」や1975年の工業開発の効率化と奨励対象業種を規定する「工業調整法」はその政策の基盤を整備していった。1970年代から1990年代にかけてマレーシア政府は現地原材料依存型（農業，漁・水産業，ゴム）製造業や輸出指向型製造業への外国直接投資開発政策を打ち出し，マレーシアにある原材料を基盤とする製造および輸出を目的とする製造に対する奨励政策の下で日本をはじめとする諸外資系企業に多様な優遇措置を与えた。

マレーシアは，外資を求め，産業施設を開発する目的で全国の各州・地域に工業団地，自由貿易区，輸出加工区などを設立した。2014年現在，296カ所のこうした産業施設が全国にあり，その州ごとの割合は，ジョホール23カ所，ケダ27

カ所，ケランタン7カ所，マラッカ25カ所，ネグリセンビラン17カ所，パハン17カ所，ペナン15カ所，ペラ30カ所，ペルリス4カ所，サバ11カ所，サラワク11カ所，セランゴール92カ所，トレンガヌ17カ所である。現地政府，民間や外資資本の多様な協力・契約の下で開発されたこうした産業地区は道路，電話，電気通信，排水，産業水，運送などの公共設備を整えた手頃な価格の産業土地や基準工業建物等を提供する（アセアンセンター，2013）。マレーシアのこうした施設はアセアン諸国の中で最善のものとしてみなされ，外資企業に大人気を浴び，日本企業のほぼ100％がこうした産業地域に立地されている。特に，外資系企業はワン・ストップサービスとして全ての認可・免許を獲得する一方，優遇措置以外にも機械，製造部品，原材料輸入および製造品の輸出用の全ての手続きを工場内の施設から完備できるようになっている。

2000年代以降，ハイテクノロジー投資活用，投資集約，技術集約産業への投資を歓迎し，サポーティングインダストリーの招致にも力を入れ，奨励のパッケージを改善した。こうした，政策の結果マレーシアは持続的海外直接投資の受け入れ先として注目を浴びている（アセアンセンター，2014）。

表5-5はマレーシア対内直接投資の2012年と2013年の状況を示す。マレーシアは2012年に記録した合計275億リンギの海外直接投資に対して2013年には357億リンギの投資を受け，そのうち1投資国家として日本は82億リンギを投資し，シンガポール（11.2％），米国（5.3％），イギリス領バージン諸島（6.0％）を抜いて全直接投資の約23％を占め，世界最大の投資国家ともなっている。2012年と比較して日本の対マレーシア直接投資は82億リンギ（37％の増加）に転じた。

さらに，最近日本からマレーシアの製造業部門への投資額が増えてきた。表5-6で参照している近年の主要な投資分野は輸送機器，プラスチック製品，製紙・印刷・出版，金属加工品，非金属鉱物製品，機械・機器などである。2011年と比べて2012年の総投資額が減少したが，前年に引き続き日本は投資国として首位である。2013年には製造業部門への日本投資がさらに約29％増加した。結論的に言うと，マレーシアの製造部門はまだ日本企業にとって魅力的な投資先である。現在ムスリム世界からハラール食料品製造などについて注目を浴び，こうした製品の製造社を集中的に創立させることを目的とする自由貿易団地の設立，こうした外資企業向けの奨励措置の導入，さらに2013年からクアラルン

表5-5 マレーシアにおける対内直接投資―日本と他の国や地域

(単位：100万リンギ)

国・地域	2012年金額	2013年金額	2013年構成比（％）
アジア・大洋州	19,496	18,029	50.5
日本	5,955	8,159	22.8
中国	46	182	0.5
韓国	368	376	－
シンガポール	7,005	3,983	11.2
タイ	182	843	2.4
オーストラリア	1,994	453	1.3
欧州	1,035	6,669	18.7
北米（NAFTA）	373	2,241	6.3
米国	245	1,905	5.3
中南米	5,436	6,380	17.9
ケイマン諸島	640	755	2.1
英領バージン諸島	1,702	2,127	6.0
合計（その他含む）	27,542	35,708	100.0

注意：構成比は引き上げ超過を「－」で記載しているため，合計は100％にはならない。
出所：マレーシア中央銀行から作成。これは，ジェトロ（2014）からの引用である。

プール国際空港にアウトレットパークの建設などによって日本からの投資を拡大する可能性があると考えられる（ジェトロ，数年）。マレーシアは海外直接投資を受け入れる工業地帯の開発および外資系企業を歓迎する制度の補給などを持続的に行っており，投資先として過剰効果を生み出している結果，依然としてアセアン地域に浸透しようとする企業の憧れの存在である。さらに，政治安定，国民の高教育や語学力，域内の他の国への進出や貿易の機会などの長所も多くある。

　最近マレーシアに投資やビジネス拠点を持つ日本の主要な会社は，AEON, Bridgestone Specialty, Fujikura Electronics, Hino, Honda, JSR BST Elastomer, Mazda, Mitsubishi, MEKTEC, Nikon, Nippon Steel & Sumikin Galvanizing, Nissan Motor, Panasonic Manufacturing, Panchi Kogyou, PTT MCC

第 5 章 マレーシアにおける人的資源管理 153

表 5-6 日本からマレーシア製造業への分野別直接投資の例

(単位：100 万リンギ)

2011 年		2012 年	
	金額		金額
電気・電子製品	9,061	ゴム製品	985
輸送機器	326	輸送機器	457
石油・石油化学	169	プラスチック製品	430
基礎金属製品	159	電気・電子製品	345
非金属鉱物製品	139	製紙・印刷・出版	193
金属加工品	84	金属加工品	169
プラスチック製品	67	非金属鉱物製品	106
化学・同製品	31	機械・機器	37
機械・機器	28	食品製造	33
木材・同製品	21	木材・同製品	24
合計（その他含む）	0,102	合計（その他含む）	2,793

出所：マレーシア投資開発庁（MIDA）。これは，ジェトロ（2013）からの引用である。

BIOCHEM, Sumitomo Shouji, Teijin, Toshiba Semiconductor, Toyota, UACJ, UNI-CHARM などであり，自動車産業がその中心であった（ジェトロ，2013 and 2014）。時代によって進出した日系企業類の変化があったが，歴史的に製造分門の企業が多かった。

マレーシアの貿易においても日本は重要な役割を持ち，中国やシンガポールに次ぐ大きな貿易相手国であるが，近年対日貿易シェアが低下し，貿易総額に占める日本の割合は 2010 年 11.4％から 2013 年に 9.9％に低下した。2012 年や 2013 年は，日本がマレーシア輸出の 11.9％と 11.1％を占め，輸入においてその割合は 11.9％と 8.7％であった。特に，この 2 年間の対日輸出の 54.4％は天然ガスであったのに対して輸入の 15％は熱電子管や太陽電池であった（ジェトロ，2014）。現在，マレーシアから日本への主要な輸入物は，液化天然ガス，熱電子管，石油・原油，ベニア単板・合板，加工木材，石油製品である。また日本からマレーシアへの輸出物は，熱電子管，太陽電池や部品等，自動車，運送機器，鉄鋼製チュー

ブ・パイプ，電気機械・関連装置，電気器具，抵抗器，プリント回路，配電盤と制御盤などである（ジェトロ，2013）。21世紀に入ると，マレーシア経済が，第一次産業から第二・第三次産業へ転換し，輸出入双方においては産業製品や高付加価値の製造物が増えてきた。現在，マレーシアから日本向けの食料品，繊維，非金属鉱物製品，木製品などの輸出は非常に減少した。

7. 日系企業の人的資源管理諸側面の調査

筆者は，在マレーシア日系企業における人事管理の諸側面を理解する目的で実施したアンケート調査の結果を発表した（コンダカル・村田，1999；Khondaker and Murata, 2002）。人事管理の広範囲にわたる領域の中で，採用，昇格制度，報酬や労使関係の側面について調査を行った。ここでは日系企業が，終身雇用制，年功序列，企業別労働組合といった，いわゆる日本的経営の三種の神器をどの程度までマレーシアの現地に移転しているかについて，結論づけることを目標とした。一般の予測では，日本的人事管理の全面的な現地移転は，困難もしくは不可能であるとされている。それゆえに，日系企業は，本国の経営技術のうちそのいくつかをまず現地化し，進出先の社会，経済，法律，組織などの諸環境に合致させる試みを行っている。同時に，日本と同じような環境をつくり人材を育成するために多様な政策にも着手しているので，結果的には，日本的人事管理のいくつかの側面は移転可能となっている。

7.1 調査方法

マレーシア，ペナン州にある日系企業21社にアンケート調査を行った。調査対象となった企業は，日本貿易振興会（JETRO）クアラルンプールセンターが発行する，「在マレーシア日本企業マニュアル」の中から無作為に抽出したものである。マレーシア国内での操業活動が5年未満の企業は調査対象から除外した。調査に先立ち，操業および経営の現地化がある程度まで達成されるには最低5年はかかる，という仮説を立てた。しかし，仮に日本的雇用体制の完全な現地化が可能だとしても，これを成し遂げるためには，1人の新卒労働者が定年まで1企業に勤務する年数に相当する時間が必要となる。マレーシアでは，高卒者は18歳，大卒者は21歳ないし22歳で，一般的な退職年齢は55歳から60歳の間であ

る。大卒者の場合，被雇用年数は 33 年から 38 年間となる。マレーシア国内，特にペナン州でこの年数に匹敵するほど古くから操業を続けている日系企業の数はそれほど多くない。従って，日本的経営の浸透具合についての調査はあえて行わず，人事管理における日本的経営がマレーシアの労働環境に定着しつつあるのかどうかを調査することに専心した。

アンケート用紙と人事管理担当者との面談を要請する手紙を，あらかじめ調査対象の企業に郵送した。ペナンの現地まで 3 回訪問し，面談を行った。アンケートの回収率は 100％であった。いずれの企業も面談の際，日本から派遣された最高経営責任者（CEO-社長）が同席した。オフィスで面談した後，工場，生産ラインもしくは生産工程，社内食堂などの主要施設を見学した。次に，2012 年 2 月に再度ペナン州を訪問し，調査した企業の経営者との面談を行った上で経営の現状と変更を確認した。

7.2　調査対象企業の概要

1996 年 6 月現在，マレーシアにおける日系企業の数は 1,346 社であり，そのうち 129 社がペナン州に位置する。このうち 101 社が製造業分野，28 社が非製造業分野に従事している。2009 年 4 月現在，在マレーシア日系企業数は 1,432 社にのぼり，そのうち 111 社がペナン州に立地する。アンケート調査では，製造業分野から 28 社（製造業分野全体の 21％）を抽出した。表 5-7 に示したとおり，業種別内訳は，電気および電気製品分野が 9 社（43％），繊維および繊維製品分野が 6 社（29％），石油および化学製品分野が 6 社（29％）となる。この 3 つの業種に絞って調査対象企業を抽出した理由は，ペナン州における直接海外投資の大部分がこれら 3 業種に集中して行われており，当地域での操業期間が他の業種と比べて長くなっているからである。自由貿易区に立地する企業は 12 社（57％），工業団地内に立地する企業は 9 社（43％）である。これらの自由貿易区と工業団地は全て，ペナン州における開発の計画および実施を担当する唯一の政府機関である，ペナン開発公社によって開発されたものである。

表5-7 調査対象企業に関するデータ

在ペナン州日系製造業企業数		101（100）
調査対象企業数		21　（21）
調査対象企業の業種別内訳		
電気および電気製品	9（43）	
繊維および繊維製品	6（29）	
石油および化学製品	6（29）	21（100）
調査対象企業の所在		
自由貿易区（プライ8, バヤン・レパース4）	12（57）	
工業団地（プライ7, バヤン・レパース2）	9（43）	21（100）
平均派遣従業員数（本社からの派遣に限る）		4.17
平均操業年数		35.5

注：かっこ内の数字は全体に対する割合を％で示す。

7.3　日系企業の人事管理調査結果の分析

7.3.1　採用制度

　マレーシアでは，製造業分野における雇用に関して，国の定めるいくつかの法律がある。1969年の民族間暴動のあとに導入された1970年新経済政策は，ブミプトラの雇用機会増加，特に，マレーシア製造業における積極的なブミプトラ雇用を目指した。この法律をみると，1990年までに，製造業における人種別雇用構成比率はマレー系が50％，中国系が40％，インド系が9.6％，そのほかが0.4％となっている。本調査の対象となった日系企業は新経済政策を厳守しており，平均で，マレー系63.7％，中国系27.2％，インド系9.1％を採用していた。94％がマレー系という企業も1社あった。男女の割合をみると，特に繊維，電気および電気製品分野において，女性労働者を採用する傾向がはっきりしている。コンピュータ・オペレータ，タイピスト，受付，秘書などの専門職および簡単な事務作業においては，女性が高い割合を占める。派遣従業員数は平均4.17人で，その殆どが幹部管理職が生産部門に属している。

　調査対象企業が属する3業種の技術水準は様々ではあるが，従業員の学歴に気を遣っていることは共通している。従業員の学歴内訳は，中卒42.3％，高卒

32.3％，技術学校卒13.8％，大卒11.6％となっている。アメリカのビジネス・スクール卒業者（MBA）を採用する企業が2社あったが，国内ビジネス・スクール卒業者は各社にあった。また，調査対象企業の殆どが英会話能力を重視していることがわかった。これは外国籍従業員とのコミュニケーションを容易にするためである。

　表5-8は，従業員の職種別にみた採用条件の重要度を示す。一般労働者を採用する場合，「現地採用枠（マレー系）の定員」（21社），「健康状態」（21社），「実践的な経験の有無」（21社）が「最も重要」となっている。「学歴」，「年齢」，「性別」，「婚姻状況」は「やや重要」と考えられる。監督者では，「実践的な経験の有無」（21社），「婚姻状況」（21社），「健康状態」（15社）が「最も重要」な条件となっている。「学歴」，「人格」は「やや重要」であった。殆どの一般労働者が女性で，監督者は男性であるため，監督者は既婚者が望ましいとされる。また，一般労働者の訓練，開発，管理にあたるので，より実践的な実務経験が必要となる。中堅管理職および幹部の場合，「実践的な経験の有無」（21社）と，「健康状態」（21社）が「最も重要」とされる。「学歴」（20社），「人格」（16社）は「やや重要」となっている。管理職上層部については民族性を重要視する企業もある。これは，自分と同じ民族出身の従業員の態度，考え方，物事に対する姿勢などをより深く理解することで，仕事や人事問題を効率よく処理できるようになるからである。「実践的な経験の有無」が最重要条件となっていることから，依然として日系多国籍企業が企業外一般労働市場からあらゆる階層の人々を雇用していることがわかる。換言すれば，マレーシアでは，日本の習慣とは逆に，中堅管理職の採用が幅広く行われているということである。

　採用時期とその方法は職層によって異なる。一般労働者（事務職と現場作業職）と監督者の採用は，必要に応じ，1年を通じて行われているが，上層部，特に管理職レベルについては，調査対象の日系企業は，新人の採用あるいは昇格を積極的に進め，グループ意識，管理職の結束といった日本企業の精神文化を植え付けたいと考えている。しかし，下層職の通年採用ができず，訓練あるいは教育プログラムを集中的に実施できないため，熟練者の採用に拍車がかかっている。こうしたことから，2社では，全ての一般労働者は，3カ月間の見習い期間を経てから最終的に採用を決定することにしている。求人やその職種は通常，新聞広告，

表5-8 採用条件の重要度（職種別）
(1=最も重要　2=やや重要　3=どちらでもない　4=あまり重要でない　5=重要でない)

条件	一般労働者	監督者	中堅管理職	幹部
学歴	2 (12)	2 (19)	2 (20)	2 (19)
実践的な経験の有無	1 (21)	1 (21)	1 (21)	1 (21)
年齢	2 (21)	3 (15)	3 (18)	3 (19)
性別	2 (21)	5 (14)	3 (16)	3 (19)
婚姻状況	2 (19)	1 (21)	5 (15)	5 (20)
健康状態	1 (21)	1 (15)	1 (21)	1 (21)
人格	3 (13)	2 (15)	2 (16)	1 (20)
留学・海外研修経験の有無	5 (21)	5 (17)	3 (19)	3 (15)
外国企業での勤務経験	5 (21)	3 (11)	3 (13)	3 (12)
現地採用枠の定員	1 (21)	1 (9)	2 (21)	2 (5)
民族性	4 (11)	4 (9)	5 (12)	5 (11)
その他（具体的に明記する）				

注：かっこ内の数字は企業数を示す。

社内掲示板などで知らされる。例外的に，現従業員の紹介で採用することもあると答えた企業が3社あった。求職者が雇用者に直接連絡を取ることもある。繊維および繊維製品部門の企業の場合，人材あっせん会社を通じて労働者，特に外国人労働者を調達する。1社では，マレーシア科学大学（Universiti Sains Malaysia）工学部の学生に奨学金を提供し，有能な技術者の確保に努めている。

　新経済対策，すなわちブミプトラ政策の精神に合致するよう，多様な民族グループで労働力を構成しながら，求職者の中から最良の人材を選ぶという点で，企業の採用プロセスは多岐にわたっている。熟練中堅職者が以前として広く採用されているのはこのためである。転職が一般的であるため，多国籍企業勤務経験者のみならず国内企業勤務経験者の採用に対しても「ネバーマインド政策」を適用する企業があるが，日系企業の間には，在マレーシア日系企業での勤務経験を持つ転職者を採用しないという暗黙の協定が存在する。これは，日本的雇用慣行の明らかな影響であると考えるが，マレーシアの子会社の経営においてもかなり

強く現れていることを意味する。日系企業からの転職者は，他の多国籍企業あるいは国内企業のいずれにおいて，日本的経営の下で獲得した技術や経験が通用することが日本的経営の移転に役立っていると考える。

7.3.2 昇格制度

社内でより上の職層への昇進ができるという制度は，従業員に長期間働いてもらうための日本的経営戦略の1つである。通常，年功序列型昇格制度と呼ばれるこの制度は，いわゆる企業内労働市場を生み出すもので，従業員の社内異動を行う。管理者は企業内労働市場を制度化するために，高い報酬を支給する以外に，研修，ジョブローテーション，実地訓練，教育，自己評価，自己啓発，上司による人事評価などの計画を慎重に執り行う。最初の昇格は，採用後連続5年目に行われるのが一般的である。この段階では，仕事の効率，指導力，管理能力はあまり重要視されない。しかし，その後の昇格はとても競争的であるが，現職者が指導力，実務経験に優れ，会社目標達成のための計画や政策を発案，実行する高い能力を備えている場合には，年功序列に基づいて行われる。

表5-9は，調査対象の日系企業が従業員昇格の際に導入している昇格条件の重要度を示している。「仕事の能率」，「総合的な能力」，「出勤率」が，全職種において「最も重要」な条件とされている。一般労働者は，日系企業に採用される前に他の企業での実務経験を持っていることが多いため，「年功」（15社）と「勤続年数」（14社）は，「どちらでもない」となっている。監督者の場合は，「仕事の能率」（21社），「総合的な能力」（21社），「年功」（17社），「勤続年数」（19社），「学歴」（18社）が「最も重要」とされる。一般労働者と監督者については，新経済政策で規定されている人種別構成比率を順守する傾向にあるため，「現地採用枠の定員」は「やや重要」となっている（それぞれ11社と13社）。中堅管理職および幹部で「現地採用枠の定員」が「あまり重要でない」となっている点は，採用条件に関する回答と相反しているようである。しかし，日本的経営方式に従って中堅管理職および幹部の昇格を行う場合，「年功」，「勤続年数」，「管理能力」が重要視される。中でも，「年功」と「勤続年数」が際だって重要である。これは，企業側が安定した労働力を増強したいと常に望み，社内昇格制度が同一企業で長期間働くためのモチベーションとなっているためである。全ての調査対象企

表5-9 昇格条件の重要度（職種別）
(1=最も重要　2=やや重要　3=どちらでもない　4=あまり重要でない　5=重要でない)

条件	一般労働者	監督者	中堅管理職	幹部
年功	3（15）	1（17）	2（19）	1（20）
仕事の能率	1（21）	1（21）	1（21）	1（21）
勤務年数	3（14）	1（19）	2（17）	2（19）
総合的な能力	1（20）	1（21）	1（21）	1（21）
学歴	4（15）	1（18）	1（20）	1（21）
海外研修経験	5（19）	5（16）	5（15）	4（19）
過去に担当した職場数	5（18）	5（20）	5（18）	5（19）
性別	5（15）	5（19）	5（16）	5（18）
出勤率	1（19）	1（21）	2（19）	2（19）
現地採用枠の定員	2（11）	2（13）	4（15）	4（17）
民族性	4（9）	5（15）	5（15）	5（13）
その他（具体的に明記する）				

注：かっこ内の数字は企業数を示す。

業が，最低1回は従業員を研修のために親会社へ送っているので，「海外研修」は昇格のための特別な条件と考えていない。「過去に担当した職場数」は「重要でない」にランクされている。これは，マレーシアでは，日本とは異なり，ジョブローテーションが広く浸透してないことや幹部はそれぞれの分野の専門家であることが多いためである。

　上述の一般論に対して，いくつもの例外がみられる。例えばある企業は，技術者と生産部門従事者だけを日本の本社での研修に参加させている。本社から研修担当者を派遣し，監督者に社内集中研修を受けさせるという企業もある。自己評価制度を導入する企業もあり，従業員は15項目について評価され，その結果は，取締役までの上層部の管理職者によってチェックされる。この評価の結果は，昇格の際に考慮される重要な条件となる。昇格条件として，「人格」，「指導力」を重要とする企業も1社ある。

7.3.3 報酬制度

調査対象の日系企業は各社特有の労働状況に基づいて，賃金支払い制度を発展させてきた。その一方で，マレーシア国内の雇用規制に十分な注意を払うよう求められている。一般に，どの職種に対しても，インセンティブ賃金制度よりも固定賃金制度を採用しているが，賃金総額は企業によって異なる。

表5-10は，従業員の職種別にみた報酬条件の重要度を示すものである。一般労働者をみると，「仕事の能率」（20社），「最低賃金に関する規定」（20社），「出勤率」（20社）が報酬支払い条件の中で「最も重要」とされている。さらに，「年功」（19社），「1日の労働時間」（12社），は「やや重要」，「基礎教育の有無」（15社）および「そのほかの資格」（15社），「手当・ボーナス」（20社），「付加給付金」（20社）は「どちらでもない」となっている。監督者の場合は，「仕事の能率」（20社），「基礎教育の有無」（16社），「出勤率」が「最も重要」とされている。「1日の労働時間」（12社），ペナン熟練労働者開発センター（Penang Skill Development Centre）のような職業訓練機関での研修などの「そのほかの資格」（16社），「最低賃金に関する規定」（19社）が「やや重要」，「年功」（19社），「手当・ボーナス」（20社），「付加給付金」（20社）は「どちらでもない」となっている。中堅管理職では，「仕事の能率」（20社），「基礎教育の有無」（18社），「そのほかの資格」（18社）が「最も重要」とされている。また，「年功」（20社），「1日の労働時間」（11社），「出勤率」（19社）が「やや重要」，「手当・ボーナス」（20社），「付加給付金」（20社）が「どちらでもない」となっている。幹部については，「仕事の能率」（20社），「基礎教育の有無」（20社），「そのほかの資格」（20社）が「最も重要」とされている。続いて，「年功」（19社），「出勤率」（18社）が「やや重要」，「手当・ボーナス」（19社），「付加給付金」（19社）は「どちらでもない」となっている。

上記の報酬条件ランクの結果から，在マレーシア日系企業では，「年齢」と「性別」が従業員への報酬支払い条件としては全く重要でないことが理解できる。どの職層においても，男女間の賃金格差が殆どない。「年功」，「仕事の能率」，「出勤率」は全ての職種において一様に重要とされる。転職は極めて深刻な問題であり，また生産能力を最大にして操業するためには雇用の安定が必要不可欠であることから，出勤手当を支払う企業もある。しかし出勤手当は報酬の中核要素にはならない。ある企業はペナン州にあるほかのどの多国籍企業よりも高い賃金

表5—10　報酬条件の重要度（職種別）

(1=最も重要　2=やや重要　3=どちらでもない　4=あまり重要でない　5=重要でない)

条件	一般労働者	監督者	中堅管理職	幹部
年齢	4 (20)	4 (17)	5 (19)	5 (19)
年功	2 (19)	3 (19)	2 (20)	2 (19)
仕事の能率	1 (20)	1 (20)	1 (20)	1 (20)
一日の労働時間	2 (12)	2 (12)	2 (11)	5 (15)
基礎教育の有無	3 (15)	1 (16)	1 (18)	1 (20)
そのほかの資格	3 (15)	2 (16)	1 (18)	1 (20)
最低賃金に関する規定	1 (20)	2 (19)	4 (19)	5 (17)
性別	5 (20)	5 (19)	5 (20)	5 (20)
手当・ボーナス	3 (20)	3 (20)	3 (20)	3 (19)
付加給付金	3 (20)	3 (20)	3 (20)	3 (20)
出勤率	1 (20)	1 (20)	2 (19)	2 (18)
その他（具体的に明記する）				

注：かっこ内の数字は企業数を示す。

を払っていると堂々と宣言している。従業員1人ひとりの賃金を取締役が決定し，賃金体系を特に定めていない企業も1社ある。この企業では，ある従業員の業務に対して特定の金額を支払うかどうかの決定は，殆どの場合，その業務あるいは職種の市場価格に基づいてなされている。また，労働者との間に利益分配制 (profit-sharing scheme) も導入されている。さらに，この会社では，管理職が従業員を厳しく監督する一方，業務成果について従業員の1人ひとりと話し合いをする場も設ける。

マレーシア労働法は，最低でも1カ月分の給与あるいは賃金に相当するボーナスを年末に支払うことが雇用者に義務づけられている。本調査の対象となった日系企業全体は，この法定ボーナスだけでなく，能率に応じたボーナスも事務職員，監督者および生産部門労働者に支払っている。ボーナスの金額は月給の1.5カ月分から2カ月分に相当する。2カ月分を超えるボーナスは，その超過分に課税され，雇用者に納税義務が発生する。この法的拘束がなければ，さらに高い

ボーナスの支払いが可能であったと思われる。回答者の中には、労働者の生産性がとても高く、マレーシアでの操業は高い利益をもたらすと主張する者もある。この規制が導入される以前は、6カ月ないし1年分の賃金に相当するボーナスを年末支給する企業さえもあった。在マレーシア日系企業が支給するボーナスは、短期的インセンティブ制度と直接関連するものではなく、収入の補足と総利益の配分のためのものである。2カ月分程度の賃金に相当するボーナスを支給する現行制度は、必ずしも労働者の手取りが以前よりも減ったことを意味するものではない。過去20年間において、労働者の総賃金は、マレーシアの経済発展に伴って極めて急速に増加している。

調査対象企業では、ボーナスとは別に、社員食堂、食費補助、1日2回の休憩時間、社員寮、健康診断および診療、通勤のための送迎バス、スポーツ施設、制服、晩餐会など、様々な福利厚生の機会を与えている。また、マレーシアでは法規制の対象となっている被雇用者の共済基金制度にも出資している。殆ど全てのサンプル企業が退職時の一括払い年金の支払いに備えている。

以上の結果から、在マレーシア日系企業は、日本的経営スタイルを実行する代わりに、従来他の外資系企業が慣習的に行ってきたこと以外に、法律、規制など現地条件に適合するための努力をしていることは明らかである。日本では依然として「年功」主体に賃金が支給されているが、マレーシアにおいては日本以上に「仕事の能率」が重要視されている。こうした傾向は現地の労働市場状況の影響によるものと考えられるが、一般に日系企業が本国の能率給制度を順守する米国系およびヨーロッパ系企業のやり方をまねるとも言える。しかし、ボーナスと退職手当をのぞく福利厚生制度は、日本で提供されるものとは質的に異なると言えない。これらの制度は、現地の人々を日系企業でできる限り長期間働こうとする意欲を持たせる。

7.3.4 長期雇用関係安定化のための方策

日本的経営の中核は終身雇用制であり、被雇用者は定年退職までの全生涯を同じ雇用者に委ねることになる。終身雇用制にはその基礎を支える2本の柱がある。すなわち、(a)「年功序列型の昇格」：従業員の勤務実績の長さと業績によって職層があがる。(b)「年功序列型の賃金」：勤続年数に従って賃金が自動的に

上昇する。日本国内の労働環境においては雇用者，被雇用者双方が，互いに様々な措置を講じて終身雇用制を維持している。

マレーシアにおける雇用関係は短期的で，特に下部の職層においては転職は殆ど不可避である。調査対象日系企業の中には，操業当初の段階で，1年に50％を超える異常に高い離職率を記録したところもある。日本では安定した労働力を使って操業することが慣習化しているため，長期的な雇用関係を創り出す努力を常に行っている。このため，サンプル企業は，様々な方法を使って，従業員ができるだけ長い期間にわたって勤務するようにしている。表5-11 からわかるように，90.5％以上（19社）が社内昇格制度を採用し，85.7％（18社）が競合企業よりも高い賃金を支払い，90.5％（19社）がボーナス支給と日本の親会社での研修および教育に力を入れ，76.2％（16社）が付加給付金を支給，さらに61.9％（13社）が年功序列型昇格制度を実施している。どのサンプル企業も，表5-11 に挙げた対策以外に，それぞれの労働状況に応じて，従業員を長期にわたって確保できる対策を策定している。

上記対策はそれぞれ，制度化のための対策，モチベーションのための対策，支援のための対策として説明可能である。「社内昇格制度」および「年功序列型昇格制度」は終身雇用制度の原型の制度化を目的とし，「親会社での研修・教育」，「キャリアプランニング」，「ジョブローテーション」，「小集団活動」，「中途採用を差し控える」，「付加給付金支給」などは，終身雇用制度を支援するために採用される対策である。「競合企業よりも高い給与を支給する」，「福利厚生の機会の拡充」，「諸手当の増加」，「ボーナス支給」，「昇格の機会増加」，「安定して仕事を与える」などは，同一の雇用者の下で勤務するためのモチベーションである。自社以外の日系企業での勤務経験を持つ人材の採用に前向きでない企業もあるが，転職者の意気喪失を招く重大な足かせとなっていることは事実である。中でも，従業員の個人的な問題について管理者が共感を持って接することは企業への忠誠を保障するための人情的な方法である。これら全ての結果として，日系企業で働く現地従業員の間には，勤続年数が長くなる傾向が現れている。

7.3.5　人事管理調査からの推論と結論

これまで述べてきた人事管理の3つの側面，すなわち，在マレーシア日系企業

表5-11　長期的雇用関係育成のために採用した対策

採用した対策の種類	企業数	全体に対する割合（%）
社内昇格	19	90.5
競合企業よりも高い給与を支給する	18	85.7
福祉施設の利用促進	15	71.4
諸手当の増加	15	71.4
ボーナス支給	19	90.5
付加給付金支給	16	76.2
年功序列型昇格制度の導入	13	61.9
親会社での研修・教育	19	90.5
昇格の機会増加	9	42.9
上司が共感を持って接する	16	76.2
キャリアプランニング	14	66.7
ジョブローテーション	9	42.9
安定して仕事を与える	10	47.6
小グループ活動の実施	14	66.7
中途採用を差し控える	6	28.6
その他（具体的に明記する）		

注：21社中，20社が長期雇用関係を強化していると回答した。

における採用，昇格，報酬に関する考察から，多くのことが推論できる。まず最初に，在マレーシア日系企業では，雇用に関するマレーシアの法規制だけでなく現地の習慣にも合わせた人事管理制度が採用されていると言える。また同時に，本国の経営方式を実行する努力も怠っていない。雇用時の人種別構成比率の維持，固定賃金の支給，一定月分の賃金に相当するボーナス支給などは，法によって現地雇用を抑制するものである。多国籍企業はその本拠地がどこであるかにかかわらず，法律を厳守する義務がある。こうした禁止措置もしくは習慣は，本国の経営方式を移転する過程で障害となる。しかしこうした障害があるからこそ，独特のものを形成し，経営の現地化プロセスに弾みがつくとも言える。

日系企業は，日本的方式を先発的に導入する場合もあるが，採用と昇格に関してはかなりの程度まで現地化を完了している。採用制度は形成期にあるため，不安定な面がある一方，上層管理職の採用についても十分に検討する時間がない。これは，需要という観点からみた熟練労働者の供給がマレーシアでは不十分であるため，多国籍企業は企業外一般労働市場でのヘッドハンティングを余儀なくされていることに原因がある。経済活動の成熟に伴い，この方法は主流からはずれ，経験のある中堅管理者を雇用するよりも新卒者を採用することに重点を置く企業が飛躍的に増加するであろう。教育および人的資源開発における最近の傾向は，現行の通年採用制度を変えていくことになるかもしれない。

　昇格の際に年功と勤続年数を重要視することは，日系企業が企業内労働市場を開発することによって，雇用の安定化を目指そうとしていることを暗に示すものである。しかしながら，企業内労働市場は，外国人労働者の雇用が可能であること，国内人口が少ないこと，華僑系およびブミプトラ系企業と欧米を本拠地とする異なるカテゴリーの多国籍企業などの一般労働市場の当事者の間で，企業内労働市場に対する理解が得られないことなどの理由から，それほど簡単に根付くものではない。しかし日系企業は，操業と経営における調和と継続を達成するために雇用の安定を強く推進し，その結果として，被雇用者をできる限り長期間にわたって確保するための総合的措置を採用している。これによって日本的人事管理制度をマレーシアに移転する可能性の促進と拡大につながることが期待できる。

　マレーシアは多民族社会であり，国民の技術と手先の器用さは民族グループによって様々である。華僑系とインド系民族は勤勉でよく働き，不屈の企業家精神と才能を持っている。一方マレー系民族は仕事に対して比較的甘い。一般に，マレーシア人労働者は，勤勉，忠実でねばり強く，学習意欲が旺盛であることが特徴とされる。特に女性労働者は，とてもまじめで，実地訓練での研修が容易である。しかし，頻繁に転職するため，技術形成，技術蓄積が極めて困難である。日本的経営による，年功序列型の賃金および昇格制度ならびに長期化された雇用関係が，実地訓練，教育，従業員の自己啓発などを強化している。日系企業は，従業員の確保と従業員の生産性の常時誘発に努めている。こうして，マレーシアにおける技術形成と技術蓄積のプロセスが長期的に加速されていくと思われる。

　日本的経営の諸側面がどの程度や規模でマレーシア国内の現地企業で実行され

ているかが，大きな疑問として残っている。日本の労働倫理と経営体制を導入し，マレーシアの経済実績と生産性を向上させることを強調する「ルックイースト政策」は，マレーシア人企業家や経営者が日本的経営の諸側面を習得，実行するにあたり大きな影響力となった。しかし，日本の様々な経済危機と経営破たんは，日本的経営制度の効率に対して重大な疑問を投げかけたものである。日本がいかに細心の注意を払って効率よくこうした国内問題に対処していくかが，マレーシアなど世界各地で行われている日本的経営の未来を決める重大なカギになると言える。

8. 総合結論

　以上の3つの経営制度，すなわち，ブミプトラ経営，華僑人経営，日系企業経営の研究を次のようにまとめることができる。マレーシアのもともとの国民であるブミプトラ人は他の民族と比較して遅れて企業経営を行っている。最初の段階で経営の知識がなかったにもかかわらず，政府の指導の下で近代的企業を発足・経営することができている。華僑人と比べて経営の経験が浅いかもしれないが，過去30～40年の間はマレー系の若年層は国内や先進国での教育を受け，職歴や経験を蓄積して，それを企業経営に持ち込む。こうした出発からブミプトラ企業は最先端の経営ノウハウの下で近代的ビジネス部門を営むことができている。これは，ブミプトラ企業経営を形成する時期で，離陸のための準備時期でもあると考え，いずれか先進的経営システムへの展開の弾みともなる。現時点においてはブミプトラ企業経営が形成時期を経て離陸の段階までに至っていると言える。そこに，企業は社会や文化的様相を経営慣習の中に入れようとしている。

　華僑人経営の歴史は比較的古いが，制度として強さがある一方近代的経営の様相も計画的に取り入れようとする。大規模な華僑企業は国際的スケールでビジネスを経営するため国際的経験が豊富である。また，マレーシア対内に進出する多国籍企業も優先的に華僑人企業とのM&Aや他のパートナーシップを形成する。結局，新技術の導入や経営ノウハウの学習についてブミプトラ系経営と比較して華僑企業は有利な立場にある。迷信的であると考えても，華僑人が文化の伝統的な様相を経営実践に持ち込むことは経営に独自性を持たせる。

　マレーシアにおける日系企業の人的資源管理の諸側面は日本国内のシステムと

どれぐらい類似し異なるかは議論すべきことである。実際に，日系企業は現地に雇用法規則や政府の国家政策を尊重しながらビジネスを経営する。現地の法律様相，職習慣，本社の経営方針を交えて，経営の現地化を促進することは大きな課題であると思われる。

最後に，上述の3つの経営スタイルはそれぞれのニーズに応じて独自性を保守すると共に，互いの経験の交換を行い，近代的経営の精神や道具を受け入れ，持続的近代化の方向へ進むと予測する。

謝辞：本節の一部はアジア経営学会第22回全国大会にて「マレーシアにおけるブミプトラ企業の経営」のテーマで発表したものである。査読者，コメンテーターや発表したセッションに参加された皆さまから多くのコメントや指摘を受け，抜本的に修正した。全ての皆さまおよび日本語文を直して下さった願興寺ひろし教授および安藤沢弥君に感謝を申し上げる。

参 考 文 献

アセアンセンター（2013）．「ASEANと日本の架け橋」，http://www.asean.or.jp/about/country_info/malaysia/invest_info/industrialestate.html（accessed on September 10, 2016）．

アセアンセンター（2014）．「マレーシアの投資環境」，http://www.asean.or.jp/about/country_info/malaysia/invest_info.html（accessed on December 12, 2016）．

Abdullah, S.H. (2001). "Managing in the Malaysian Context". in *Management in Malaysia*, Second Edition, Kuala Lumpur: Malaysian Institute of Management.

ASEAN-Japan Centre (2014). *ASEAN Information Map*, Tokyo, November.

Bumiputra-Commerce Holding (2015). "Bumiputra-Commerce Holdings Berhad", http://www.cimb.com/ (accessed on January 28, 2015).

Chan, Sow Hup (2009). "Management in Malaysia", in Hasegawa, H. and Noronha, C. (Eds.) *Asian Business & Management – Theory, Practice and Perspectives*, New York: Palgrave MacMillan.

Dahlan, H.M. (1991). "Local Values in Intercultural Management", *Malaysian Management Review*, 1: 45-50.

Economic Planning Unit (2015). "Enhancing Bumiputra Economic Community (BEC) Opportunities to increase Wealth Ownership", Putrajaya: Prime Minister's Department.

福永雪子（2010），「ブミプトラ政策改革に踏み出したマレーシアナジブ新首相〜ポストマハティールの本格政権を築けるか」『経済レビュー』，三菱東京 UFJ 銀行。

Gupta, V., Suries, G., Javidan, M., and Chhokar, J.（2002）. "Southern Asia cluster: where the old meets the new", *Journal of World Business*, 37: 16–27.

Hofstede, Geert H（1991）. "Management in a multi-cultural society", *Malaysian Management Review*, Vol.26, No.1, pp. 3–12.

House, R.J., Hanges, P.J., Javidan, M., Dorfman, P.W., Gupta, V., and GLOBE（Eds.）（2004）. *Cultures, Organizations, and Leadership: The GLOBE Study of 62 Societies*, Thousand Oaks, CA: Sage.

Imaoka, Hideki（1985）. "Japanese Management in Malaysia", *Southeast Asian Studies*, Vol.22, No.4, March 1985, pp. 339–356.

Indexmundi（2014）. "Malaysia Demographics Profile 2014", http://www.indexmundi.com/malaysia/demographics_profile.html（accessed on November 23, 2016）.

ジェトロ（2013）．『ジェトロ 2013 年—世界貿易投資報告』ジェトロ，東京。

─── （2014）．『ジェトロ 2014 年—世界貿易投資報告』ジェトロ，東京。

コンダカル，K.M.・村田稔（1999）．「日系企業の人事管理の諸側面—マレーシアの事例」，『商学論纂』，第 40 巻第 3・4 号，185–202。

Khondaker, Mizanur Rahman（1993）. "Japanese Foreign Direct Investment and Malaysia's Economic Development", International Economic Conflict Discussion Paper, No.68, Economic Research Center, School of Economics, Nagoya University, Nagoya, Japan.

Khondaker, M.R. and Murata, M.（2002）. "Japanese MNCs' HRM Practices in Malaysia: Current Situation and Future Prospect", *Chuo Business Review*, No.1, 157–177.

Lim, Hua Sing（1994）, *Japan's Role in ASEAN – Issues and Prospectus*, Singapore: Times Academy Press.

Lim, L.（1998）. "Cultural attributes of Malays and Malaysians Chinese: Implications for research and practices", *Malaysian Management Review*, 33（2）: 81–88.

Lim, L.（2001）. "Work cultural values of Malays and Chinese Malaysian", *International Journal of Cross Cultural Management*, 1（2）: 209–226.

Marimuthu, Maran（2010）. "Bumiputra-Controlled Companies: Performance Evaluation Using A Non-Parametric Approach", *International Journal of Economics and Finance*, 2（2）: 178–185.

Morrison, T., Conaway, W. A., and Borden, G.A.（1994）. *Kiss, Bow, or Shake Hands – How to Do Business in Sixty Countries*, Holbrook, Mass.: Adams Media Corp.

Nirenberg, J.（ed.）（1979）. *Aspects of Management in Malaysia*, Ohio University Bachelor of Business Administration Program, MARA Institute of Technology, Shah Alam, Selangor, 1979.

PNMB (2015). "Bumiputra Vendor Development Programme/Percetakan Nasional Malaysia Berhad", http:www/printnasional/com.my/ (accessed on July 28, 2015).

Sim, Ah Ba (1978). "Decentralization and Performance : A Comparative Study of Malaysian Subsidiaries of Different National Origins", Monograph Series on Malaysian Affairs, No.V, Kuala Lumpur: Faculty of Economics and Administration, University of Malaya, 1978, pp.39-45.

Sin, Gregory T. T. (1991). "Managing Process in Bumiputra Society – Malaysia". In Putti, Joseph M. (Ed.) *Management: Asian Context*, Singapore: McGraw-Hill.

朱　炎編 (2000).『徹底検証　アジア華人企業グループの実力』, ダイヤモンド社, 東京。

Storz, M. L. (1999). "Malay and Chinese Business Values Underlying the Malaysian Business Culture", *International Journal of Intercultural Relations*, 23 (1) : 117-31.

Tenaga Nasional Berhad (2015). "TNB Bumiputra Vendor Development Programme", http://www.tnb.com.my/ (accessed on February 4, 2015).

第 6 章　インドネシアにおける人的資源管理

1. 国家経済の紹介

　正式名称インドネシア共和国は，17,500 あまりの島で構成される世界最大の島嶼国家である。陸地面積は 192 万平方キロメートル，インド洋から太平洋にかけて横たわる国土の全長は 3,977 マイル，領海を含める総面積はおよそ 492 万平方キロメートル（190 万平方マイル）となる。主要 5 島の面積はそれぞれ，スマトラ島：473,606 平方キロメートル，ジャワ島：132,107 平方キロメートル，カリマンタン島：539,460 平方キロメートル，スラウェシ島：189,216 平方キロメートル，パプワ島：421,981 平方キロメートルである。また，領土がアジアとオーストラリア／オセアニアにまたがっており，その文化，社会，政治，経済は，それぞれの地域の影響を強く受けている（Ministry of Industry（MOI）/Republic of Indonesia（ROI），2015）。

　インドネシアは天然資源に恵まれている。熱帯雨林は国土面積の 55％を占める。フタバガキ科植物のメランチは，ラミン，ビャクダン，コクタン，チークと同様に，貴重なインドネシアの森林資源となっている。中でもチークは，プランテーション方式で栽培されている。インドネシア政府は，自然植生と野生動物の保護を目的とする国立公園建設を推進すると共に，これら公園のおよそ半数における商業開発を禁止している。スマトラ島東海岸とカリマンタン島周辺の石油および天然ガスの埋蔵量は世界有数を誇り，石油は東南アジアの需要量の 80％以上，天然ガスは世界の常用量の 35％以上を供給している。ベリタン島の錫，ビンタン島のボーキサイト，パプワ島の銅，スラウェシ島のニッケルが主要鉱物資源である。これら以外に少量ではあるが，金，銀，ダイヤモンド，ルビーなどの鉱脈も発見されている。しかし，面積の多く，特にカリマンタン島とパプア島で

は鉱物採掘のための開発が進んでいない。インドネシア周辺海域では，海水魚介類，真珠，寒天も豊富にとれる（MOI/ROI, 2015）。

　インドネシアは多様性の国である。「多様性の中の統一/unity in diversity」というスローガンが国家の特徴を端的に表している。300以上の民族がインドネシアの地理と歴史を織りなす。国民の多くは，インドネシア国民であることよりも，自分がどの民族に帰属しているのかを優先する。多民族を結びつけているのは，公用語のインドネシア語とパンチャシラ（pancashila）という国是である。パンチャシラとは，全インドネシア国民の統一と普遍的正義を唱え，①最高神への信仰（belief in God），②人道主義（humanism），③ナショナリズム（nationalism），④（協議的）民主主義（sovereignty）あるいは統治権，⑤（社会的）正義（justice），の5原則で構成されている。スカルノ元統領が1945年に宣言した5原則を前身とし，スハルト体制以降も国の重要な基本方針として教育され，現在まで存続する。

　国民人口はおよそ2億4,900万人である。全人口の約53.7％が都市部に居住し，50％弱の人口が農村部に居住する。ジャカルタ（2015年現在の人口：1,032万人），スラバヤ（285万人），バンドン（254万人）メダン（220万人）などの都市では，農村部からの出稼ぎ労働者の流入が増加し続けている。国内300種族を民族構成比順にみると，ジャワ族（40.1％），スンダ族（15.5％），マレー族（3.7％），バタク族（3.6％），マドゥラ族（3％），ベタウィ族（2..9％），ミナンカバウ族（2.7％），ブギス族（2.7％）となり，これら8種族が総人口の約75％を占める。中国系人口はわずか1.2％（2010年現在）であるが，インドネシアの経済活動のおよそ8割を生み出している。宗教別人口は，イスラム系87％，プロテスタント系7％，カトリック系3％，ヒンドゥ系2％，仏教および儒教が1％である。識字率（2015年調査）は男女共に93.9％と高くなっている（Indexmundi, 2015）。

　2014年時点で総人口の11.4％が貧困レベル以下に属している。15歳以上の就業率は，男性が84％，女性は51％である（World Bank, 2015）。仕事のない人口の総数は非常に多いが，都市と農村，教育や学歴などの違いによる就業率の差も非常に大きい。高校卒業者あるいは大学卒業者であっても都市部では失業者となりうる。小規模企業が雇用主の3分の2を占める。2012年時点の労働人口比率は，農業35.3％，工業21.5％，サービス業43.1％である（Statista, 2015）。

2007年の調査では、就業人口のおよそ64％が、都市部と農村部のインフォーマル・セクターで働いていることが明らかになっている。フォーマル・セクターでは、高度なスキルを必要としない、労働集約型産業における女性労働者数が2000年以降に急増したが、これは、女性特有の器用さや根気強さを重視するだけでなく、男性に比べて上長に対する自己主張が少ないことや従順であるために、男性よりも女性の方が管理しやすいと考えられていることに起因する。タバコ、衣類、繊維、食品、飲料などの分野では女性労働者が圧倒的に多い。一般的に女性労働者の賃金は男性労働者の賃金よりも少ないが、女性の教育機会の拡大によってその差は少しずつ小さくなっている（Triaswati, 1996）。インドネシア国民議会560議席のうち、16.79％に相当する94議席を女性議員が占めている（House of Representatives/Indonesia, 2016）。女性が経営する企業数は全体の22.1％（2009～2016年）、女性国会議員および政府高官は全体の23％（2008～2012年）となっている（World Bank, 2016）。国営と民間の両部門で幹部職に就く女性もいるが、女性の上級公務員は全体の6～7％にとどまる。インドネシア政府は、フォーマル・セクターにおける女性の雇用機会均等を模索すると同時に、民間部門企業に対しても同様の施策を奨励している。

2015年の統計によるとインドネシアの人口は、中国、インド、アメリカに次いで世界第4位である。国土の中に多くの無人島があるため、国全体の人口密度はわずかに150人/平方キロメートルである。しかし、ジャカルタ、スラバヤ、バンドン、メダンなどの大都市の人口密度は極めて高い。国民総所得は8,870億米ドル、国民1人当たりの総所得は3,440米ドル、国民1人当たりのGDP成長率3.5％である（World Bank, 2016）。

島国である日本とインドネシアの外交の歴史は古く、貿易、経済、文化などの各方面で友好関係が続いている。インドネシア投資調整庁（インドネシアへの投資に関する許認可や相談業務を行うインドネシア大統領直轄の政府機関、Indonesia Investment Coordinating Board/BKPM）の資料によると、日本からインドネシア投資額は、2010年から2015年の5年間で149億米ドルに達する。投資分野は投資額の多い順に、輸送、鉄鋼、機械、電子機器となる。産業分野別投資額は、輸送が75億米ドル、金属・機械類、電子機器が24億米ドル、化学・薬品・製薬が9億米ドル、住宅、産業用建築が7億米ドル、食品が5億米ドルであった。

日本は，シンガポールとマレーシアに続いてインドネシアにとって3番目に大きな外国投資家であり，オランダ，韓国，香港，アメリカ，イギリス領バージン諸島，中国およびイギリス（Kankeiren, 2016）と言った主要投資家を率いている。日本企業は，インドネシアへの投資に強い約束を示した。このような企業の1つは，西ジャワ州に新しい工場を建設するために約1億7,400万米ドル（IDR 2.3兆）を投じたトヨタ自動車である。これは，インドネシアを生産拠点にするトヨタの2019年までの総額約15億米ドル（IDR 20兆）を投資するという全コミットメントの一環である。トヨタ自動車は，トヨタ自動車マニュファクチャリング・インドネシアを通じ，ジャカルタ北部のスンター県に2社，東ジャワ州カワラン県に3社の工場を所有している。

　日本はインドネシアにとって歴史的重要な貿易相手国である。主要な輸出品目は，鉱物性燃料（原油および組油，石油製品，揮発油，液化天然ガス，石炭など），原料別製品（非鉄金属，織物用糸・繊維製品，木製品など），電気機器，運送用機器，食料品，原料品，化学製品などである。主要な輸入品目は，一般機械，電気機器，電機部品，運送機器，精密機器，合成繊維織物，化学製品，金属および同製品，陶磁器などである。2013年の対日貿易取引は，輸出の14.8％，輸入の16％を占めている。2014年6月現在，在日インドネシア人は約29,000人，在インドネシア邦人は約16,000人である（表6-1を参照）。両国の貿易，投資，経済関係は，今後も拡大していくと予想される。

2. 日本とインドネシアの関係：貿易・投資

　日本とインドネシアの貿易関係は古く，1990年代以降2国間の貿易額は堅調に増加している。2013年現在，両国間の貿易総額（輸出＋輸入）は44,793億円を超えている。2010年には，アセアンに対する日本の輸出総額9,881,694（100万）円のうち，インドネシアへの輸出は1,394,459（100万）円であり，アセアン全体の14.11％であった。主要品目には一般機械（31.3％），原料別製品（21.7％），化学製品（7.9％），電気機器（13.4％），運送用機器（19.0％）ほか科学光学機器，食料品，原料品，鉱物性燃料などが含まれる。原料別製品には，鉄鋼，非鉄金属，金属製品，ゴム製品などであり，機械製品類の中に原動機，電算機類の部品，金属加工機械，ポンプ・遠心分離機，建設用・鉱山用機械，荷役機械，繊維機械

表6-1　インドネシア経済の基礎指標

国・地名：インドネシア共和国
面積：191万931平方キロメートル（2013年）
首都：ジャカルタ
言語：インドネシア語
人口：2億4,882万人（2013年）
人口の地理的構成：
ジャワ　　　　60％
スマトラ　　　20％
その他　　　　20％
人口の宗教的構成（2010年）：
イスラム　　88.1％
キリスト　　 9.3％
ヒンドゥ　　 1.8％
その他　　　 0.8％
政体：大統領制・共和制
名目GDP：8,696億米ドル（2013年）
1人当たりGDP：3,500米ドル（2013年）
経済成長率：5.0％（2014年）
物価上昇率：8.4％（2013年）
失業率：6.3％（2013年）
総貿易額（2013年）：
輸出：1,825.5億米ドル
輸入：1,866.3億米ドル
為替レート：1米ドル＝12,264ルピア（2014年12月1日）
日本との経済関係（2012年）：
輸出品目—石油・ガス（19.5％），鉱物性燃料（13.9％），動物・植物油（11.2％）
2012年
輸出における日本の割合：14.8％（2013年）
日本への輸出額：28,172億円（2013年）
輸入品目—石油・ガス（22.2％），一般機械器（14.8％），機械・電機部品（9.9％）
2012年
輸入における日本の割合：16.0％（2013年）
日本からの輸入額：16,621億円（2013年）
日本からの直接投資：47.1億米ドル（2013年）
在日インドネシア人：28,649人（2014年6月）
在留邦人数：16,296人（2013年10月）
日本との主要2国間条約：
1958（平和条約と賠償協定）
1982（租税協定）
2008年（経済連携協定）

出所：外務省（2015）http://www.mofa.go.jp（アクセス2015年11月20日）。

やベアリングなどが含まれている。日本は，急ピッチに発展活動が行われているインドネシアの開発用機械や技術の調達先となっている。他方，アセアン全体からの日本の輸入総額 8,844,436（100万）円のうち，インドネシアからの輸入は 2,476,179（100万）円であり，アセアン全体の 28％であった。日本はインドネシアから主に食料品（3.7％），原料品（24.0％），鉱物性燃料（46.6％），原料別製品（10.1％），電気機器（5.5％）などを輸入する。原材料，原油，石油製品，天然ガス，石炭などを輸入すると同時にインドネシアの現地での日系企業が製造する品物を輸入しているのが特徴である（ASEAN, 2015）。

3. インドネシアの経営習慣の伝統的特徴

島嶼国インドネシアの経営には，ジャワモデル，バタクモデル，華僑モデルがある。この主要3モデルは，互いに競合と融合をしながら，インドネシアのビジネス経営を支えている。ここでは，Widyahartono（1991）に依拠して，この3つのモデルの概念と実践的な特徴を簡潔に述べる。

3.1　ジャワモデル

ジャワ島におけるイスラム系インドネシア人のファミリービジネス経営から大企業におよぶ専門的経営および伝統的な公営企業の経営モデルをジャワ経営モデルと呼ぶ。インドネシア全土に影響力を持つインドネシアの近代的経営システムであり，国内で最も一般的なモデルでもある。

1950年代から1957年代までのインドネシアの企業マネジメントは，オランダの経営慣習の影響を受けていた。当時，オランダ系研究者がインドネシアの大学で講義を行っていた。経営の主なコンセプトはオランダ型「ベデリップ・エコノミ /bedrijfs economie（business economics）」，ビジネス経済学，の延長線上にあった。この時代の経営学はビジネス経済の一部であると考えられ，経営上の主要点は価格・原価理論，コスト科学，財務論，経営管理論，管理システムなどにあった。経営管理に関する研究の中心課題は企業の収入構造の構築であった。費用原価理論と金融理論がビジネス経済学の中心であった。経営管理は学問分野として未知の分野であり，ビジネス経済学に内包されていた。

1957年以降1960年代にかけて，イリアンジャヤの支配権をめぐってオランダ

との戦いが激しくなった。スカルノ大統領がオランダとの国交を断絶して武力解決を宣言すると同時に，国連にも提訴したため，オランダ教授陣は帰国を余儀なくされ，オランダ的ビジネス経済論も廃止となった。この時期インドネシアには民間の大学がなく，経営学分野の教員が不足していたので，アメリカから数名の教授を招聘して経営学を教えた。アメリカでは「経営学」と「経済学」は完全に異なる専門領域であるためアメリカ出身の経営学教員が教鞭をとるようになると，インドネシアでも経営学はマネジメントを扱う学問領域として展開していった。経営原理，マーケティング，会計，ファイナンス，生産管理，人的資源などの教育分野が，ほぼ同時にインドネシア全土の高等教育機関に広がった。

インドネシア人学者もアメリカへ留学して現代的な経営学を学習した。著名なアメリカ人教授のテキストをインドネシア語に翻訳して，教材として導入した。経営の異文化的アプローチなども取り入れた。こうした活動の結果，インドネシア国内の学者の育成が進み，経営学教育の分野の学問的近代化が図られた。経営事例や経営問題の学習は，アングロサクソン型アプローチに展開した。

1960年から1965年にかけて，日本をはじめとする世界各国は高度経済成長時代を迎えたが，インドネシアは極度の政情不安に陥っていた。教育や実務の場において独自の経営システムを求めようとしたが失敗に終わった。この時期には，資本主義だけではなく社会主義制度も導入しようとする声もあった。スカルノ大統領は「インドネシア型社会主義」を宣言したが，成功には至らなかった。政府指導の下で，あらゆる経営のプロセスを国営企業に一時的に導入することを試みたが，良い結果を得ることはできなかった。一時，「ニューコロニアリズム」と呼ばれるアメリカ型の社会・政治・科学の原論が流行したこともあったが，研究者は学派を超えて，「ゴトン・ロヨン」＝「農村社会における伝統的共同体的意識」が真のインドネシア的経営であると強調した。

インドネシアの学者は反西欧的であっても，むやみに社会主義経営システムを受け入れなかった。彼らはインドネシアの国家体制や国民文化にマッチする経営制度の開発・育成に挑戦した。学者の中にはこの試みに対する異論もあったが，1970年代半ばになると国民主義的経営制度の重要性がようやく認識されるようになった。

1965年から1970年の間，国家経済の発展を目的とする多様な改革が行われた。

国営企業の民営化，民間企業開発の奨励，企業集中の分散，外資受入れなどを推進し，インドネシア独自の文化を根底に置いた「混合型の経営システム」が徐々に形成された。インドネシアではこの時代を「旧型政権」から「新型政権」への転換の時代と呼んでいる。経営学者の中には，アメリカやヨーロッパの経営制度，概念，理論および仮説の研究に注目する者もかなりいた。

1970年代初頭には，国内経営システムの開発に大きな転換期が訪れた。戦略経営と経営管理が重要になったため，既存の経営システムは大きな影響を受けた。戦略的経営アプローチが注目を浴び，経営コンサルタントを専門とする業者も次々に登場した。経営理論では，戦略的経営計画や戦略的経営管理に重点が置かれるようになった。この時期には，国立・私立のいずれの大学も，企業や産業部門のために必要とされる人材や人的資源の開発に集中した。経営分野の学位課程も様々な形態で多数設置された。実務家や経営者も参加する産学協同プロジェクトとして，ビジネス経営の日常的な課題について「ケース・スタディ」の執筆も行った。もう1つ注目すべきこととしては，意思決定分野における統計的アプローチの適用があった。企業は，統計的アプローチを利用することで，効果的な意思決定を行うにあたって最新の適切な情報を把握することが可能となった。

国民4カ年計画「経済発展計画IV」以降は，経営システムの改革はおおむね順調に進行した。インドネシアに投資する外資系企業は，本国本社で採用されている最新の経営手法を現地化してインドネシア国内でのビジネス拠点に導入し始めると，インドネシア国内企業も次第にこの経営手法を学び始めた。その結果，外資系企業のインドネシア進出と共に，先進国の経営システムがインドネシア国内に浸透するようになった。ジャワ島の企業経営におけるこうしたことは現在に至るまで続いている。

3.2　バタクモデル

北スマトラ経済社会におけるビジネス経営のあり方はバタクモデルと呼ばれる。もともとバタク人は，就業になじまなかった。特に，ビジネス経営によって富を蓄積するという考え方や習慣がバタク人の価値観と合致しなかった。バタク民族にとって人生で優先されるべきものは，①ステータス・シンボルとして高い社会的地位に就くこと，②多くの子供に恵まれ，大家族を持つこと，③基本的な

生活用品と多少の高級品を個人資産として所有することであった。

　1949年の独立以来，北スマトラでは新しいビジネス機会が増加した。しかし，伝統的に富に無関心なバタク民族は，オランダ系企業を引き受けることを快く思わなかった。企業経営で成功したバタク商人はわずかであった。少数のバタク商人を成功に導いた要因として考えられることは，本人のモチベーション，ビジネス・チャンスの獲得，ビジネス景気の波に乗り遅れなかったこと，などである。彼らの成功に刺激を受けて，その後，大勢のバタク人が会社を設立した。成功者もいたが，経営に失敗して短期間で閉鎖に追い込まれる企業ケースもあった。殆どのバタク系企業は家族・親族経営であった。親族以外の従業員はアシスタント職にのみ採用された。現在まで，バタク系の優秀な知識人がビジネスの経営に携わり，企業家として成功を収めた人物も少なくない。一般的にバタク系企業は，創立者の高齢化が進む一方で，後継者に恵まれず，多くの会社が閉鎖に追い込まれた。運送会社など少数の企業がかろうじて経営を続けている。

　バタクビジネス成功の要因は，①政府の援助，②貿易・輸入・輸出を行うための免許制度の簡素化，③族外結婚（exogamy）による人的つながりの拡大，④他の民族より高い教育水準，⑤自分のコミュニティから他のコミュニティへ移動する勇気，⑥新しい環境や場所に挑戦する能力と適応性，⑦イスラムの教えが求めるハラル（合法）職業に属すること，⑧外国人およびキリスト教の教師たちと文化的な交流においての高度精神および自信，⑨仕事の計画および要素について比較的に強い能力，などだと考えられる。

　バタク人はもともと調整力に長け，教育熱心であるが，彼らが持つビジネス経営の資質は，伝統的な友好的環境と1949年以降に彼らの社会に到来した新たな経済環境の両者が混在する環境の中で形成された。ビジネス経営を行う家族の長は，部下や従業員に対して民主的な企業所有者でもある一方，積極的に部下や従業員をビジネスに参加させた。バタク人企業家のこうした姿勢の裏側には異文化との交流および外部の世界から学ぼうという強い意気込みがあると考える。

　バタク系企業経営の問題点として考えられる事項を以下に列挙する。①同僚からの情報提案に対する関心が低い，②一時的な成功で満足してしまう傾向が強い，③経営知識のない親族が意思決定のプロセスに参加する，④バタク企業家の教育の弱さ，⑤近代的経営についての知識不足，⑥革新的・戦略的経営のアプ

ローチの欠如，⑦親族採用を優先するあまり，外部からの採用および外部の人的資源を重要視しない，⑧多くの企業所有者が，企業の後継者となるべきわが子が官僚や学者になることを望んでいる，⑨企業経営の計画立案に独自性がなく，年齢の高い（bapak tua/old person）経営者の意思決定を受け入れようとする傾向が強い。

3.3 華僑モデル

インドネシアの華僑はオランダ植民地時代から貿易などに従事していた。小規模の輸出入業を経営しており，元来彼らは教育にとても興味を持っていた。その理由は，①オランダの人々との交流ができることおよび②ビジネス経営における原価や売上高などの計算ができることであった。

華僑は，ビジネスを拡大するため現地人と緊密な関係を持つことが必要であった。人口が多いインドネシア人はビジネスの上で最も重要な顧客であった。

中国系商人は企業経営に関する知識を殆ど持たず，家事の一部としてビジネスを行った。族外のインドネシア人をアシスタントとし，商品値段の決定，倉庫の場所，品揃え，工場の開閉などの重要事項に関する全ての決定権を自分たちで保持した。華僑企業では，オランダの植民地時代から，ビジネスの場で事業を成功させた先祖を尊敬し，企業の理念としての中国語のことわざ（諺）を掲げるなどして独自の華僑文化を前面に出していた。飲食店の経営を行う華僑の子供たちは学校の授業の後になると，親が運営する店で働いていた。

1949年の独立後，若い世代の華僑が次々と大企業に就職し，大学教授や政府官僚に就任するようになった。1950年以降はビジネスの機会を積極的に獲得する努力をし，1957年からオランダ系企業家が追放されるようになると彼らのビジネスを華僑が引き継いだ。1965年以降，スハルト新政権の影響によって華僑はインドネシアの社会に完全に溶け込み，インドネシア人と同じ権利と義務を持った。

しかし，家族を中心とする経営スタイルにこだわる華僑は，経営システムに関する知識が不十分であった。後にインドネシア政府は，華僑に多く経済発展やビジネス開発の機会を提供した結果，彼らはインドネシア経済の中核を占めるようになった。多くの華僑企業は近代的経営知識を学び，日常の経営活動にそれを導

入した。また，子弟を国内外の高度な教育機関へ送り，近代的経営のノウハウの習得にも力を入れた。

結果的に華僑資本家は，その企業家精神と経営の専門知識に対して脚光を浴びるようになった。華僑は経営哲学を儒教に依存し，孔子の教えを意識的・無意識的に経営慣習に取り入れた。儒教の根本である恩・情・義理などの倫理をビジネス活動でも実践した。現在でも，中華系のビジネスの中核は，インドネシアの他民族と同じく，「家族」である。家族の長は，年齢，立場，権限，忠誠心などを利用してビジネス活動を支配する。インドネシア最大財閥のサリム企業集団の長は経営のあらゆる側面において自身のアイディアを取り入れている。他方，現代教育を受けて専門知識を持つ若手集団や経験者を経営陣として利用することも忘れていない。

朱炎（2000）は華僑経営が 5 つのプロセスを経て成長してきていると強調する。それらは，すなわち，①商業でスタートして外資との合弁で生産分野に展開，②政府や軍との協力しながら華人同士との協力，③経営分野の拡大と多角化，④銀行金融業の急速な発展，⑤実力の増強と海外に進出，などである。朱（2000）はインドネシアの代表的 25 企業集団を表 6-2 のようにまとめ，そのうち 22 集団は華人系である。

4. 人的資源管理の諸特徴

本節では，Widyahartono（1991），Habir（1995），Surowidjojo（1999），Bennington and Habir（2003），Saragih, Hilman, Rosidi（2015）および Leks & Co.（2016）の調査資料に基づいて，インドネシアの人的資源管理の慣習上の特徴について概説する。

4.1 採用，人材確保，労働時間

経済の高度成長および高い離職率のためインドネシアの民間部門大企業にとっては人材募集・採用活動は最優先事項となっている。従業員を解雇する際は，政府の許可が必要であることも企業の採用活動を最も困難にし，採用の重要性を高める。国内と外資系勤務先企業に対する労働者や従業員の帰属意識が薄く，転職を繰り返す傾向が強い。

表 6-2　インドネシアの上位 25 の企業集団

順位	集団名	売上高 (億ルピア)	資産 (億ルピア)	子会社数 (社)	従業員数 (人)
1	三林（Salim）	440,000	404,820	640	2,000,000
2	阿斯特拉（Astra）	163,000	156,170	342	51,000
3	金光（Sinar Mas）	152,000	392,920	205	75,000
4	力宝（Lippo）	79,000	126,970	78	21,000
5	塩倉（Gudang Garam）	77,000	44,930	16	60,000
6	Bimanatara	38,750	27,380	54	11,000
7	波普哈桑（Bob Hasan）	37,500	40,000	92	27,500
8	卡嘉東加（Gadjah Tunggal）	35,000	186,750	81	31,000
9	昂戈（Onggo）	34,620	69,460	59	8,500
10	針牌（Djarum）	34,250	19,500	25	5,100
11	金輪（Roda Mas）	34,000	35,000	41	26,000
12	阿尔科曼农加（Argo Manuunggal）	32,000	17,540	54	22,000
13	大馬（Dharmala）	31,820	62,330	151	1,200
14	加貝（Kable）	29,760	186,750	62	7,400
15	里多太平洋（Barito Pacific）	28,000	38,980	92	34,750
16	泛印（Panin）	21,500	57,510	43	48,000
17	Humpuss	21,150	16,000	48	1,625
18	赞达尔玛迪（Jan Darmadi）	21,150	34,520	60	11,540
19	贝尔查（CCM/Berca）	21,000	11,500	32	25,000
20	Bakrie	19,700	46,100	37	7,800
21	馬斯比安（Maspion）	19,600	11,000	27	14,500
22	成功（Pembanguan Jaya）	19,280	18,980	57	4,600
23	金融銀行（Danamon Bank）	19,140	146,290	10	1,200
24	金鷹（Raja Garuda Mas）	18,670	31,030	66	14,900
25	参布納（Sampoerna）	16,880	17,170	5	19,470

注意：売上高による順位．6 位，17 位，20 位を除けば全て華人系企業集団．
出所：朱（2000）．

インドネシア企業の人材募集・採用活動は，口コミ，印刷広告媒体，大学推薦，インターネット募集，人材採用コンサルタント会社の利用など，様々な方法を通じて行われる。発行部数の多い主要新聞への募集広告掲載には高い費用がかかるため，募集情報を効果的にするのは難しく，西洋諸国のようにインドネシアの企業はあまり利用しない。

　スキルを必要としない職種を除いた場合，採用において重視される要素は，重要度の順に，年齢，教育，性別，婚姻状況，職業訓練の経験などである。管理職採用の場合，ビジネス習慣として縁故・推薦もあるが，その重要度は徐々に低くなってきている。公共部門の採用活動には，依然として，政治や縁故の影響が強く残っている。インドネシアは低スキルの人的資源に恵まれているものの，マーケティング，金融，情報システムなどの分野で有能な人材が不足している。

　多国籍企業およびその提携企業の募集や採用活動は，慎重な判断が必要とされるデリケートな問題となっている。外国人労働者の採用は，現地スタッフでは埋められない職種のみに限定されている。さらに，外国人労働者1名につき，インドネシア人労働者10名の雇用義務が課せられている。外国人労働者の多くは，中間管理職者として採用され，インドネシア以外のアジア諸国出身者である。高い給与が支給されているため，外国人労働者と現地スタッフの給与格差は大きい。インドネシア政府は，外国人を採用する雇用主に対して，外国人労働者1人につき毎月100ドルの雇用補償金の支払いを義務づけている。この保証金はインドネシア人労働者の技術能力開発を目的とするものである。ビジネス慣習として外国人労働者が就業していた職種を「インドネシア化（自国民化）」するための規制が存在する。

　大卒者，技術系人材，管理職者などの有能な人材の「引き抜き」が横行するインドネシアの企業において，人材確保は人的資源管理の最終目標である。人的資源管理を統括する管理職者にとって，自社の人材の「引き抜き」によるストレスは増加する一方である。職務充実を高め，賃金・報償が手厚くなり，後継者育成計画の策定が進んだとしても，インドネシアの人的資源管理おける人材引き抜き慣習が存在する以上，皆無とはならないであろう。

　インドネシアの雇用契約の諸条件には中程度の厳しさがある。労働に関する法律2003年第13号（Act No.13 of Year 2003 on Manpower）では，週6日勤務の場合

は，1日7時間，週40時間労働，週5日勤務の場合は1日8時間，週40時間労働と定めている。従って，週当たりの休日は，1日もしくは2日となる。雇用主は，上記法律の枠組みの中で，1週間の労働時間と休日数を従業員ごとに決定することができる。労働者と従業員は，勤続1年の後，年間12日の休暇の取得が可能になる。さらに，勤続6年経過後には，2カ月程度の長期休暇を取る権利を得られる。

4.2 雇用形態

インドネシアの雇用関係法律下では3つの雇用方法，(a) 有期雇用契約（インドネシア語で記載した労働契約書が必要），(b) 無期あるいは期間の定めのない雇用契約（書面での労働契約の取り交わしは義務づけられていない），(c) インフォーマル・セクターにおける従来型の雇用契約（法律による規制はなし），がある。無期雇用契約では3カ月間の見習い期間を設定できるが，見習い期間終了後の解雇は事実上不可能であり，解雇するためには政府の許可が必要となる。有期雇用契約は，インドネシア労働法2003年第13号（Law No.13 of 2003 on Employment）により，一度で終了あるいは一時的な性質の業務，季節的業務，試験的段階にあるサービスや製品に関連する補助業務になるが，業務完了の見込み期間が24カ月以内の業務（12カ月に一度の契約更新が必要）に限定される。政府が規制の厳格化を進めているため，いずれの契約締結手続きも非常に煩雑である。雇用者と労働者の双方同意の下，契約時間を超える長時間労働を低賃金で行っているケースもある。

4.3 職業教育と訓練

インドネシア企業では，職業訓練および職業教育のための正規のプログラムはほとんど導入されていない。労働者は，ある企業で得たスキルや経験を生かして別の企業へ転職することを繰り返す。職業訓練に関連して，インドネシア政府による何らかの課金はないが，金融業界においてはインドネシア中央銀行が毎月の給与の約5%を職業訓練の費用に充当することを求めている。民間企業では，教育訓練費用は人件費のおよそ1%を占める。これは他の新興工業国（NICs）とほぼ同じ割合である。

1994年大統領令（Presidential Decree of 1994）によって，全ての政府職員に対し

て昇格・昇進前の教育訓練実施が義務づけられた。これは4年ごとの自動昇進を排除することを目的とする。インドネシア内務省（Ministry of Home Affairs）では，職員1人につき年15〜30日を教育訓練に割り当てて，全職員参加の教育訓練を実施している。民間部門と比較してこの教育訓練期間はかなり長いが，実際にはそれほど多くの時間をかけた研修は行われていない。

　行政サービス部門の教育訓練は，行政能力の不足と効率向上のために失敗に終わった，という批判がある。職業訓練はもともと給与の補塡あるいは残業代の代わりとして行われている。高い教育を持つ従業員には，より高度な教育訓練を受ける機会を与えられるという報告もある。政府機関と民間企業は共に，給与増加ができないから職業訓練への出費に難色を示している。

4.4　最低賃金・給与と物質的報酬

　インドネシアの公共部門，民間部門のいずれにおいても，給与体系に明確な基準が存在しない。産業界は，市場経済制度を保持するにもかかわらず，給与体系に基づいた市場メカニズムが未開発のままである。一般的に，賃金・給与は，公共部門や既存の民間企業の賃金・給与体系を参考にして，支払われる。バタン島での賃金・給与を例にとると，給与体系には，最低賃金，食事手当，医療手当，生活費補助，光熱・水道費手当，労働者社会保障制度（JAMOSTEK），ボーナスが含まれる（Khondaker, 2002）。最低賃金制度も存在するが，それは基本給と月額が固定されている手当を含む最低月給である（Leks & Co., 2016）。最低賃金は，州最低賃金審査会（Provincial Minimum Wage Councils）の勧告に基づいて各州政府が決定する。労使2者協議，あるいは，労働協約に基づいて賃金交渉が行われることもあるが，その効果や交渉内容は不明確である（Saragih, Hilman, and Rosidi, 2015）。

　温情主義的経営管理が根強く残っている証明として，コメの現物支給制度が官民両部門で存続している。この効果を定量化することは困難であるが，興味深い経済行動を生み出していると言える。中上級政府役人が，自分たちの支給米を，自分たちよりも給与支給額が少ない職員に販売する，あるいは一般市場で販売することも少なくない。支給米の売買は，コメの品質低下につながる。また，支給米と引き換えに必要な情報を入手しようとする者もいる。民間部門では現物支給

による給与支払いはない代わりに，行政サービス部門の労働者の 4 倍程度の給与が支給されている。インドネシアではどの産業分野においても給与格差は非常に大きい。行政サービスにおける給与格差は 7 倍程度になり，民間企業では 20 倍から 150 倍となっている（Rohdewohld, 1995）。

　2015 年 6 月，インドネシア政府は政令 2015 年第 46 号（Government Regulation No.46 of Year 2015）で，老齢補償プログラム（old-age savings/OAS）を改定した。それによると，インドネシアの民間部門の老齢補償は退職，死亡，障害時に現金給付される。全ての雇用主は，自社の事業規模と従業員を OAS に登録しなければならない。マイクロ・ビジネス企業は OAS プログラムに加入しなくてもよい。インドネシア人労働者だけでなく，インドネシア国内で 6 カ月以上就労する外国人労働者の加入も可能である（Leks and Co., 2016）。このほかに，年金制度に関連する政令 2015 年第 45 号（Government Regulation No. 45 of Year 2015）では，加入者の退職後，および，加入者が障害を被った際に，適切な生活水準を保持するための年金補償プログラムが実施することが発表された。この種の福祉政策は拡大し続けている。

4.5　人事評価

　インドネシア労働市場における最大の問題は，生産性と労働者の質である。公共部門では無断欠勤が多い上，業務時間内であっても私用を行う労働者がいる。公務員の給与は，適切な生活水準を維持するには貧弱であるため，2 職兼業を認める職場も増えている（Rohdewohld, 1995）。公務員の大半は，公務員給与はあくまでも仕事に対する報酬と考え，副業で公的補償を補っている（Schwartz, 1994）。

　公務員の低賃金に起因して，プロジェクト謝礼金のような報奨金支給を受けようとする傾向が公務員中に増加している。彼らは通常業務を軽視し，あらゆる業務をプロジェクトとして再構築しようとする。この現象は「プロジェクティズム（projectism）」と呼ばれ，これはむしろ，国内外のプロジェクト・ファンドの供給によって決定される不規則で，段階的で，自発的な作業を設けさせる方法につながる。これは，官僚職の場での批評・批判を避け，全員の合意や調和を好み，文書によるコミュニケーションよりも口頭によるコミュニケーションを重視するジャワ文化を反映していると言える（Rohdewohld, 1995）。

業績報償制度は，組織や産業部門ごとに異なり，目標経営アプローチ，上司評価，360度多面評価などを導入している。上司評価と360度多面評価がインドネシア文化の中でどの程度機能しているかについては諸説ある。部下への業務委譲よりも監督・命令するのが上司の最善のスタイルと考えられているインドネシア文化では，部下から上司へのフィードバックあるいは360度多面評価は浸透しにくいと考えられる。

業績優秀者に対する報償は，業績内容によって，1カ月分から12カ月分の給与が加給される。チームによる業績に対しては，別途の報奨制度が用意されている。公務員の昇進は，業績評価とさほど密接に連動して行われるものではない。公務員への報償として，教育訓練のための有給休暇および海外派遣がある (Bennington and Habir, 2003)。

4.6 解雇と退職

インドネシア特定の産業界にとって労働力の増強は最優先課題であるが，最低賃金の底上げ，労働力削減技術の活用，国際競争力，規模の縮小と人事削減なども必須課題になりうる。従業員解雇に政府の許可が必要であるため，事業主は人事削減のための解雇に着手することができない。不道徳行為，犯罪行為による懲戒解雇の場合でも，勤続年数1年につき1カ月分の給与相当額の退職金を，最大4カ月分まで支給しなくてはならない。公共部門では，故意に業務を複雑にしたり，賄賂を強要したりするなど，違反行為を行った従業員であっても解雇は基本的に不可能である。しかし，組織の経済的生産性や競争力を維持するためには，こうした労働者を合法的に懲戒解雇できる体制が必要である (Bennington and Habir, 2003)。

4.7 その他の雇用条件

インドネシアでは，少なくとも2週間の年次有給休暇，12日の年次有給祝日，1日7時間労働，週40時間労働，労働時間1時間ごとに1時間の休憩，残業手当の付加給付，最長12カ月までの傷病休暇（有給と無給の両方がある）のシステムがある。さらに，医療費全額補助，死亡時給付金，社会保険（給与の5%相当額を雇用主が負担，給与の1%相当額を従業員の負担，給与の2%相当額を政府が負担），離

職手当，企業の業績に基づく付加給付金の支給，未払い賃金相当分の賃金補償などの支払いが義務付けられている（Bennington, 2001）。賃金補償は傷病者に対しても手厚い保護制度となっている。雇用者は，従業員の傷病休暇期間が12カ月を超えない限り，雇用関係を修了できない。傷病休暇中の給与は，最初の3カ月は月額賃金全額，4〜6カ月目は75％，7〜9カ月目は50％，10〜12カ月目は25％が支払われる。

4.8 女性労働者の雇用

インドネシアの女性労働者のうち15歳以上が占める割合は，2000年に50％，2014年には51％と微増している（World Bank, 2015）。女性労働者に関する保護規制は種類が多い上に厳格である。女性労働者に対しては，3カ月（出産前1.5カ月，出産後1.5カ月）の出産休暇，生理初日と2日目の生理休暇などの付加的な休暇が認められている。流産した女性労働者は，雇用契約を妨げることなく，1.5カ月の休暇を取得できる。結婚，妊娠，出産が雇用契約に支障をきたすことがないように，女性労働者は保護されている（Bennington, 2001; Saragih, Hilman, and Rosidi, 2015）。女性労働者を夜勤の時間帯で雇用する場合，雇用者は，業務内容と雇用理由を書面で労働省の地方事務所へ提出することが義務付けられている。また，夜勤に携わる女性労働者の安全および健康の確保，妊娠している女性と18歳未満の女性の夜勤禁止，通勤および帰宅時の送迎の提供，栄養豊かな飲食物の提供なども規定されている。世界労働機関（International Labor Organization/ILO）の条約批准国であるため，鉱山業での女性の雇用を禁止するなど，女性に対する職場の良識，道徳，安全の確保が求められている。しかしながら，実際には，雇用条件，報酬制度，昇格・昇進基準などにおいては男女平等とは言えず，女性労働者保護のための規制は必ずしも厳格に守られているわけではない。

5. 労 使 関 係

本節では，Bennington and Habir (2003), Rayahu and Sumarto (2003), Mizuno (2005), Yoon (2009), Saragih, Hilman and Roshidi (2015), Wijayanto (2015), Leks & Co. (2016) の研究に基づいて，インドネシアにおける労使関係の諸側面を述べる。

5.1　労使関係の基本原理

Bennington and Habir（2003）は，インドネシアの労使関係は，インドネシア共和国国民協議会の人権に関する規定に基づくものであると述べている。この規定では，主要な権利として，人間らしい生活をする権利，自己開発を行う権利，正義，結社の自由，雇用の安定などを認めると同時に，不当な差別も禁止している。Saragih, Hilman, and Roshidi（2015）は，インドネシアの労使関係には，人権，職場の民主化，意思決定過程における民間部門の関与の3原則が存在すると主張する。しかし，一部の研究者，人権活動家，国内外の機関組織からは，インドネシアの労使関係は，労働者の権利が脆弱であり，地域や国際水準に至っておらず，理想とは程遠いという意見が強い。

かつてインドネシアの労使関係は，政治的影響が強く，労働者に不利であったが，国是である「パンチャシラ」にその方針が改められた。「パンチャシラ」精神に基づいて労使関係は，(a) パートナーシップと生産，(b) パートナーシップと利益，(c) パートナーシップと全能の神，国家，州，共同体に対する責任，(d) 職場の同僚および家族，(e) 労働者の各要素を考慮した労使関係を運用するべきであるとされている（Fehring, 1999）。Hadiz（1997）は，インドネシアの労使関係は「慈愛に満ちた父子関係的」な関係となっているが，「パンチャシラ」に謳われている家族愛の原則に矛盾するとして，一部労働者のストライキ権はその精神を損なうと示唆している。インドネシアの企業組織に共通する文化的特徴の1つに「keluarga besar/extended family 大家族」という概念がある。これは従業員を「大家族の一員」と位置づけて，共通の目的を持って，友好的かつ家族的な関係を築こうとする考え方である（Rohdewohld, 1995）。その原理の1つの例は，未婚の労働者よりも結婚した労働者に多く支払うこと，または配偶者や子供がいる人に余分な手当を与えることにある。その一方で，労使の間に政府が長期間継続的に介入して労働者の統一を妨げるような事案もある。外国投資家の誘因策として労働者を厳格に管理することが正当化されているという指摘もある（Islam, 1989）。

5.2　労使関係の歴史的変遷

スハルト政権時代（1967年3月～1998年5月）には，権威的労働政策をとり，

労働組合は共産主義的組織として弾圧の対象となった。団結権や雇用条件の改善など労働者の権利を要求する組合員や労働者は投獄あるいは処刑され，行方不明者も多かった（Woodward, 1996）。

インドネシア政府は，全インドネシア労働者組合（All-Indonesia Worker's Union/FBSI）に対する制裁措置として，その活動を政府の管理下に置いた。全インドネシア労働者組合（FBSI）は，後に，全インドネシア労働組合連合（Serikat Pekerja Seluruh Indonesia/SPSI）に組織改編され，政府が認めた唯一の全国組織となった。しかし，政府主導のままであったので，傘下に民間独自の労働組合を持つことはできなかった。SPSI幹部の人事は全て政府が管理し，企業労働組合幹部については，治安当局が入念な調査を実施した。広範囲において組合活動を抑圧したが，政権後期には，組合指導部の承認のないストライキ（例：山猫スト）が増加した（Manning, 1998）。

1997年にスハルト大統領が辞任すると，ハビビ暫定政権（1998年5月～1999年10月）が成立し，1998年6月には国際労働機関（ILO）の1948年87号条約「結社の自由および団結権の保護に関する条約」を批准した。民主的で開放路線のアブドゥルラフマン・ワヒド大統領時代（1999年10月～2001年7月）には，軍部勢力の縮小が進み，労働組合活動は活発化した。同時期に起こった経済危機に伴って，インドネシア国内経済が悪化したため，労働争議やストライキが急増した。

一部地域，企業や工場において，労働組合主導ではない労働争議が頻発したことによって，労働組合活動の自由を求める機運が広がった。ハビビ政権による国際労働機関（ILO）1948年87号条約批准がきっかけとなり，労働組合組織の登録に関する法制度が施行された。この頃から，民間部門労働者も，事前許可がなくても労働組合を結成することが可能になり，組合ごとに規範やルールの設定，組合人事を行うこともできるようになった。

アブドゥルラフマン・ワヒド政権以降の各政権は民主路線を掲げ，健全な労使関係構築を目的とする政策を打ち出してきた。先述の労働組合登録に関する新法制は，組合登録時の規制緩和を促進するもので，政治や宗教や民族問題を目的としない限り，地域，県，国の各レベルにおける労働組合あるいは組合連盟の結成を認めている。株式の5％以上を国が保有する国営企業の従業員は原則として，公務員連盟（KORPRI）に所属しなければならないが，引き続きインドネシア全

国労働組合（SPSI）に所属する国営企業従業員もわずかながらに存在する。

5.3 労働組合の結成

1997 年 10 月制定の労働法（Law on Manpower Affairs）は，同一企業内で労働者同士の民主的協議を目的とする労働組合の結成，および，企業間や異業種間での上部組織の結成を認めている。本法は 1998 年 10 月 1 日の実施予定であったが，改正の余地があること，関係部署との再協議が必要であること，既存の法規制との調整準備が必要であることなどの理由により，2000 年 10 月 1 日まで実施を延期された（Surowidjojo, 1999）。

2000 年労働組合法第 21 条が全ての労働者に団結権を認めたことにより，労働者は自らの意思に基づいて労働組合に加盟することが可能になった。労働組合結成には最低 10 名の組合員が必要である。業種別組合同盟には最低 5 つの組合，組合同盟の連合体には最低 3 つの同盟が，それぞれ必要である（Saragih, Hilman, and Rosdi, 2015）。

SMERU（Social Monitoring and Early Response Unit）研究所の調査によれば，インドネシアの労働組合は 2 つのタイプに大別される。1 つ目は，いわゆる企業別労働組合で，労働環境に対する不平不満を労働者が訴えることを目的とする組織である。このタイプの組合は，明確な目標を持ち，会員規約が整備されているため，健全な組織運営ができる。もう 1 つは，政治的目的を持って結成される労働組合である。企業労働者の意見を代弁する非労働者が会員に含まれる。会員資格が曖昧で，労働者組合員が不当な扱いをされることもある（Rayahu and Sumarto, 2003）。SMERU の本調査は，労働組合間には，政党や政治グループを基礎とするつながりが存在することを明らかにしている。

2014 年現在のインドネシアの労使関係を概況すると，民間部門では，労働組合同盟連合体は 9 組織，業種別組合同盟は 91 組織，労働組合は 11,852 組織がそれぞれ登録され，国営部門では 170 労組が登録済みである。組合員の総数は 3,414,455 人である（Saragih, Hilman, and Roshidi, 2015）。1 億 7,250 万人と推定される同年のインドネシア国内労働総人口のうち，労働組合に加入しているのはわずか 2% にとどまり，殆どの労働者が組織化されていない，あるいは，労使関係の枠組みから排除されている。全労働者が労働組合活動に参加できるようになるに

は，何年も待たなければならない。政府および関係省庁はもとより，既存の労働組合や市民団体には，少しでも早く全労働者が労働組合に加入できるように積極的に働きかけることが期待されている。全労働人の組織化は本国の産業や経済発展にもっと速度を与えると思われる。

5.4 労使関係関連法制

インドネシアの労使関係を監督する法規制は複雑であるため，ここでは概要を述べるにとどめる。2016年現在，インドネシア国内の労使関係を監督・監視する法律は，1992年労働者社会保障法第3号 (Act No.3 of Year 1992 concerning Labor Social Security)，2000年労働組合法第21号 (Act No.21 of Year 2000 concerning Trade Union)，2003年労働法第13号 (Act No.13 of Year 2003 concerning Manpower)，2004年労使紛争解決法第2号 (Act No.2 of Year 2004 concerning Labor Dispute Settlement)，2011年社会保障制度理事会法第24号 (Act No.24 of Year 2011 concerning Executive Board for Social Security) である。そして，2004年労働者社会保障制度法第40号 (Act No.40 of Year 2004 on National Social Security Program)，最低賃金に関する2013年労働省令第7号 (Minister of Manpower Regulation No.7 of 2013 on Minimum Wage)，ジャカルタ州の最低賃金に関する2014年DKIジャカルタ政府令176号 (DKI Jakarta Governor Regulation No.176 of 2014 on Provincial Minimum Wage) が，前述の5法を補完する。インドネシアでは，中央政府と各州政府がそれぞれに法令を定めるので，運用されている法律の数は非常に多い。

労働法およびその関連法に違反する事業主は，懲役3カ月もしくは最高10万ルピーの罰金が科せられていたが，1997年施行の新労働法では5,000万ルピーの罰金および最長6カ月の懲役と改定された。しかし，こうした厳罰化も事業主に対する抑止力としては機能しておらず，引き続き労働環境の改善が必要である。1997年のジャカルタ州政府の調査によると，最低賃金，賃上げ，時間外労働および残業手当，労使関係のミスマッチ，自由なキャリア開発や教育訓練の欠如などが労使紛争が起きている原因となっている。

5.5 ストライキやロックアウト

1997年労働法改正によって，ストライキ開始72時間前までに政府と事業主に通知すれば，労働者は賃金不払いを心配することなくストライキに入ることが認められる。しかし，ストライキの実施は労使紛争が起きている工場もしくは企業の構内に限られ，街頭デモは禁止されている。労働組合は組合員の氏名を労働省に登録しなければならない。

中央政府の発表によれば，参加者5名以上の集会には警察の許可を必要とする規定は緩和されたことになっているが，実際には，労働組合は警察の許認可なしに集会を開くことはできない。集中的調停とストライキの事前通告は必要であるが，ストライキ権は認められている。労働省の業務に時間がかかり，労働者側の信頼度も低いため，労使紛争解決のための手続きは順守されておらず，事前通告もまれである。

法規制の改定を行っても政府の労使政策を方向づける批判が止まることはなかった。ジャカルタ・ポスト（1997年9月13日）は，新労働法は労働者の基本的権利を保障するには不十分であり，散発するストライキによって投資家の事業が中断されるため安定的な投資が行われていないと論評している。またインドネシア福祉労働組合（Indonesian Prosperity Trade Union/SBSI）の報告によると，組合活動のため組合員である従業員を解雇する企業があり，SBSIの活動の職場は限定的になっている。

警察や軍隊による労働問題介入を実際に目にすること少なくなっているが，依然として政府機関による介入は続いている。1999年，ジャカルタ近隣の製鉄所で発生したストライキ中に，投石を受けた軍隊が労働者に向かってゴム弾を発射し，負傷する事件が起きていた（Bureau of Democracy, Human Rights, and Labor Human Rights, 1999）。

5.6 団体協約

インドネシア国内の労働協約は一般に職場契約（workplace agreement）あるいは職場協定（workplace contracts）と呼ばれ，前出2003年労働雇用法第13号，労働力・移住省による会社登記および労働協約に関する法令 No/PER16/MEN/XI/2011（Minister of Manpower and Transmigration Regulation No/PER16/MEN/XI/2011 on Procedures for Making and Legalization of Company Regulations and Procedure for the Making and Registration of Collective Labor Agreements）によって規定されている。後者の法令によると，労働協約は，労働組合，合法的な労働者代表，企業代表の3者間における十分な協議の結果締結されるべき性質の契約であると定められている。さらに，労働協約には，組合と企業の所在地，労働条件，労使双方の権利と義務が明記されていなければならない（Leks & Co., 2016）。政府は，従業員100人以上の企業に対しては労働協約の締結を勧奨している。労働協約の一般的な契約期間は2年とされ，2年目以降は1年ごとに契約更改される（Rahayu and Sumarto, 2003）。

5.7　労使紛争解決手段

インドネシアの労使紛争を調停する主要な法律は2004年労使紛争解決法第2号である。本法は事業と労働者（個人およびグループすなわち労働組合）に適用され，労使間での紛争解決を奨励するものである。紛争解決策は，法廷闘争と調停の2つである。法廷闘争の場合，不当な扱いを受けた当事者が最高裁判所と高等裁判所の下部にある特別法廷（労働審判所）へ提訴する。調停では，当事者双方が紛争の裁定を求める。法廷闘争と調停のいずれの場合も，労使交渉，調停が先行して行われる必要がある。法廷闘争の特別法廷は，判事以外に，労使それぞれを代表する臨時の判事が参加する（Saragih, Hilman, and Roshidi, 2015）。労働組合と事業主団体は，両者の合意による紛争解決をそれぞれの組合員に勧告する。非常に少数の紛争は，3者間のメカニズムを通じて解決され，その場合費用と時間がかかると考えられる（Rahayu and Sumarto, 2003）。これらのプロセスを通じて解決された紛争は，労働者と雇用主の双方に拘束され，同じ問題については争いを提起することは再度できない。

RahayuとSumarto（2003）は，インドネシアの労使制度は，政府主導の中央集権的体制から，労使が企業レベルで雇用条件について交渉できる地方分権体制へ遷移していると主張している。労使関係に緊張をもたらすような重篤な問題を指摘する労働組合や事業主は殆ど存在しない。労働者は組織の自由，要求の明示化，交渉方法などについて，事業主は，従業員を会社経営のパートナーであると自ら意識づけることについて，もっと学習すべきである。

5.8 労使関係の行政

労働力省（Department of Manpower/DOM）は，雇用条件，労働組合運営，労働紛争解決などを監督，指導する。山猫ストを法的調停に導くことも主要な業務の1つである。しかし現状は，必ずしも適正に機能しているとは言えないため，労使間のもめごとがしばしば法廷闘争に持ち込まれる。

6. 人的資源管理の文化的特徴

国民の文化的特徴は，どの国においても，組織経営，組織行動，リーダーシップのあり方などに大きな影響を与える。インドネシアは非常に複雑な文化的背景を持つ国である。都市部は現代的であるにもかかわらず，ビジネス，政治，地域文化は保守的である（Prasetyantoko and Dwianto, 2009）。250年にわたるオランダ植民地支配時代には，当時世界最大の商社であった，オランダ東インド会社がインドネシアを統治し，スルタンの権力に由来する貴族法廷文化を取り入れたジャワ文化を作り上げた（Prasetyantoko and Dwianto, 2009）。そして，近親者びいきや一部特権階級による富の独占が生み出され，支配する側とされる側の間の貧富の差が大きくなった。

インドネシアは，プランテーション農園（香辛料，コーヒー，砂糖など）や鉱物資源採掘（錫，石炭，ボーキサイトなど）への投資に好都合な場所とされていた。植民地時代のインドネシア先住民は商業活動から完全に締め出され，インドネシア農民とオランダ東インド会社の間には，オランダ総督が指名した中国人ブローカーを置いた。これは，現在においてアジア地区で中国華僑が経済力を持つようになった遠因である。独立後も，中国人は，政治的および軍事的エリートと結びついて，彼らの支配的な経済的地位を維持することができた（Tarmidi, 1999）。プリブミ（pribumi，先住民の意味）富裕層は政治，軍隊と官僚の保護の下に増加した。民間出身の軍人から大統領に就いたスハルト大統領は，一族から企業エリートを輩出し，顧客を選び，排他的な経済活動を行った。スハルト政権下に出現した企業は，コングロマリット（konglomerat，政治家と癒着した企業集団），国営大企業（state-owned enterprises/SOEs），政府や縁故者が保護・支援する官僚主導の企業であった（Wibisono, 1991）。富裕層と貧困層の格差は，植民地時代の名残として，現代のインドネシア社会に様々な影で存在する。都市部でも農村部でも，富

裕層あるいは統治者が特権階級であることは，現在のインドネシア社会文化環境においても植民地時代と変わらない。

インドネシアは1945年に独立国となったが，1949年までオランダへの抵抗は続いた。独立直後のスカルノ政権（1945～1967年）は親共路線の人民統治を目指した。スカルノ大統領は，インドネシアを工業国家として生まれ変わらせようとしたが，政情が不安定であったため，堅実な工業化を進めることができなかった。陸軍参謀であったスハルトが1967年に大統領に就任すると，企業優先，投資優先の政策を推し進め，富と開発をインドネシアにもたらした。後継の，B. J. ハビビ，アブドゥルラフマン・ワヒド，メガワティ・スティアクティ・スカルノプトゥリ，スシロ・バンバン・ユドヨノ，ジョコ・ウィドド（現職大統領，2014年10月就任）のいずれの政権も，短いスパンで開発計画を推進してきた。

インドネシアは，一院複数政党制共和国である。大統領と副大統領は，2004年までは国民協議会の決議によって選出されていたが，現在は国民からの直接選挙によって選ばれる。任期は5年，再選は1回のみ（最長10年）である。直近の国民選挙は2014年7月9日に実施された。国家元首である大統領は軍最高司令官を兼任し，国内統治に関する意思決定と外交の最高責任者である。また，内閣人事および組閣も行う。行政府は，各種政策，法規制，開発計画の策定を執り行う。国内の開発は，中央政府と地方政府双方の法令に従って進められる。

インドネシアの国是であるパンチャシラ（pancashila）は，1945年憲法の前文で，①最高神への信仰（belief in God），②人道主義（humanism），③ナショナリズム（nationalism），④（協議的）民主主義（sovereignty）あるいは統治権，⑤（社会的）正義（justice）という5原則の形で規定されている。パンチャシラは，国家機関の政策のみならず，官民企業の経営方針や企業姿勢などにも深く根付き，労働組合，企業組織，市民団体なども，パンチャシラの精神が活動理念と方針に取り入れられている。スハルト元大統領自身は，「パンチャシラは単に理想を意味するのではなく，日常生活において哲学的かつ精神的な幸福感を味わうために日頃から意識するべき教えである」と強調した。パンチャシラは，インドネシア文化や国民の生活や思考様式と完全に一体化しているわけではないが，国の発展の道のりはパンチャシラの理論の影響を強く受けている（Widyahartono, 1991）。

インドネシアは幅広く広がる島嶼国であるため，異文化が混交した特殊な文化

体系を保有している。企業組織の多くは，組織の近代化や経営方針を決定する際に，現地文化の伝統を踏襲するべきか，欧米の価値観に従うべきか，というはざまで苦悩をしている。従って，インドネシアの企業環境に，欧米の経営コンセプトは導入可能なのか，導入できても適応可能なのかという疑問が常に付きまとう。国内研究者の間には，欧米式の生産管理方式や財務管理方式の導入は円滑に進んでいるが，人的資源開発の定着にはまだまだ時間が必要であるという見解が主流である（Widyahartono, 1991）。

　Widyahartono（1991）に引用されたVroom（1981）によれば，インドネシア社会は依然として，保守的で名誉志向が強い典型的な階層社会である。Keselarasan（harmony，和）とkehormatan（honor，名誉）の2語がインドネシア社会の特徴を端的に表している社会的価値観であり，人間関係の構築・維持の指針でもある。インドネシアの社会生活においては，あらゆる可能な手段を使って，もめごと回避をするのが現実である。組織運営の観点から考えれば，組織経営的側面からみると，協働志向，仲間志向が強いと言えよう。インドネシア社会は「モノ」よりも他者との円滑な人間関係を嗜好するという点で，欧米の価値体系とは大きく異なる。現代のインドネシア企業組織が，欧米の経営方式を採用しているといっても，それは表面的なことにすぎない。労働者が組織の目標達成のため働いているとしても，それは「和」を尊重しているからであり，組織の目標が達成されれば自分自身の達成感も高まると考えているようである。

　インドネシア社会の根底にはmusyawarah（相談），mufakat（約束），gotong royong（団結，結束）という伝統的概念が存在し，階層志向が非常に強い。Widyahartono（1991）は，この特徴をよく表している言葉が，「父親的リーダーに従う」，「父親的上司もしくは父親的雇用主に従順である」という意味のbapakism（親分主義）であると主張している。インドネシア国民にとって，年長者や上長者に敬意を払うのは当然のことなのである。管理者などの組織内で人の上に立つ年長者（bapak tua）は，「父親」的な資質を持ち合わせ，部下の健康福祉に注意を払うのが当然と考えられている。これは，日本をはじめとする東洋文化に共通してみられる，父親的温情主義の1つと考えられる。

　親分主義（bapakism）は，年齢，経験，階級，上司に対する忠誠などの要素を基礎とする。インドネシア組織の中では上司に対する忠誠心が最重要と考えら

れ，欧米文化が求める効率性よりも優先される。生活文化が全く異なる人々によって構成される企業組織では，上司に対する敬意を部下に求める努力も継続的に行われている。企業組織の構成員にとって労働は，個人の目的達成のための手段であるだけではなく，組織の調和を達成する手段でもある。この調和を持続させることが親分（bapak）管理者の果たすべき役割であり，彼ら自身の権威や権力の高揚にもつながる（Widyahartono, 1991）。

親分管理者にとって最大の関心事は，企業内，部下内の調和をいかにして維持するかということである。彼らは目的達成のためであれば，組織の資産を自由に使うことができる。階層主義が徹底しているため，企業内の戦略的決定は上層部の管理者が行い，中下層の管理者は上層部の決定を指針にして自らの決定を行う。部下は上司の様子をうかがいながら行動をする。surat keputusan（管理職者トップの決定を含む文書/official order）の内容をよりよく書いてもらうときや，継続か中止かの正式決定を待つ時には，特に「静観」することが多い。従って，意思決定にはかなりの時間を要する（Widyahartono, 1991）。

ホフステッドは，組織管理文化に関する研究において，インドネシアの国民性指標を，権力からの距離（上下関係の強さ）を78，男らしさを求める強さを56，不確実性の回避傾向の強さを40，個人主義を48と示した。権力からの距離指数は他のアジア諸国より格段に高くなっている。ホフステッドは権力からの距離指数は，権威集中の程度と専制的リーダーシップの強さに比例すると述べている（Hofstede, 1983）。前述の親分主義（bapskism）という社会通念と企業文化の中で，権力の不均衡は明らかであり，権力や権威を持つ者は「保護者」あるいは「父親」としての地位を持つ。次に特徴的なことは，個人主義的／協働主義的強さの傾向である。指標14は，アジア諸国の平均指標20をはるかに下回っている。ホフステッドは，個人主義的社会あっても協働主義的社会であっても，結束の程度が緩いか強いかの違いだけで，結束するという行動は行われると主張している。個人主義傾向の強さの指数14ということは，グループ内の個人同士のつながりが強いことを示唆する。また，自分が属する集団の利益追求を個人的に期待していることを示している。集団に属する者は，意見や心情を共有することが求められ，その見返りにメンバーから援助を受けられる。結果的に集団内の相互信頼の度合いが高くなる。こうした集団を企業組織，企業グループに当てはめて考

えると，家族主義的な人間集団になると言える。人間関係を重要視する傾向が強くなると不確実性の回避傾向の強さの指数も高くなる（Prasetyantoko and Dwianto, 2009）。

　インドネシアはイスラム教色が強く，ビジネス慣習や社会的儀礼もイスラム文化の影響を受けている。イスラム法律「シャーリア」が，結婚，結婚持参金，財産の相続，公共資産の管理，社会奉仕，慈善事業，隣人や非イスラム教徒および非イスラム社会との付き合い方など，個人生活や社会習慣を細かく規定している。当然のことながら，シャーリアは企業活動についても細かく規定し，詐欺行為，贈収賄，強奪はハラム（haram/ 違法行為）とみなし，こうした手段による富の蓄積を許さない。生産性はウンマ（ummah/ 共同体）を潤すものでなければならないと明示されている。イスラム教徒は個人として，製品コストが生産コストをはるかに上回る生産施設，例えば，道路，学校，病院などの公共施設を所有してはならない（Prasetyantoko and Dwianto, 2009）。

　ムスリムの宗教儀式の多くの側面は，華僑やイスラム教徒，あるいは公共部門や民間部門の所有権にかかわらず，インドネシアの職場で十分に配慮されている。例として，イスラム教徒の従業員は，職場で2回祈りを捧げる。そのために，職場内あるいは職場の近辺にスペースが割り当てられる。イスラム教徒はラマダン月の1カ月間の断食を行うが，労働時間は柔軟に管理され，イスラム教徒の従業員が正午と午後の定期的な祈りをするような時間を提供する。イスラム教徒は，豚肉，ワイン，アルコール，非イスラム教徒方法に基づいて作る肉などの非ハラル食品，ラード，ゼラチン，ショートニングなどの食材料を含む食べ物を食べることは禁止されているため，通常，社員食堂ではこのような食べ物や飲み物を提供しない。

　インドネシア人口の大多数がイスラム教徒でありながら，イスラム教で休日とされる金曜日は休日とはなっていない。普段，イスラム暦では木曜日と金曜日が週末とされている。一般的な企業カレンダーは，月曜日から木曜日を終日勤務，金曜日と土曜日を半日勤務としている。金曜日も終日勤務とし，イスラム教徒のみ1〜2時間の礼拝を許可している企業もある。祝日は，イスラム，ヒンドゥ，キリストの各宗教の休日を反映するように設定されている。高温多湿の気候のため，ビジネス上のドレスコードはカジュアル志向である。インドネシア男

性は開襟のバティック・シャツを着用する。女性は頭部をスカーフで覆い，短くても上腕までが隠れる袖の上衣と膝丈以上のスカートを正服として着用している (Morrison, Conaway, and Borden, 1994)。

　前述のとおり，インドネシア国民は，プリブミというインドネシア原住民 (pribumi)，中国系，アラブ系，インド系をはじめとして 300 を超える多種民族で構成され，民族ごとに，独自の伝統や歴史，価値観などを継承している。プリブミと呼ばれるインドネシア原住民は，さらに，少数民族に分類される。各民族的背景は企業活動に対して大きな影響を持ち，事業の成否にかかわる要素である。インドネシアで最も成功しているのは中国系人種である。中国系人口はインドネシア人口全体の約 5％に過ぎないが，中規模以上の企業で成功を収めている。中国系企業は大都市のビジネス街に拠点を置き，羨望と嫌悪の対象となっている。特に，プリブミからの不満は強く，社会的緊張が高まると暴力行為や放火などの標的になりやすい。1997 年 5 月の暴動がその例である。中国系住民が経済的に成功した理由は，彼らがもともと勤勉で合理的，倹約熱心で信頼できる人々であったのに加え，現地労働者よりも熱心に働いたことにある (Sutojo, 1985)。プリブミ知識人や政治家の中には，中国系人民に対して同情的な意見もある。しかし大半は，狡猾，自己主義，排他的でけちだという否定的な意見である。アラブ系人口は中国系よりもずっと少ないが，企業家精神という点において，成功度は高い。中国系住民とは違って，アラブ系人種は現地人の中に溶け込んでいるため，彼らに対する「外国人」的意識は薄い。これは，彼らがイスラム教徒であること，また現地で宗教的指導者を務める人物も多いことなどが理由になっていると考えられる。かつてのサルタンは，裕福なアラブ商人がもたらしたスルタン制が基礎であった。アラブ人街もあるが，アラブ系住民は子供の通学圏も居住圏もプリブミと同じで，アラブ系住民とプリブミとの婚姻率は高い (Tarmidi, 1999)。

　一般的に，インドネシア人はビジネス面での洞察能力が低いため，中国系，アラブ系との競争力には欠けている。しかしながら，西スマトラ，西スラウェシ，バリでは，起業とビジネス経営においてインドネシア原住民の成功例も出ている。プリブミが経営するのは，小規模あるいは家族経営企業である。若い世代のプリブミの中には，短期大学や総合大学などの高等教育機関への進学者が増えている。アメリカ，オーストラリア，カナダ，イギリス，日本，シンガポールなど

へ海外留学するケースも増加し，農業，エンジニアリング，経営などの分野で研鑽を積み，母国へ帰国後には企業，公共サービス，管理専門業に就くプリブミ系人材もいる。留学先で就職し，経営実践を習得する者もいる。中国系起業家は，家父長制度の影響を強く受けた排他的な経営をする傾向があるが，新しい技術，責任所在の明らかな経営慣習，先進国の経営方法の採用には積極的である。最近では，様々な業界で女性起業家が登場するようになり，成功者も増えている。このような展開がさらに進めば，古いビジネス慣習の変化や新しい経営管理スタイルの誕生を期待することができる。

7．人的資源管理における諸課題

インドネシアの人的資源管理の実践とその周辺部門には多くの課題が残っている。国家憲法は，全てのインドネシア国民に権利と義務を平等に与え，性別，民族，障害，言語，社会的地位などによる差別を明確に禁止している。国是のパンチャシラは平等を掲げてはいるが，性別や民族を平等に扱っていない法律も存在する。未解決の偏見も多く残っているため，企業や工場の人的資源管理においてはトラブルが発生しやすくなっている。

政府は，児童の強制労働と奴隷労働を禁止しているが，関連する法律が必ずしも効力をもって運用されているかどうかは定かでない（Bennington, 2001）。事業主は児童労働者の採用が可能であるが，学習教育，社会教育，精神的発達の場を与えなければならない。また，1日4時間を超える労働をさせてはいけない。1987年以降，児童の就業には親の同意が必要となったが，危険あるいは難しい作業に就かせることも禁止されている。国の社会経済的理由から働く児童の最低年齢の規定はないが，15〜17歳の夜勤，地下労働，炭鉱労働，道徳性に悪影響を及ぼす娯楽施設での就労は禁止されている。ひどい就労条件や児童への支払額が驚くほど低いという報告は多いが，雇用者が起訴されたことは一度も聞かれない。

憲法によって，女性は男性と同等の権利，義務，就業機会を与えられているが，法的差別も少なくない。特に製造業部門では，女性労働者の賃金は男性より少なく，業務は男性主体の内容であるために女性には不利である。男女間の賃金差とは別に，出産休業などの福利厚生制度の適用を回避するために，女性は正規

のフルタイム労働者ではなく，短時間の日雇い労働者として雇用されることが多い。医療保険や所得税控除などの特典を受けられないことがある。

女性保護を目的とする法律は各地域で施行されているが，実際には，ないがしろにされているという報告がある。政府は，女性労働者の解雇や出産休暇中の女性労働者異動の監督を頻繁に行っているが，妊娠しないという念書を女性に書かせる雇用企業もあることを政府は認めている。就業期間中に妊娠や職場結婚の禁止，職場での授乳などの問題に関して，事業主が訴えられるという事例もある。女性の応募は独身者に限定することを明記した求人広告もある (Ford and Parker, 2008)。

女性労働者には1カ月につき2日の生理休暇取得が法律で認められているが，この規制の実行は無実であることが明らかになっている。女性管理職の中には，生理休暇取得を公にできないために，自宅で仕事をしていると報告するというケースもある。多国籍企業でも生理休暇を認めていない企業があるが，休暇利用の申請があれば個別に休暇を承認している。しかし，全ての女性従業員にこうした休暇制度の利用を認めていると，企業が成り立たないという指摘もある (Bennington and Habir, 2003)。

工業団地や自由貿易区に立地する企業は，未婚女性の行動を厳しく監視している。会社の寮に居住させ，勤務時間外の外出などの行動を監視している (Hadiz, 1997)。職場での女性に対する性差別に加えて，セクシャル・ハラスメントも発生しているが，報告されることは極めてまれである。仮に法廷闘争となったとしても，女性側が勝利することは難しい (Triaswati, 1996)。

雇用においては，理論的には男女平等であるが，1978年，1983年，1988年，1993年に出された法的ガイドラインとその後の政府方針では，開発過程における女性の社会進出は，家族の快適な生活の維持と子供の教育など，インドネシアの伝統的な女性の役割に抵触しないことが前提となっている。2000年3月，インドネシアは国連の女性差別撤廃委員会の協定を批准した。今後は，女性労働者の待遇改善が飛躍的に進むと期待できる。

政府は，他人種，他宗教，他民族に対する寛容を促進しているが，マルクやアチェなど一部の地域においては監督できておらず，宗教間と民族間の緊張が衰えない (Bennington and Habir, 2003)。整然として，氏名，生年月日，出生地，宗教，

居住地などの個人情報を記載した「身分証明カード」の携帯が義務つけられていたが，このカードが，中国系住民をインドネシア系住民と識別し差別するための道具として使用されるようになったため，1990年代後半から廃止された。

　民族や宗教の違いによる職業差別は，例えば，金融やマーケティングには中国人が向いているという「積極的差別」もあるが，大半が否定的な差別である。全人口の5％にも満たない中国系住民はインドネシア経済の立役者であるが，公務員，国営企業，軍や警察の仕事では採用制限がある。また大学の入学資格にも制限がある。中国系インドネシア企業グループの人材は，同じ中国系住民から採用している。同様に，プリブミ企業がインドネシア系住民からしか人材を採用しないこともある（Bennington and Habir, 2003）。

　全人口の88％がイスラム系であるため（MOFA, 2015），宗教的ニーズに対する対応は，イスラム教信者に偏りがちである。例としては，職場内での礼拝室の設置，勤務時間内各回礼拝のため10〜15分の設定がある。金曜日には宗教目的の特別な時間を設けなければならない。多くの雇用主は，宗教上の違いから起こりうる問題を非常に意識し，様々な宗教的信念，特にイスラム教徒とそのニーズに対応する努力をしている（Bennington and Habir, 2003）。

　100人以上の従業員を雇用する企業は，従業員の1％を障害者採用枠とすることが法律によって定められている。この規制はまだ十分に運用されていないし，今後の展開も怪しい。工場で働く障害者もいるが，彼らの殆どは生計を家族に依存し，少しでも収入を得るために頼み込んで採用してもらっているというのが現状である。インドネシアでは，障害者が働くということはまだ一般的なことではない。

　インドネシアの労働人口は若年労働者が豊富で，高齢者の就業人口はそれほど多くない。年齢による差別を禁止する法規制は存在しない。新聞やインターネットに掲載される求人広告の採用条件は，年齢，性別が中心である。顔写真の提供も求められている。高齢労働者に関する問題は近い将来必ず発生する可能性があるため，予防戦略として法整備が必要である。

　20年以上にわたって，インドネシアは多国籍企業からの投資を受け，多国籍企業で雇用されることによって採用と雇用の豊かさを享受してきた。しかし，輸出志向型企業は，賃金，労働条件などの法規制を厳格に順守してきたが，女性労

働者に対しては，賃金や給付金の支払い，休暇制度，育児制度，フレックスタイム導入などの点で，適正な対応をしてきたかどうかが疑わしい（Hancock, 1997）。

最低賃金の規定はあるが，全ての従業員に対してこの規定が守られているというわけではない。最低賃金に関する規定承諾を最長 12 カ月延長することが認められているので，最低賃金以下の賃金しか支払わない雇用主が多いのは事実である。「見えない事業経費」が必要なので，最低賃金を上乗せする余裕がないという不満を漏らす事業主もいる。「見えない事業経費」とは，軍や行政からの協力を確実するためのいわゆる賄賂である。事業主には，政府や行政に対して各種「料金」を支払わなければならない。これらの「料金」支払いは，ライセンスの取得や労働者からの保護に必要なものであるが，職場のもめごとを事前に防ぐために行政と事業主が癒着していることの証しである（Bennington and Habir, 2003）。

労働力省は事業者に対して迅速な法順守を強く求めているものの，政府による労働基準の監視はいきわたっていない。調査官の不足，効果的な制裁措置の不整備，未熟な紛争解決方法，さらに現在のインドネシア発達程度に見合わない非現実的な基準設定などによって労働法の不備が生じる。

インドネシア経済ではインフォーマル・セクターがとても大きく，働く労働者の大半がまだ雇用法制の枠組みに含まれていない。フォーマル・セクターの雇用者は，常勤労働者に老齢，死亡，障害，恒久障害，労働災害，職場からの病気をカバーする社会保障費を払うが，契約社員にはそのような報酬は支払われない。

社会保険の問題以外に，人的資源開発分野の課題が山積している。この国の HRM はまだ形成段階にあり，将来の産業，経済，社会発展の様々な段階でより強固な形を整えると考える。現状では，HRM の理念と実践は，セクター，産業，企業，さらには島ごとに大きく異なる。試行錯誤の間により多くの新しい問題が浮かぶだろう。要するに，インドネシアの HRM 管理者，政府および民間機関，HRM の研究者は，これらの問題と課題に大胆に対応し，最終的にはこの国にとって堅牢で科学的かつ現代的な HRM を促進するだろう。

参 考 文 献

ASEAN (2015). "ASEAN Nihon Tokeishu", http://www.asean.or.jp/ja/asean/know/statistics. html (accessed on December 11, 2015).

Bennington, Lynne (2001). "Managing Diversity in Indonesia", in Patrickson, M and O'Biren, P. (Ed.) *Diversity Management in an International Context*, Brisbane: Wiley.

Bennington, Lynne and Habir, Ahmad D. (2003). "Human Resources Management in Indonesia", *Human Resource Management Review*, No. 13, pp. 373–392.

Bureau of Democracy, Human Rights, and Labor Human Rights (1999). "Indonesia Country Report: Practices for 1998", http://www.usis.usemb.se/human/human1998/indonesi.html (accessed on November 21, 2015).

外務省/MOFA (2015).「インドネシア共和国基礎データ」, http://www.mofa.go.jp（アクセス 2015 年 11 月 20 日）。

Fehring, I. (1999). "Unionism and workers' rights in Indonesia", in Lindsay, T. (ed.) *Indonesia: Law and society*, Leichhardt: Federation Press.

Ford, Michele and Parker, Lyn (2008). *Women and Work in Indonesia*, London: Routledge.

Habir, Ahmad D (1995). *The Emerging Indonesian Managerial Elite*, AustAsian Paper No. 2, University of Sydney, Research Institute for Asia and the Pacific.

Hadiz, V. R. (1997). *Workers and the state in new order Indonesia,* London: Routledge.

Hancock, P. (1997). "The Walking Ghosts of West Java", *Inside Indonesia*, No. 51, July-September.

Hofstede, Geert (1983). "The Cultural relativity of Organizational Practices and Theories", *Journal of Internal Business Studies*, Vol. 14, No. 2, pp. 75–89.

House of Representative/Indonesia (2016). "Inter-Parliamentary Union", http://www.ipu.org/parline-e/reports/2147.htm (accessed on November 24, 2016).

Indexmundi (2015). "Indonesia Demographics Profile 2016", http:www.indexmundi.com/Indonesia/demographics_profile.html (accessed on November 16, 2015).

Islam, I. (1989). "Management and industrial relations in ASEAN", *Labour and Industry*, Vol. 2., No. 2.

Kankeiren (2016). "FDI in Indonesia: Japan Remains Committed to Invest", http://www.indonesia-investments.com/news/todays-headlines/fdi-in-indonesia-japan-remains-committed-to-invest-says-kankeiren/item6578 (accessed on December 13, 2016).

Khondaker, Mizanur Rahman (2002). "Bonded Zones as a Development Strategy in Indonesia – An Examination of the Development Issues and Challenges of Batam's Bonded Zone", *Shogaku Ronsan*, Vol. 43, No. 6, Chuo Daigaku Shogaku Kennkyukai.

Leks & Co. (2016). "Indonesian Labor Law", http://www.indonesialaborlaw.com/ (accessed on October 26, 2016).

Manning, C. (1998). Indonesian labour in transition, Cambridge: University of Cambridge.

Ministry of Industry (MOI)/Republic of Indonesia (2015). Industry – Facts & Figures, Jakarta, Indonesia.

Mizuno, Kosuke (2005). "The Rise of Labor Movements and the Evlution of the Indonesan System of Industrial Relations: A Case Study", *The Developing Economies*, XLIII-1, March, pp. 190-211.

Morrison, Terri, Conaway, Wayne A., and Borden George A. (1994). Kiss, Bow, or Shake Hands – How to do Business in Sixty Countries, Holbrook, Mass.: Adams Media Corporation.

Prasetyantoko, Agustinus and Dwianto, Raphaella D. (2009). "Management in Indonesia", in Hasegawa, Haukiyo and Noronha, Carlos (eds.) *Asian Business & Management – Theory, Practice and Perspectives*, Hampshire, UK: Palgrave Macmillan.

Rayahu, Sri Kusumastuti and Sumarto, Sudarno (2003). "The Practice of Industrial Relations in Indonesia", *SMERU Working Paper*, The SMERU Research Institute, March.

Rohdewohld, R. (1995). Public Administration in Indonesia, Melbourne: Montech.

Saragih, John W. Daniel, Hilman, Anthony, and Roshidi, Azahari, Fikri (2015). "Brief Overview on Industrial Relations in Indonesia", http://aseanlabour.weebly.com/uploads/1/2/6/3/12630094/industrial_relations_in_indonesia.pdf (accessed on October 26, 2016).

Schwartz, Adam. (1994). *A Nation in Waiting: Indonesia in the 1990*, St. Leonards: Allen & Unwin.

朱　炎編 (2000)『徹底検証 アジア華人企業グループの実力』ダイヤモンド社，東京。

Statista (2015). "Indonesia: Distribution of employment by economic sector from 2004 to 2014", https://www.statista.com/statistics/320160/employment-by-economic-sector-in-indonesia/ (accessed on November 23, 2016).

Surowidjojo, A.T. (1999). "Employment Law in Asia: Indonesia", *Asia Business Law Review*, No. 25, pp. 24-39.

Sutojo, H. (1985). "Management Philosophy, Culture and Education in Indonesia", in *Management & Usahawan Indonesia, Jakarta: Bagian Publikasi Lembaga Management*, Fakultas Ekonomi Universitas Indonesia, September-October, pp. 41-44.

Tarmidi, Lepi T. (1999). "Strategies for HRM of SMEs in Indonesia", APEC Human Resource Development Working Group, Jakarta: APEC.

Triaswati, N. (1996). "Women and Children Labor Force in Indonesia", *Indonesian Quarterly*, Vol. 14, No. 1, pp. 19-30.

Vroom, C.W. (1981). "Indonesia and the West: An Essay on Cultural Differences in Organization and Management", in *Management & Usahawan Indonesia, Jakarta: Bagian*

Publikasi Lembaga Management, Fakultas Ekonomi Universitas Indonesia, November-December, pp. 25-31.

Wibisono, C. (1991). *Proceedings of an International Seminar on Issues of Development*, Institute Teknologi Bandung and Goethe Institute, Bandung, Indonesia.

Widyahartono, Bob (1991). "The Pancashila Way of Managing in Indonesia", in Putti, Joseph M., *Management: Asian Context*, Singapore: McGraw-Hill.

Wijayanto, N.M. (2015). "Industrial Relations in Indonesia", http://www.linkedin.com/pulse/industrial-relations-ir-indonesia-wijayanto-nm.html (accessed on September 7, 2015).

Woodward, K.H. (1996). "Neo-colonialism, labor rights, and the "growth triangle" of Indonesia, Malaysia, and Singapore: Who will protect the "hinterland" and Indonesia's workers?", *Dickinson Journal of International Law*, Vol. 15, No. 1.

World Bank, The (2015). "Labor Force Structure", World Development Indicators, http:wdi.worldbank.org/table2.2 (accessed on November 1, 2016).

World Bank, The (2016). *World Development Indicators*, http://wdi.worldbank.org/table/1.5 (accessed on November 16, 2016).

Yoon, Youngmo (2009). "A Comparative Study on Industrial Relations and Collective Bargaining in East Asian Countries", *Working Paper No. 8*, International Labour Office, Geneva, November

第7章　タイにおける人的資源管理：
日系企業の事例に焦点

1. 国家経済の紹介

　タイは「ほほえみの国」，「自由の国」，「仏教の国」，「世界の台所」などの別名を持ち，首都バンコクは「天使の町」と呼ばれ，タイ国民は「自由を愛する国民」として世界中によく知られている。様々な激しい紛争を経験しながらも健全な外交活動によって独立と統治権を保ってきたが，植民地経験のない国である。20世紀の半ばから1990年まで，首都バンコクは「東への門」と称されることもあった。また政治経済の分野では，インドネシア，マレーシア，フィリピンに次いで，地域連合体であるアセアンを構成する主要4カ国，「アセアン4」の1国である。タイの国民，文化，経済，社会に関する多様な憧憬の念があるのと同じく，その企業経営システムの特色や実績において，国内外の研究者，経営実務家，多国籍企業の経営者，国際経営研究機関などから多くの称賛を受ける。

　それはともかく，タイはインドシナ半島中央部とマレー半島北部の間に所在し，北はラオス，東はカンボジア，南はマレーシア，西はミャンマーと国境を接し，マレー半島北部は西にはアンダマン海，東にはタイランド湾に面する。面積は51万4,000平方キロメートル（日本の約1.4倍）であり，世界第50位である。人口は6,593万人（2010年現在/タイ国勢調査）であり世界第20位であるが，人口の約10％が最大都市首都バンコクに居住する。人口の大多数はタイ族（75％）で，その他は華人系（14％），マレー系（5％）およびビルマ系（2％）であり，宗教的割合は仏教93.6％，イスラム教4.9％，キリスト教1.2％，その他0.3％である（表7-1）。タイは王国で，立憲君主制であると共に2院制の議会と首相が存在する (Morrison, Conaway, and Borden, 1994)。

　2015年現在，タイのGDPは約3,952億ドルであり，東南アジアではインドネ

表 7-1　タイ経済の基礎指標

面積：約 51 万 4,000 平方キロメートル
人口：6,593 万人（2010 年タイ国勢調査）
民族構成（2010 年）：
　タイ族　　　　75%
　華僑系　　　　14%
　他のアジア系　 8%
　ビルマ系　　　 2%
　その他　　　　 1%
宗教的構成（2010 年）：
　仏教　　　　　93.6%
　イスラム教　　 4.9%
　キリスト教　　 1.2%
　その他　　　　 0.2%
　無教　　　　　 0.1%
識字率（2015 年国勢調査）：　96.7%
名目 GDP：3,952 億ドル（米ドル /2015 年 /NESDB）
1 人当たり GDP：5,878（米ドル /2015 年 /NESDB）
GDP 成長率：2.8%（2015 年 /NESDB）
物価上昇率：−0.9%（2015 年 /NESDB）
失業率：0.8%（2014 年 /NESDB）
総貿易額（2015 年 /NESDB）：
　輸出　2,121 億　（米ドル）
　輸入　1,775 億　（米ドル）
為替レート：1 米ドル = 約 34.25 バーツ（2015 年平均）
日本との経済関係（2015 年）：
　輸出品目―コンピュータ・同部品, 自動車・同部品, 機械器具, 農作物, 食糧加工品
　輸入品目―機械器具, 原油, 電子部品
主要貿易相手国（2015 年）：
　輸出―1. 米国　2. 中国　3. 日本
　輸入―1. 中国　2. 日本　3. 米国
在留邦人数：約 67,424 人（2015 年 10 月）
在日タイ人数：45,379 人（2015 年 12 月 / 外国人登録者）
日本との主要 2 国間条約：
　修好宣言（1887 年）
　航空協定（1953 年）
　文化協定（1955 年）
　技術協力協定（1981）
　租税条約（1990 年）
　経済協力協定 /JTEPA（2007 年 11 月）
　経済提携協定（2017 年）

出所：MOFA/Japan (2017). http://www.mofa.go.jp; Indexmundi (2017), http://www.index mundi.com/thailand/demographics_profile.html などを参照して作成したものである（全てアクセスは，2017 年 7 月 10 日）。

シアに次ぐ経済規模である。農業は就業人口の約40%を占め，GDPでは12%にとどまるが，他方，製造業は就業人口の約15%を占め，GDPの約34%，輸出額の約90%を占める。政治経済の安定および外資系企業の積極的な進出の背景には，1980年代以降から1995年にかけての10年間で，タイの経済は平均9%の経済成長率を成し遂げたという記録がある。しかし，1997年のアジア通貨危機によって経済が停滞した後，タイは1米ドル対25バーツの固定相場制を廃止し，1998年1月には1米ドル対56バーツまで値下がりが起きた結果，経済規模は10.2%も悪化した。その後の政治不安，軍隊による2006年のクーデター，2009年のリーマンショック，2014年には再度の政治混乱とクーデターなどでタイ経済は不安に陥ったが，現在の経済成長は2.8%程度である。国内に政治的混乱が頻繁にあったにもかかわらず，タイ国民の姿勢はもともと安定的かつ平和的で，伝統的に柔軟な全方位外交を維持しつつ，アセアン10カ国との連携および日本，米国，中国，EUといった主要国との協調的外交の基本方針を持つ。こうした事実を背景に，本章では，日本からの直接投資と進出した企業経営の諸側面を研究する。研究方法としては，アンケート調査，聞き取り調査および文献研究の組み合わせを導入した。

2. 本章の研究計画と方法

本章の研究には2つの方法を導入した。タイ国内企業の研究は2次資料に依存して行い，日系企業の研究はアンケート，聞き取りや文献調査に基づいて行われたものである。まず，タイ駐在日本商工会議所の会社名簿から製造業部門の3社（電子・電気機器部門の1社，繊維部門の1社，食品製造部門の1社）およびサービス業部門2社（銀行業部門の1社と総合商社の1社）を無作為に選択し，事前に作成したアンケートを実施した。事前相談に基づき調査を計画したこともあり，サンプル5社ともアンケートに回答した。こうしたアンケート調査から得られた情報を頻度数の計算によってまとめた上で，研究成果の分析と解釈を得た。サンプル数の少なさから高度な分析ツールの利用による研究は行わなかった。

3. タイにおける国内ビジネス経営の特徴

タイにおける日系多国籍企業経営の特徴を研究するプレリュードとして，タイ

の現地経営について検討をする必要がある。古くからタイ国民は職業やビジネス経営の自由を求めたが，国家経済発展の歴史の様々な段階において，国民は単なる個人所有の零細事業の経営から小・中・大企業の経営についても豊富な経験や実績を持つようになり，20世紀後半のより進んだ段階においては会社経営や経営専門職を職業とするクラスも誕生し，経営のキャリアを持つ起業家も増え続けた。本節では，文献調査により職業と経営の歴史的自由および真のタイ式企業経営の特徴を検討する。

3.1 職業と経営の自由

長く封建制度が続いたにもかかわらず，古くからタイ国民は職業の自由を持っていた。スコータイ王朝（Sukhothai 1283-1350AD）時代の石碑文には，ラームカムヘーン王（Ramkhamhaeng）によって布告された「象の売買をしたい者はすればよい。金銀の売買をしたいものはすればよい。」という声明が記されている。これは，収入を得て生計を立てるために職業の自由が存在したという確固たる証明である。Siengthai and Vadhanasindhu（1991）によると，歴史的にみてタイでは王室の支援を受けた温情主義的経営管理体制が発展し，言論，行動，職業の自由が保障されていた。タイ国民は平和を愛好し，海外特に西欧諸国の長所を取り入れてきた。1932年に立憲民主主義体制へ平和的に移行したあとは，西欧諸国の民主主義的価値観がタイ国民の思考行動様式に浸透し，タイ特有の仏教的価値観とさらに移民のもたらした中国的価値観と交じり合った。

他のアセアン諸国と同様に，タイの経済活動においては中国系移民の役割が支配的である。中国系移民の存在は金融，財政，貿易，製造，錫関連鉱業，石油の各分野に広がっている。今日ではこれらの分野の大多数の企業が管理職に家族あるいは親族を採用している（Everett, Krishnan, and Stening, 1984）。企業トップの家庭では，子弟を海外のレベルの高い大学や教育機関に通わせ，帰国後は両親もしくは祖父母の後継ぎとする（Siengthai and Vadhanasindhu, 1991）。

仏教によって育まれたタイの社会規範と価値観は，仏教的価値観に根づくものである。職務上の課題と社会問題を同時に抱えながら，常に従順な姿勢で，職場での問題や対人関係でのもめごとを熟慮するのがタイ人気質である。タイは，欧米やアジア諸国で見受けられるような紛争解決方法には頼らずに紛争を回避し

ようとする社会である。これは，ホフステッド（Hofstede, 1983）の国民の経営文化指標で明らかにされたように，タイが強い紛争回避傾向を持つ国であることを示す要因の１つであると思われる。仏教では，(a) 自己実現（己を知る），(b) 隣人・同胞・仲間を知る（自分の周囲を知る），(c) 因果応報（物事の因果関係の自覚），(d) 適切な時期に行動する（問題との対峙とその解決にはそれにふさわしい時期を選ぶ），(e) 適切な場所の選択（どんな行動を起こす場合もそれにふさわしい場所を選ぶ），(f) 潜在的可能性の確認（己の能力と限界を知る）という姿勢が強調されている（Siengthai and Vadhanasindhu, 1991）。今現在も経営者および企業家は，重要な意思決定の前に占い師，手相見，掩蔽などに相談する。

　Moore（1974），Sentell（1979），Siengthai and Vadhanasindhu（1991）などの研究者は，タイの労働環境における上述のような紛争回避姿勢は，マイペンライ（main pen rai ＝ 大丈夫の意味），チャイイェンイェン（chai yen yen ＝ 落ち着かせる意味），クーレンチャイ（kreing chai ＝ 遠慮の意味）の結果であると論じている。詳述すると次の３点に集約される。第１に「平穏な人間関係を維持しようとする欲求，欲求不満や意見の不一致を取り除いて均衡を保とうとする欲求，怒りや感情を表面に出さない努力」の顕著な表れである。第２に，「出しゃばらず控え目で，相手に対して敬意をもって礼儀正しくふるまい，謙虚で，思慮深く，他人に恥をかかせるようなことは避けるという気持ち」と関係がある。第３に，タイ社会が「明示されていなくとも十分に理解できていて，規則を比較的厳しく守る」社会であることを示唆している。こうした要素が対人関係の中の全ての行動の規範となっている。外国人管理者は時としてタイはもめごとがない国と勘違いすることもあるが，むしろ紛争と混乱は常に存在しているという方が正しい。従って，文化構造に合わせて開発された紛争解決法に基づく枠組みでもってトラブルを取り扱うことが望ましい。

3.2　企業経営の特徴

　タイでは貿易会社と中小企業が急成長した。貿易会社と零細・中小企業は親族企業形態で設立，経営されている。筆者は1984年以降バンコク訪問を重ねるうちに，バンコクの裏通りには小規模の生産会社，売掛債権回収会社，卸売会社がひしめき合っていることに気づいた。これら企業は，隣接地域から雇用した従業

員と親族によって，短期的利潤獲得を目的として経営されている。Sila-on（1979）によると，こうした親族経営の小規模企業の意思決定方法は旧式で非科学的ではあるが，新たなビジネスチャンスや取扱商品，経営方法の刷新などを模索している。1980年代から2000年代にかけての経済発展は，タイ向け投資を行った諸外国や多国籍企業との競争力を高め，経営におけるプロ意識，リーダーシップ，人事採用，社員の教育訓練，技術輸入への道を拓いた（Chen, 1998/2004）。前述の購買国における織物産業，軽工業，海外直接投資の発達は，タイの工場経営者にとっては技術面だけでなく資金調達やリーダーシップの面でも逆風となった。アセアンの支援を受けて回復した域内競争力が，人材（ヒト），原材料（モノ），手法（メソッド），金融（カネ），情報など（経営4MsとMIS）の管理体制を改革する弾みとなった。最終的には中小企業は大規模企業組織体制へと転換していった。

職務権限や責任に関する一般的管理原則はタイの中小企業ではうまく機能しなかった。しかし，大規模産業部門や企業では，管理職者も一般従業員も高い能力と豊富な経験を有しているので，組織内の上下関係や階層構造を積極的に維持しようとする意欲が強かった。タイ政府の官僚組織のケースと同様に，企業の意思決定者も責任を回避しようとする傾向がある。管理部門と各階層間の調整と連携が不十分である。

タイの労働文化における職務上の肩書き，権限委任，責任負担などの要素は，まだ明確に規定されていない。国の伝統として無礼な行為は疎まれるので，職場には協調的な対人関係が行き渡っている。それでもなお，個人あるいは家族のつながりが，ビジネス経営と組織的ネットワーキングにおける極めて重要な要素であることに変わりはない。一般的に，組織全体での同僚との人間関係よりもむしろ，社内で局在する階層的仲間関係が好まれる（Sila-on, 1979）。

タイ王国の経済発展の全過程において，個人的な交友関係や血縁関係には敬意が払われ，職場を越えた人間関係へと拡大した。特に，1970年代から1980年代の経済発展の離陸と高度成長の段階では労働市場が非常に厳しい状況にあったため，被雇用者に対する雇用側の厚遇が求められた。Nananugul（1981）が主張するように，タイでは被雇用者は高待遇に対して強い忠誠心と高い業績で応えるのが習慣である。人的資源管理面においては，管理職者は対立やもめごとの回避に努め，「全従業員に対する公正かつ公平な待遇」という方針の促進と維持をした。

今日でも，管理職者のこうした姿勢は継続されており，高い効率性と生産を保証する原動力となり，企業目標に対する強い達成意欲の源となっている。

タイのビジネス経営の特徴は，現代的な欧米式経営志向が強いにもかかわらず，実際には一枚岩的組織構造で完全に統制された組織が支持されている点にある。中小企業における企業所有者兼指導者格の経営管理者は，独裁専制的とか民主的というよりもむしろ，一匹狼的である。中小企業経営管理者は主要な意思決定を全て1人でこなす。そして決定事項は垂直的に組織上層部から下層部へと伝達され，管理職者をはじめとする部下および従業員がこの決定に従順に従う。このようなタイプの指導者は短期的利潤に対して強い志向性を示すが，新しい技術や製品，手法の導入に消極的であり，継承したか，自分で開発したかにかかわらず，旧来のビジネス手法にかたくなに固執する傾向がある（Chen, 1998/2004）。

しかし，タイの大企業は常に近代的な経営システムとテクニックを導入し，改良のためにさらに新しい手法を利用する努力を怠らない（Poapongsakorn and Naivithit, 1989）。高等教育機関の大半は，会計，経営，財務，経営情報システム，マーケティングの専攻学生向けにBBA，MBA，MComなどの資格講座を開設している。同様に工学技術系学部でも，土木工学，工務員，機械，電気，電子工学，IT，冶金・金属学，専攻学科，都市工学，産業技術工学，環境技術などの本来の専攻分野とは異なる専攻科目の教育プログラムを設置している。卒業生は，急速な拡大をみせる産業部門において増大する需要に即応できるようになっている。

アセアン諸国は人的資源開発と人的資源の域内移動の問題を戦略上重要な案件として継続的に粘り強く取り組んできた（Chen, 1998/2004; Backman, 2006）。以前は知られていなかったことだが，タイのみならずアセアン全加盟国が人材は資源であると認識している。タイの大規模企業は教育訓練に巨額の資金を集中させており，政府は各種国際フォーラムおよび域内フォーラムを通じて人的資源開発の支援をしている（Backman, 2006）。どのような訓練プログラムにおいても，経営者と起業家が強調するのは次の3点である。すなわち，現在の業務および職務の遂行に必要な技能の向上，管理能力を高めるための技術者教育（MT）と経営者養成と教育（MD）プログラムによる訓練の繰り返し，経営才覚の開発のためのプログラム実施，である（Poapongsakorn and Naivithit, 1989）。大規模で近代的な企業は，社内教育訓練だけにとどまらず，教育訓練を目的とした従業員の海

外派遣を実施している (Siengthai and Vadhanasindhu, 1991)。中小企業は技能開発に熱心ではあるが, 資金不足と手配・設備面の不備のため, 大企業のように定期的かつ体系的な訓練プログラムを実施することが難しい。しかし, Siengthai and Vadhanasindhu (1991) によると, 現在ではこうした問題点は解決されつつあり, 中小企業従業員は企業外部の専門的な訓練組織で教育訓練を受けられるようになっている。

OJT や OFF-JT といった社内プログラム以外に, タイ生産性開発センター, 労働省人材開発庁といった政府系機関や, タイ経営管理協会, タイ雇用者連盟, タイマーケティング連盟などの民間機関や産業団体によって多数のプログラムが用意されている (Siengthai and Vadhanasindhu, 1991)。

3.3 人的資源管理の現況

人的資源管理の政策と運用という側面から見た場合, タイの企業は, 民間企業と国営企業の2つのカテゴリーに分けることができる。民間企業の大半は同族会社を基礎としており, タイ華僑社会とのつながりが強い。華僑系大企業の雇用や人事は, 投資家が経営に関与する他の民間部門企業の運用方法と明白に異なる。タイの企業の多くは海外企業との合弁会社であり, 合弁会社の人的資源管理システムはタイと合弁先の国の人的資源管理運用を組み合わせたものになっている。本節では, 民間部門の同族企業と大規模企業の人的資源管理について, Siengthai and Vadhanasindhu (1991), Lawler and Atmiyanandana (1995), Lawler, Siengthai, and Atmiyanandana, Vinita (1997), Kantamara (2009) の研究を総括しながら, 検証する。

3.3.1 募集・採用・昇格

同族会社の採用・雇用は, 親族関係を信用して行われるので, 企業内の主要ポストは当然のことながら, 親族によって独占される。家族関係が拡大するにつれて, 従業員のネットワークも広がる。上席のポストには中核の親族が, 中堅以下のポストには雇い入れの親族が, それぞれ就任する。これらの企業組織が急速に拡大しない限り, 採用は一般的に大きな問題ではないが, 従業員の離職率が高くなる傾向がある場合には, 親族以外の人材の雇用が必要な状況であると考えられ

る。実際には，信頼のおける人物（家族，親しい友人，自社の従業員など）や近親企業の推薦を絶対条件とし，採用を行う。低い地位の労働者は従業員の近親者や家事使用人の中から採用されることが多い。こうした事象は，タイの特徴的な集団主義と親族重用主義（身内びいき）の現れである。集団主義と親族重用主義は，近親者グループ内での特別扱いを助長する。組織上層部のキャリア形成には幅広い選択肢が用意されている。個々の従業員の経路においては様々な業務が割り当てられているが，業務内容を細かく定義している親族企業は少ない。

親族企業内の昇進・昇格の仕組みは，企業間の姻戚関係を必要とする場合を除いて，明確ではない。人員配置においては，姻戚関係が最重要項目である。集団としての親族と親族1人ひとりの忠誠心に支えられ，社会統制メカニズムに形式的に依存しているにとどまる。それゆえに，企業の社会性が限定的であり，事業活動の範囲も狭い。

親族企業の強みは，結束の強さによる安定感である。ニッチ市場をターゲットとする小規模企業の経営スタイルは，人員配置も含めて，姻戚関係を基本にしている。しかし，企業規模が大きくなると，姻戚関係に固執する経営スタイルでは生き残っていくことが難しくなってきている。親族企業の経営スタイルは，才能と経験に恵まれる人材の存在可能性を排除するものである。兄弟，子弟，近親者だけでは，比較的大きな企業組織，特に国際的な事業展開をする企業に要求される高度な才能を持つ人材の供給源にはなり得ないようである。例えば，親族や個人的つながりを度外視して従業員を経営幹部に異動させようとするとき，親族以外の従業員の昇進を認めないシステムがあると，優秀な人材を獲得するのは難しくなる。上層部の職を親族以外の従業員にも開放するかしないかという事情は，親族企業の存続にもかかわる大きな課題となっている（Lawler, Siengthai, and Atmiyanandana, 1997）。

タイ企業の経営は国内労働市場に依存するが，国の経済状態はこの現状を必ずしも歓迎していない。急速な経済成長によって極端な人材不足が進む中，管理職者と専門職者の離職率は危機的な状況にある。どの企業も多国籍企業との競合を余儀なくされ，管理職者クラスの常習的な「転職」によって賃金が急増している。多国籍企業の賃金はタイ国内企業よりも高いので，多国籍企業への転職が増えている。企業上層部の人材を社外から獲得するということは，多国籍企業と競

合する国内企業にとって主要課題である。大卒者採用，新聞広告による人材募集が基本的な採用方法であるが，「ヘッド・ハンティング」や人材ネットワークも利用されている。一般社員の選抜および採用は，親族企業の方法と大きく変わらない。中級クラス以下の技能者は供給過多の状況にあるので，大きな雇用問題にはなっていない。工場の場合，採用情報が工場の門に掲示され，近隣居住者が応募する。現場で優位な立場にある労働者も存在するので，友人や親せきという人的つながりも重要である。最近では，自社ホームページに求人案内を掲載する企業もある。

　タイの大企業での雇用は，明示的な基準に大きく依存する傾向が強く，これらは同族企業よりもパフォーマンスに関連する要因により密接に関連している傾向がある。しかし，個人的なつながりに関連する暗黙の基準もまた非常に重要である。雇用手続きは同族企業よりも公開しやすい傾向にある。大企業と同族企業の明確な区別の1つは，前者は少なくとも上級レベルの従業員を選ぶ際のテストの使用にはるかに大きく依存しがちである（Lawler and Atmiyanandana, 1995）。

　タイの民間企業での採用と雇用は，親族企業の方式と類似する。これは，民間の経営者は，従業員の勤労意欲を高め，企業への忠誠を促すために，家族的な雰囲気を持つ職場づくりに力を入れているからである。しかし，キャリアパスの選択肢は狭く，昇進経路は複雑で，幅広い事業活動の経験を必要とする。民間企業の場合，同族企業とは異なり，主にマーケティング，ファイナンス，人事などの管理機能領域に沿って組織されたプロフェッショナルな経営幹部（MBAまたは関連の専門的プログラムで教育を受けた）が存在する。創業家族によって支配される企業であっても，姻戚無関係のプロフェッショナル・マネジャーは，会社内の全てのレベルで職位を占め，企業間移動の機会もかなり広範囲である。通常，合弁相手である外国人投資家は経営者の専門性を期待する。

3.3.2　給与・報酬と雇用安定

　タイの同族企業の給与は決して高くはなく，特に未熟練労働者や縁故で雇い入れた労働者の賃金は，民間企業の賃金とは比較にならないほど劣悪な状況にある。上層職の労働市場には競争力があるが，親族企業や小規模企業の労働市場には競争力がない。タイ国内の中小企業向けの労働力は余剰傾向であるため，この

企業では賃金引き上げを求める運動は殆どない。

　賃金の決定には，社会的背景，性別，年齢などの要素があるが，職務評価を基礎とする賃金体系にはなっていない。タイ企業の賃金制度は非常に複雑ではなく，親族でない限り，付加給付金が支給されることはまれである。民間大企業ほどではないが，多様な報奨制度を導入している同族企業もある。ボーナス制は広く行き渡っているので，企業の業績に応じて，2〜3カ月分の月給相当額の年末ボーナスが支給される。しかし，こうした報奨金は，事業所有者の一時的な思い付きで支給されることが多い。報奨・奨励金も，旧正月などの特別な機会に支給されている。労働者は，これらのインセンティブを企業が支払う比較的低い賃金の填補としてみる傾向がある。給与体系は不明確な一方で，同族企業の雇用保障はかなり安定している。その理由は，雇用喪失は「体面の喪失」と考えるタイ文化の特徴にある。一時解雇はタイ労働法で規制されているため，一時解雇を実施する場合には相当額の金銭補償が必要となる。法定基本賃金および解雇に対する文化的背景の組合せは，同族企業の高い雇用保障率を維持していると考えられる (Lawler, Siengthai, and Atmiyanandana, 1997, pp. 175-177)。

　民間大企業の給与は同族企業よりも格段に高額で，北米，ヨーロッパ，日本の多国籍企業とほぼ同程度の額が支給されている。一般的なタイ企業は，外資系企業と競合できるほどの人的資源を持っていない。そのため，賃金が低い分，雇用の保障を高めて人材の確保に努めている。親族企業では，雇用関係が長く，退職もまれである。しかし，同族企業や小規模企業の雇用状況も最近10年間で大きく変化し，常習的転職や高い技能を持つ人材の慢性的な不足に悩まされている。この部門にも断続的な経済停滞による一時解雇も散見されるようになった。

　また，このような企業部門では，就業要件に基づいた社内持分考慮を含む雇用評価の利用が増加しているようである。一般的に，業務評価を基礎とする給与を支給する企業は全体の45％程度とされる中，Lawler and Atmiyanandana (1995) は，研究対象となった同族企業のうち，給与体系構築のために業務評価制度を利用している企業はわずか18％であることを明らかにした。年俸や給与の見直しおよび査定は企業にとって関心の高い問題である。タイでは，年功序列制よりも業務成績を重要視する企業が増加しているが，依然として，勤務年数は給付金額を決定する際の重点項目となっている。年功を考慮した賃金査定はアジア圏で特

徴的ではあるが，企業競争力を高めるために，業務実績に基づく給与制度も広がりつつあることを示唆する経営者もいる。現在，タイには労働者に報奨金を給付する手段としてボーナスの支払い制度が一般的になってきた。しかし，これらの企業は，高水準の経営者や経営幹部を除いて，恩恵と特典を殆ど提供していない。

3.3.3 教育訓練

職務に関する教育訓練は，世界の他の国と同じくタイ国内の同族企業でも経営上の問題となっている。雇用者側は，教育訓練費を先行き不透明な投資とみなしがちである。特に，同族企業は教育訓練に積極的でない。技術革新を見越した経営者は従業員の技術向上には教育訓練が不可欠と考える。しかし，同族従業員には高度な学術プログラムに参加させるなどするが，親族従業員と親族外の従業員が受ける教育訓練の内容には大きな隔たりがある。日本などの海外の先進国の大学に子弟を留学させ，帰国後に事業経営を譲る親族企業経営者も増えている。親族外従業員の教育訓練の拡充が進まないので，企業組織内で昇進・昇格も難しいのが現状である。管理能力の開発や職業上の専門性の向上などを目的とする教育訓練が同族外従業員に提供されていないことは，人的資源管理の上で大きな足かせとなっている。これは，企業組織内の上層部に親族外従業員を登用しないという経営習慣と同様に，同族企業の可能性を狭める結果となっている。技能，経験共に豊富な管理職者を外部から採用しにくいという現状もある。また，採用が決定しても経営幹部への昇進の可能性が少ないため，敬遠する人材が多い。仮に入社しても，次の職場へ転職するために必要とされる労働経験と技能の習得に終始することになる。教育訓練への投資費用を回収する前に転職されてしまうというリスクを想定するため同族企業が教育訓練に否定的である，というのも事実である。

同族企業に比べてタイの民間企業では，教育訓練が普及しているように見受けられる。これは，外資系企業と競合して優秀な人材を確保することが難しいためである。民間部門では，従業員向けの独自の教育開発プログラムの計画が必要である。タイで実施されている教育訓練は，対象者の職種や職種レベルを問わず，包括的なプログラムになっている。管理職者と専門職者に対する教育訓練には，

「経営者の教育と開発活動」といった項目も含まれ，一般従業員向け教育訓練よりも格段に充実している。上級職者用の訓練プログラムは，長期的で，範囲が広く，生産性強化とワーク・ライフの質的向上を目的とする。一般職者向けの教育訓練は実用性を重視しているため，生産性向上とOJTによる訓練が中心になっている。しかし，内容は限定的で，短期間で終了する。昨今の管理職者向けの教育訓練プログラムは，アセアンの援助を受けて幅広い分野で構築されるようになり，民間企業からの参加者が増加している。

4. タイにおける日本の直接投資，貿易や日系企業の現状

タイと日本の貿易および投資の歴史は古く，日系企業は1970年代以降から積極的にタイ向けに投資を行い，現地子会社の組織やM&Aなどによる投資を拡大し，タイ国内での生産拠点の設定によってビジネスの規模を拡大した。日系企業および現地企業は製造された製品だけでなく，タイの第一次産業製品も日本市場向けに輸出した。製造，サービスや貿易を目的とする日本からタイへの直接投資が益々増加していた。表7-2はタイにおける日本からの投資の他のアジア諸国との比較状況を示す。2013年12月31日現在，日本の世界全体に対する投資残高は117兆7,265億円である一方，アジア諸国に対するその残高は32兆6,945億円であり，タイにおける残高は4兆6,975億円である。つまり，アジア諸国は日本の直接投資の約27％，アセアン諸国は12.20％，タイは約4％を占める。アセアン諸国の中でタイの割合は約33％である。アジア諸国の中において，タイは伝統的に日本に対する最も深い友好関係を持っている。特に経済発展の各段階においては，日本の投資を受け入れるために経済部門の規制緩和，投資優遇措置の導入，タイと日本の2カ国間の多様な貿易・投資協定などを行っている。アセアン地域内の安定したビジネス環境はタイへの日本投資を殺到させたと思われる。表7-3はタイ国内向けの海外直接投資の2012年と2013年の比較状況を示す。2009年から2013年までの5年間にはタイにおける日本投資はそれぞれ58,905，100,305，158,968，348,430，290,491百万バーツであった。一投資国家として日本はこの期間におけるタイ対内への直接投資の60％以上を占め，世界最大の投資国家ともなっている。

業種別に見るとタイにおける対内直接投資は農水産業，農水産加工，鉱業，セ

表7-2 タイ及び他のアジア諸国への日本の直接投資（2013年末直接投資残高）

(単位：億円)

	合計	製造業（計）	食料品	繊維	木材・パルプ	化学・医薬	石油	ゴム・皮革	ガラス・土石	鉄・非鉄・金属	一般機械器具	電気機械器具	輸送機械器具	精密機械器具
アジア	326,945	202,370	12,050	2,727	4,638	27,242	1,546	6,849	7,571	19,154	21,219	39,128	47,512	4,915
中華人民共和国	103,402	76,418	3,757	1,496	2,494	7,211	33	2,043	1,944	6,944	11,613	15,045	20,068	1,155
香港	20,884	6,447	446	145	126	330	-			450	995	2,748	76	296
台湾	12,442	9,242	64	-	-	1,518	-	177	462	705	629	3,821	792	543
大韓民国	31,453	15,049	148	16	-	5,408	800	33	2,288	1,830	1,097	2,331	565	-
シンガポール	38,512	13,590	3,694	-	1	3,350	-	950	212	408	380	1,999	910	346
タイ	46,975	32,648	939	344	715	2,551	-	1,842	448	4,560	2,484	5,758	10,942	1,277
インドネシア	20,850	13,055	447	340	724	1,745	22	722	318	479	885	863	5,745	87
マレーシア	13,913	10,012	345	168	153	2,876	-	232	869	764	1,233	1,806	847	313
フィリピン	11,329	7,500	1,855	-	-	256	-	204	239	1,558	-15	2,175	873	172
ベトナム	11,369	7,232	319	74	238	507	418	361	491	928	741	1,081	1,278	488
インド	14,476	10,452	-	50	117	1,253	-	230	220	523	1,176	1,402	5,144	161
ASEAN	143,575	84,404	7,615	942	1,834	11,515	714	4,323	2,577	8,702	5,709	13,762	20,595	2,687
全世界	1,177,265	549,776	61,465	5,279	9,916	105,343	5,515	15,096	18,932	38,838	44,776	99,575	117,575	14,883

出所：http://www.boj.or.jp/statistics/br/bop/index.htm/

表7-3 タイにおける対内直接投資―日本と他の国や地域

(単位：100万バーツ)

国・地域	2012年 金額	2013年 金額	2013年 構成比（％）
日本	348,430	290,491	60.7
中国	7,901	4,991	1.0
香港	12,864	38,610	8.1
台湾	11,711	7,484	1.6
韓国	3,988	3,631	0.8
ASEAN：	26,772	43,071	9.0
シンガポール	19,418	20,039	4.2
マレーシア	7,739	21,407	4.5
インドネシア	43	1,522	0.3
フィリピン	6	4	0.0
インド	6,100	1,621	0.3
オーストラリア	12,452	1,249	0.3
米国	17,890	9,400	2.0
EU27：	27,076	40,634	8.5
英国	1,829	1,333	0.3
ドイツ	2,942	2,894	0.6
フランス	251	1,641	0.3
スウェーデン	1,195	165	0.0
オランダ	17,971	33,147	6.9
スイス	6,152	5,185	1.1
合計（その他含む）	548,954	478,927	100.0

出所：タイ投資委員会。ここは，ジェトロ（2014）から引用である。

ラミック，繊維，軽工業，機械，金属加工，電子，電気機器，化学，紙，サービス，インフラなどの分野に一般的に集中している。一方，最近日本企業が投資する分野は自動車と同部品，機械，金属，電気・電子機器，サービス，インフラなどが圧倒的に多い。2005年から2014年までの主な投資分野は商業・貿易（19%），製造業（46.4%），現地製造（45.1%），金属（5.8%），自動車関連（13.8%），電気・機械（11.9%），化学・窯業（6.2%）などである。2012年における日本の主要な投資企業は，Hino, Honda, Fujikura Electronics, Bridgestone Specialty, Toshiba Semiconductor, JSR BST Elastomer, Nippon Steel & Sumikin Galvanizing, Panasonic Manufacturing, Nissan Motor, Nikonなどだった。2013年における日本の大型投資企業は，Honda, UACJ, Toyota, Nissan Motor, Nikon, Mazda, Hino, Mitsubishi, MEKTEC, PTT MCC BIOCHEM, UNI-CHARM, Teijinなどである一方，自動車産業がその中心であった（ジェトロ，2013/2014）。

　日系企業のタイ進出は歴史が古く，その数は1954年の時点で30社であった。この数字は1985年に394社に上昇し，2000年には1,165社までに増加した。表7-4はタイにおける日系企業の進出状況を表すものである。2014年4月1日現在，1,546の日系会社がタイに製造，貿易やサービスなどの様々なビジネス拠点を経営している（バンコク駐在日本商工会議所，2014年9月24日）。業種別では製造業会社が圧倒的であり，商業・貿易が2位，自動車や関連企業が3位，電気・機械が4位である。

　表7-5は2012, 2013年におけるタイ日本間貿易を品目別に示したものである。この期間中，タイから日本への主要な輸出品目は自動車・同部品，加工鶏肉，コンピュータ・同部品，ゴム，水産品缶詰，機械・同部品，ポリエチレンなどである。また，日本からタイの主要な輸入品目は機械・同部品，自動車部品，鉄・鉄鋼，電気機械・同部品，化学品，電気集積回路，研究，医療，検査用機械・機器，金属くず・スクラップ，金属製品，宝石・他金銀，プラスチック製品などが圧倒的である。

表7-4 タイにおける日系企業の進出状況 (2005～2014)

(単位：社)

年	2005	2006	2007	2008	2009	2010	2011	2012	2013	2014	シェア(%)
商業・貿易	195	201	208	213	216	221	227	241	274	294	19.0
製造業	642	647	652	662	670	674	676	663	712	718	46.4
現地製造	617	623	629	640	646	653	654	640	691	697	45.1
金属	84	86	89	88	93	95	98	94	88	90	5.8
自動車および関連	165	169	173	178	184	192	194	195	202	213	13.8
電気・機械	171	168	163	173	168	169	164	171	174	184	11.9
繊維	38	41	49	47	41	47	46	47	45	37	2.4
化学・窯業	83	82	80	79	80	84	85	82	90	96	6.2
食品	39	40	42	42	40	40	38	39	40	37	2.4
その他	37	37	33	33	40	26	29	12	52	40	2.6
駐在員事務所	25	24	23	22	24	21	22	23	21	21	1.4
土木・建設	73	71	72	72	69	69	67	71	78	81	5.2
金融・保険証券	42	45	48	48	47	49	45	49	57	62	4.0
航空・運輸	69	67	68	68	71	72	77	76	85	85	5.5
旅行代理店	17	20	20	18	18	16	15	14	16	15	1.0
ホテル・レストラン	53	58	55	57	54	56	53	51	47	50	3.2
広告・出版・書籍	25	25	26	24	24	25	23	26	25	26	1.7
百貨店・小売・コンサルタント	18	16	19	19	27	27	35	43	47	44	2.8
政府関係機関	9	8	9	9	9	8	8	8	9	9	0.6
団体	4	4	4	4	4	4	3	2	2	2	0.1
その他	87	90	97	102	94	96	98	127	106	160	10.3
合計	1,234	1,252	1,278	1,292	1,303	1,317	1,327	1,371	1,458	1,546	100

注：この数は各年4月1日現在のものである。
出所：バンコク駐在日本商工会議所，http://www.jcc.or.th/about/index3（アクセス2014年9月26日）。

表7-5 タイの対日主要品目別輸出入

(単位:100万ドル)

品目	輸出（FOB）品目		品目	輸入（CIF）	
	2012年 金額	2013年 金額		2012年 金額	2013年 金額
自動車・同部品	1,657	1,342	機械・同部品	12,041	8,982
加工鶏肉	1,063	1,004	自動車部品	6,776	6,039
ゴム	939	820	鉄・鉄鋼	6,243	5,680
コンピュータ・同部品	1,035	817	電気機械・同部品	5,195	3,937
水産品缶詰	859	776	化学品	2,718	2,584
機械・同部品	737	754	電気集積回路	1,751	1,547
ポリエチレンなど	826	753	研究,医療,検査用機械・機器	1,889	1,438
プラスチック製品	678	652	金属くず・スクラップ	1,317	1,354
電気機械・同部品	574	623	金属製品	1,430	1,325
鉄・鉄鋼	522	593	宝石・他金銀	1,218	1,298
美容品・化粧品	666	569	プラスチック製品	1,213	992
ラジオ・テレビ受信・同部品	581	564	半導体など	599	477
アルミニウム	414	528	野菜・植物性製品	463	409
電気集積回路	569	499	家電製品	564	310
ゴム製品	515	442	乗用車	451	291
合計（その他含む）	23,466	22,236	合計（その他含む）	49,610	41,082

出所:タイ商務省。これは,ジェトロ（2014）からの引用である。

5. タイにおける日系多国籍企業経営の諸側面

5.1 意思決定のプロセス

本研究のサンプル企業を含めて日系多国籍企業は一般的に,「仕事」ということを重要視している。従って意思決定をするトップ層の職には日本本社から人材を派遣する。これは,タイの子会社を本社の手の届く範囲に置いておくためである。人事部門の意思決定は現地管理職に任せる傾向が強い。現地スタッフの方が現地の雇用関連法規,雇用統制,労働当局,労働組合,苦情調停体制,労働文化などに精通しているからである。この場合,現地スタッフには制限的な権限が与えられているが,本社から派遣された管理職者の関与なしにその権限を行使することはできない。熟練技術者,エンジニア,一般管理職としての海外駐在員は組織階層の最上部に位置しているので,意思決定権限は自動的に彼らに集中する。このため,現地管理職と一般従業員の経営上の自律性が失われてしまう。

サンプル企業の状況は様々だが,農業部門とサービス部門では製造業部門より強い意思決定権が約束されている。しかし,この意思決定権限は日常業務の範囲にのみ与えられるもので,重要な決定は全て,本社もしくは本社から派遣された管理職者によってなされる。子会社に委譲された権限・責任には,一般管理,人事管理,原材料の現地調達,現地市場マーケティング,新製品開拓や技術革新などがある (Patarasuk and Vora-Sittha, 1995)。製造,技術,達成目標の設定,研究開発,海外市場マーケティング,価格設定,販売促進活動などの主要案件に関する決定は本社が執り行う。Patarasuk and Vora-Sitha (1995) の研究から,本社は現地の課題を取り扱う職務分野にのみ限定的に権限を子会社に付与していることが明らかである。日系多国籍企業の子会社は,社内業務全般において,日本本社の企業理念,方針,戦略に従うことが求められている。しかし2000年代に入ると,タイ以外の国で現地企業に自主的な決定を促すようになったことをきっかけに,タイの子会社企業に対する姿勢にも変化が生じた。

現在でも意思決定権限は日本本社と日本人駐在員に偏在している。意思決定権の上層部偏在は組織内階層全体のコミュニケーションの浸達度に大きく影響する要素であるので,特に上層部からの情報が届きにくい低階層の職場や従業員への情報伝達には注意が必要である。

5.2 人事管理―採用

　工場労働者，技術者，事務職員，中堅管理職者の採用に際して，それぞれ採用様式と必要要件が異なる。サンプル企業全5社は一般的には学歴と年齢を重視し，中堅管理職と経営幹部を雇用する場合には経験を重視している。通常，管理職に必要とされる学歴は大学卒，工場労働者の場合は高校卒が大半である。2番目に重要とされる項目は年齢である。工場労働者の場合，19歳もしくは20歳程度が望ましいとされる。中上級レベルの職種には年齢制限はなく，経験が重視される。工場労働者採用の際は婚姻の有無が重要なポイントとなるが，性別はさほど大きな問題にならない。健康状態もまた重要な要件である。他国の競合多国籍企業とは違って，日系企業は外国語の運用能力，中でも日本語と英語の習熟度を重視する。しかしPatarasuk and Vora-Sittha (1995) によると，タイでは継続的に労働者が不足しているのでもはや年齢は重要な採用条件ではなくなりつつある。またEkahitanoda (1995) は調査結果から，婚姻状況と性別も優先的な採用条件ではなくなっていることを明らかにしている。中堅管理職はタイにおいてごく一般的な採用であるため，職務能力と経験，職歴，留学経験などを重く見ている。

5.3 人事管理―報酬

　多国籍企業で働くタイ人従業員は一般に，高額な給料，賃金外諸給付金，技能訓練や教育訓練，高度な雇用保障を期待している。欧米系多国籍企業とは比較の対象にならないが，本調査対象となった日系企業5社は，現地競合企業と比べるとかなりの高賃金と諸手当を支払っている。報酬体系には，賃金・給与，付加給付金，定期昇給額，医療手当・補助（本人とその家族の分），会社の交通手段，ボーナス，制服手当，厚生費補助，住宅および自動車購入時の融資あっせん，教育助成金などが含まれる。これは日本本社の報酬体系と近似するものである。賃金・給与以外に毎月支払われる諸手当は日系多国籍企業に特徴的なもので，競合する他国の企業にはない。しかし女性従業員に対する賃金・給与は男性よりも安く，欧米系多国籍企業に比べても少ない。採用面では女性に対する偏見が強く，報酬は男性を基準として設定されている。タイは日本と同じ男性優位の社会といえる。

　昇進の要件として，日系多国籍企業5社は，能力，成果，勤務状況，会社に対

する忠誠心，勤務態度，規律順守，勤続年数，経験，健康状態などを特に重要視する。しかし中間管理職の現地採用は珍しくはない。なぜなら，タイでは全職層で激しい労働力不足が続いているからである。興味深いことであるが，国際連合地域開発センターの研究は，日系多国籍企業の雇用保障条件が最も優れていると評価している。これは，日系多国籍企業では部下と上司間の対人関係が貧弱であることに起因すると考えられる。

5.4 人事管理―教育訓練

　現地採用の従業員・スタッフに対する教育訓練は一般に，欧米企業よりも日系企業の方が手薄であることが国際連合地域開発センターの研究によって明らかにされた（Ramos and Kumara, 1995）。しかし，日系企業が採用する教育訓練手法は，オリエンテーション，講義，セミナー，ワークショップ，OJT，本社研修，シミュレーション訓練など，多岐にわたる。電子機器分野の企業は全ての新人研修にOJTを取り入れている。2003年には，事務職・秘書49名，現場作業者33名，統括・監督者47名，中管理職者25名，上級管理者25名に対して研修を実施していた。製造業労働者は33名とも全員が日本での教育訓練を受けた。訓練は，従業員の会社に対する忠誠心，チームワーク，生産性志向，品質志向を高めるのに最も効果のある方法とみなされている。セミナー訓練の大半は社外で行われる。セミナーでは現在解決すべき課題を対象にしたプログラムが提供され，課題に直面した時に必要となる技能の向上を目指す。海外研修の機会は従業員の勤勉さ，高い生産性，忠誠心，勤続年数に対する報酬として与えられる。特に技術部門の従業員にとって海外研修は，訓練のための最高のチャンスと考えられている。上級管理者の意見では，教育訓練の形式にかかわらず，訓練によって生産性，作業品質，忠誠心，チームワーク，倫理性に良い結果がもたらされる。

　以上の調査結果以外に，サービス部門の企業の被雇用者（一般従業員および中間管理職）は同一企業での長期雇用を前提にしたキャリア開発に積極的で，雇用期間に応じたキャリア・プラン開発を求めていることが明らかになっている（2社）。同様に勤続年数に基づく報酬の追加を望む要求もある。職務経験も重要と考えられているが，あまり反応は高くない。年功序列制度が浸透していないので年功に基づく報酬制度はタイでは支持されなかったが，個々の技能や能力を評価しても

らいたいという欲求は高い。一般的に日系企業の従業員は会社が提示する雇用保障制度に同意する傾向にある。従って雇用者と被雇用者の要求の間でのミスマッチはない。日系企業は日本での雇用体系と同じようにタイでも長期雇用制度を採用することに満足している。

5.5 総務管理と通常業務の管理

一般に日系企業は企業価値，経営信条，企業理念，社是，社風，社訓を重要視し，社会的側面と企業の社会的責任（CSR）に強い関心がある。従って当然のことながら，日系企業は自社の経営信条と企業理念を海外子会社企業にも移転し，経営慣行に導入しようとする。その結果，経営戦略，達成目標の設定と実現の過程は日本本社のものと類似する。

タイに立地する農業関連部門と製造業部門の日系多国籍企業は日常業務の責任を現地子会社に完全に委譲している。現地市場の中に会社が存在するという事実によって得られる利得の最大化を望む。タイの日系子会社企業は欧米系の企業よりも生産性志向が強い。また，長期的視野を持ち，現地市場主義でもある。この企業姿勢は，アセアン，アセアン自由貿易地域（AFTA），経済協力協定（EPA），エイペック（APEC），環太平洋パートナーシップ協定（TPP）会談などの後押しを受けて市場地域化とグローバル化が加熱する中での地域志向主義によって一層増幅されている。サンプル企業は現地従業員の技能開発にますます力を入れるようになっている。

繊維製品部門1社や電子製品部門1社は，日本へ輸出するための資材をタイで調達する。そうした過程には貿易企業1社が含まれ，タイ原産の原材料に対する需要が高く，生産性の優良度と製品の品質の高さを重要だと考えている。これら企業はまた，20～50％相当額のスペアパーツを現地サプライヤーから購入し，包装材の大半を現地供給元から買い入れている。本調査の初回実施時には，タイ製品の品質と定期供給が保証されなかったので，日本本社もしくは関連企業から大半の主力部品と原材料を調達していたが，現在ではタイでの生産もしくは調達に切り替わった。

現地下請け企業の発展およびサンプル子会社の現地生産が増えたことによって日本国内での資材調達は激減した。さらにAFTAや自由貿易協定などの協定に

よって，アセアン諸国内での部品と原材料の流れは実質的にバリア・フリーとなった。税金や奨励金の増額が現地もしくはアセアン域内での調達を増やした。サービス部門での現地産原材料の使用頻度は以前と同様にとても少なく，文房具と梱包材にとどまるのみである。サンプル企業の4社は，現地調達構成品，部品および日本向け商品の値段に対して，細部にわたって影響力を持つようになった。

　サービス部門のサンプル企業2社は，オフィスへのコンピュータ導入，安定的かつ効果的な電話回線，ビジネス・パートナーとの個人的なつながり，円滑な運搬・配送システム，得意客に関する情報網，人材採用方法の標準化，生産性訓練，販売業者の利用，顧客との密接なつながりなどが，企業戦略の一環として重要だと考えている。一般的に，サンプル全社がほぼ同じように，タイ国内通信システムと日本本社との通信における信頼度向上に高い優先順位をつけている。

5.6 生産管理

　本調査に先立つ研究（Kono, 1984；市村，1992；小川・牧戸，1990；Takahashi, Murata, and Rahman, 1998）で，日系の製造業企業は，程度の差はあるとしても，本国で採用している技術，企業戦略，経営手法を海外子会社企業に導入していることが明らかにされている。子会社企業の稼働開始時やその後の交換・改造の段階に必要とされる基礎技術は全て日本本社から持ち込まれる。これはタイ中央政府の直接海外投資・多国籍企業の受け入れ方針に対応するものである。タイ政府はこの方針によって，高度な海外技術と優れた作業・操作方法を利用して国家経済開発の急速な達成を目指そうとしているのである。

　本調査のサンプル企業のうち2社（製造業部門の繊維企業と電子機器企業）は，最小の仕掛在庫数での製造を可能にするジャスト・イン・タイム・システム，3交代労働による24時間操業，不良品撲滅と高品質生産のための全社的品質管理，生産工程ごとの問題解決を目的とする小グループによる品質管理活動，高い効率性と生産性を目指すため工程単位ごとの生産目標設定制度を採用している。いずれの企業もこれらシステムを導入して実績を上げるために，現場監督，班長，上級労働者などの各工程の核となる従業員に対して教育訓練の機会を与えている。現地採用の中間管理職者にも相当の教育機会が与えられる。その内容は，まず企

業の考え方や理念の理解を求め，効率的な作業を身につけ，自分の知識や経験を同僚や部下に教え広めることを促すというものである。農業関連部門の企業もまた，ジャスト・イン・タイム・システムや交代勤務システム，品質管理，従業員の忠誠心や生産能力を向上させる日常業務などの戦略を導入している（Siengthai and Leelakuthanit, 1995）。

前述の製造業企業2社は共に社内研究開発に着手すると共に，日本の親会社の研究結果も取り入れている。この事実は，新商品開発，既存製品や現業工程の改良，品質改善，コスト削減に大きく影響することである。研究開発は生産工程の近代化と自動化，および，マーケティング部門やビジネス雑誌から伝えられる市場需要の変化動向に基づく新商品開発に欠かせない条件である。2社とも大量の従業員を抱えているため労使関係にはとても敏感である。そのため，独立した社内研究部門を設置して，管理職者層と一般従業員層の間により良い関係を生み出し，会社の繁栄と雇用保障と安定雇用を達成するために調査を行っている。

農業関連企業は，技術，生産工程，マーケティング，標的市場に関する本国本社研究や調査結果を受け取り，新商品に関する一定限度の研究開発を現地化している。当初は，サービス部門企業の研究開発は，システム全体の研究と，法規制，コンピュータ化，電話・ファックスシステム，財務管理，運搬システムの個別サービスなどの研究に特化されていた。後に，顧客サービスの改良，新規サービスの導入，サービス品質の改善と高度化，コスト削減，顧客の行動形態とニーズの調査などの項目に焦点を当てた研究開発が行われるようになった。1997年の通貨危機以降，銀行はタイの金融市場と資本市場の入念な調査と，日本の銀行金融業界に通貨危機がもたらした影響の評価を実施しなければならなかった。

以上のような生産管理目標を達成するために，現地および日本での各種教育訓練を通じて，工場や事業所組織の各階層で様々な人材開発のための訓練機会を設定してきた。当然のことながら，従業員の教育訓練に用意される年間予算は，総売上高と総経費の割合から考えてもかなりの額にのぼる。

価格の安さと品質の高さから，現地産原材料が全企業で利用されている。良質な原材料が入手可能であるということは，タイへの投資の主要目的の1つになっている。現地産原材料の品質が高くても，外国企業は，製品と供給のさらなる品質向上のために，現地サプライヤーに技術支援を行わなければならない。この支

援を通じて相互訪問や話し合いを繰り返しながら，外国企業は現地サプライヤーとの結びつきを強める。

5.7 情報管理

タイ国民は一般的に高い認知衝動を持っており，情報を受け入れやすい。国民性は思慮深いというよりも具体的で，相手を見下すことがなく協調性に富み，実利的で悲観的でもない。海外での生活経験がない生粋のタイ人は主観的姿勢が強いが，留学など海外で生活した経験を持つ者は，社会生活の中の事実（象徴的な情報）を活用して客観的な判断ができる。宗教や超自然的事象はタイ人の生活の中で大きな意味を持つが，若い世代は西洋的価値観や西欧文化を受け入れやすく，海外の競合企業に寛容に対応する。タイ人との交渉ごとには時間がかかる。否定的な回答は，それを出すのであっても受けるのであっても，タイ文化では考えられないことである。

運命や幸運はタイ国民にとってあらゆる出来事を決定するものである。経営トップと意思決定権を持つ者は権威主義者である。「意思決定行動は，権威保持層を中心に展開されるので，下位層に属する者は上位層に属する者に依存する」(Morrison, Conaway, and Borden, 1994)。家族，村落，寺院は決定行動の特に重要な志向先である。

タイ人は，対応関係にあるものから正確な事実と情報が届くのを期待する傾向がある。未来志向の国民性にもかかわらず，近代的な経済，観光業，多額の海外直接投資，多国籍企業，外国人の恒常的流入によって，特に情報中心地バンコクの住民は強い情報志向を示す。信頼性の高い通信手段と情報システムのおかげで多国籍企業と外国人駐在員は快適な立地，住環境，ビジネス環境に恵まれている。さらに，現地マスメディアと海外マスメディアの両者を通じて，通貨市場，株式市場，国内外ビジネスおよび財務金融に関する情報を入手できる。企業者，特に日本を筆頭とする諸外国から駐在している経営者は，タイの情報源をその客観性と信頼性から快く歓迎している。

6. 人的資源管理の文化的特徴

タイは，他の東南アジア諸国と同じく，長い歴史を持つ国家である。タイ北東

部にある青銅器時代の遺跡の出土品から，先史時代の生活様式や技術の高さを垣間見ることができる。タイ地域への移民の歴史は先史時代に遡る。華僑社会が形成されたのは極々最近のことである。ヨーロッパ諸国による植民はなかったが，第二次世界大戦中の1941年，ごく短期間であるが日本がタイ領土に占領した。1932年までは絶対君主制であったが，軍部クーデタにより立憲君主制に移行した。その後，たびたび軍部と政府の衝突が発生しているが，都度，国王が調停役となって政府と軍部の融和を図っていた（Morrison, Conaway, and Borden, 1994）。

　タイの人口は6,840万人である。民族内訳は，タイ人が約83％，中国人が10％，マレー人が5.8％，その他が1.2％である。宗教人口の内訳は，小乗仏教徒が96.4％，イスラム教徒が4.3％，残りはキリスト教徒を含むその他宗教徒である（Indexmundi, 2018）。公用語はタイ語であるが，中国語，マレー語，ラオス語，クメール語も話されている。エリート層の第2言語は英語である。

　タイは，ヨーロッパ，西アジア，中近東，東南アジア，極東アジアとの結びつきが強い。国民性は，向上心が高く，友好的，実利的傾向がある。国民生活の細部にまで小乗仏教の影響が強く浸透している。基本的な社会単位は祖父母を含めた大家族であり，ワット（仏教寺院）を頂点にして，村，家族というピラミッド型の社会構造を形成している。タイ国王は対社会の結束を担う地位にある（Morrison, Conaway, and Borden, 1994）。タイ人は，運命やめぐり合わせという偶然性が日常生活の中で大きな意味を持つと考えるため，過度の期待はしない傾向がある。

　ホフステッドの文化次元分析（Hofstede, 1983; Hofstede, Hofstede, and Minkov, 2010）によると，タイは「権力からの距離」の指数が高くなっている。タイ社会は差が明示的な社会であるため，経済格差（貧対富），教育格差（高対低），職業格差（ブルーカラー対ホワイトカラー），職務上の格差（上位対部下），家庭内の格差（親対子）など，相対するもの同士の違いは歴然としている。階層社会であるために，年功は重要である。子供たちは小さいうちから，尊敬，服従を躾られ，大人や年長者と争わないように教えられる。こうして育てられたタイ人であるからこそ，職場に入っても，組織への忠誠の念を失わない。タイ企業の多くは中央集権型階層構造をなし，各層に管理機能を付与されている。管理職者は社内規定を司どり，部下は常に上長の指示を受けて行動し，上長はさらにその上の上司の指示に従うと

いう体制になっている。

　タイ社会は「集団主義」の指数が非常に高く，「個人主義」の指数はわずか20と低くなっている。タイ国民に特徴的なことは，厳格な社会的枠組みの中に身を置き，内集団と外集団を明確に区別していることである。彼らは団結力のある強力な内集団を形成し，その内集団は個人の集団に対する絶対的忠誠と引き換えに個人を継続的に保護する。タイ国民は大家族制度の下で成長するため，子供のころから，親兄弟だけでなく，祖父母，おじおば，従兄弟姉妹，使用人など，大勢の人に囲まれて生活することに慣れている。従って，人とのつきあいや人間関係における基本的な主格表現は，自然に，「私」ではなく「私たち」となる。労働環境も家族的である。常識から逸脱する行動や振る舞いは歓迎されない。社会的な人間関係は情報の源泉でもある。友好関係は常に保たれ，集団内の調和を尊び，争いごとは避けるのがタイ国民である（Kantamara, 2009）。

　タイは，女性らしさを求める指標が高く，男性主義指標は34と低い。女性主義的要素として，男女共に他者に対して面倒見がよく，決断力や向上心が強く，優しいという結果が出ている。家庭内，職場内での男女間格差は見当たらない。職場では自己犠牲的行動が求められることもあり，自分自身の能力や実績を過少評価する傾向もある。褒賞は男女平等に行われる。専門職に登用される女性もかなり多い。伝統として，農村地域の女性主義傾向は都市部よりも顕著である。社会的価値観は，都市化が進むことにつれて大きく変化している（Kantaramara, 2009）。

　タイの「不確実性の回避」の指数は64であり，同様の国よりも少し高い。一般に，不安定や心配をもたらす変化を恐れ，危険を冒さない。積極的に転職をする傾向はまれで，常習的転職は少ない。給料が安いにもかかわらず，生涯雇用，安全保障，より良い給付を提供する政府部門への就職を希望する。企業への帰属は，雇用の確実性を高める手段として高く評価され，従業員は一定の雇用保障によって動機づけられる（Kantamara, 2009）。

　さらに，タイ人の国民性としては，おおらか（sabai），陽気（sanuk），物ごとを難しく捉えないという点も加えておく。また，自分だけでなく，相手や他人が，面目を失ったり，恥ずかしい思いをすることを嫌う。タイ人は思慮深い（greng jai），礼儀正しく，良い行儀を示す。彼らは上司が顔を失う（sia na）ことを好ま

ず，他人から敬意を取り止めたくない（Kantamara, 2009）。職場で，部下が上司のミスを指摘することはない。上司が他人の前で部下を叱責することもない。お互いに友好関係を好み，争いごとはほぼ皆無である。万一，紛争が生じたとしても，両者の歩み寄りによって解決される。タイの労使関係は，アセアン諸国と比べても，常時，良好な関係にある。

7. ディスカッションと推論

　Kono (1984), Okamoto (1998), Tiralap (1998) および Kuroda (2001) は，アジア諸国に進出した日系企業は，輸出への転換，低コストでの製造，安価な現地労働力の利用，低価格の原材料の確保に努め，企業受け入れ国の発展に貢献していると主張する。彼らの研究結果と同様に，本研究においても，サンプル5社の組織行動形態の中に本国志向型，現地志向型，地域志向型，世界志向型を示す要素が見受けられる。

　これら企業の最終目的は親会社の売上利益を伸ばすことであるので，本社の管理監督する範囲内にとどまろうとする。適切なプロダクト・ミックスの選定，必要かつ適用可能な技術の移転，本社からの人材派遣，現地採用者に対する海外教育訓練などの事案は，親会社の意思決定権限に含まれる。Okamoto (1998) は，日本的生産管理，特に製造現場管理技術は日本から移転され，現地の下請け企業とビジネス経営環境に定着していると主張している。

　Okamoto (1998) は，日本的組立部品サプライヤー関係が家電および電子機器企業において発展，普及しているとも述べている。これは本研究で調査対象となった電子機器企業の結果と合致する。標本企業の製造業3社のうち農業関連製造企業は，原材料の品質改善，品質管理，製品設計の分野で技術支援を拡大し，マン・マシン技術の適合性の向上のための援助を行っている。こうした活動は，各企業の新な競争優位性を生み出している。

　さらに重要なこととして，設計および開発，生産技術，生産・工程管理，生産現場管理，予防保全，職場での5S運動（整理，整頓，清潔，躾，清掃），QCサークル活動などが，製造管理分野で競争力を高めている。あらゆる企業が，考えられる全ての側面において，改善活動と効率性向上に努めている。

　Kono (1984) は，現役従業員による紹介，新聞求人広告，求人応募者の企業訪

問が新規採用方法の主流だと述べている。最近では自社ホームページに求人広告を掲載する企業も多い。コンピュータ環境が利用しやすくなったこともあって，この求人方法は普及しつつある。規定の制服着用，大型の事務所や現場事務所での勤務，休憩，管理職と一般従業員と工場作業員が共同使用するカフェテリアといった労働条件はもはや新鮮味を持たず，むしろ人材管理には当然の要素となっている。

本研究では特に着目しなかったが，Okamoto (1998) は，地位平等化のための措置だろうとわれわれが考えていた地位体系を，日系下請け企業が導入していることを明らかにした。現地採用は殆どが契約ベースで行われ，被雇用者はトラブルもなく雇用関係を結ぶことができる。しかし企業側としては長期雇用を希望しているので，退職手当の支給，事務職と優秀な現場監督者に対する人事考課の実施などを行っている。このため日系下請け企業が支給する賃金は高額となり，結果的に雇用関係を引き伸ばすことになる。

Komai (1989) は，タイの日本企業は日本的経営慣行を導入する際に，労働者各人の個別状況，雇用保障，高賃金，超過勤務手当の支払い，業績優良者の昇進，新しい技術の伝授などを重要と考えるので，従業員のモチベーションの誘発や仕事に対する満足度の向上に役立っていると主張している。福利厚生給付金に対する満足度も高い。優れた日本的人材管理慣行は，生産性を過度に追求するために生じる疎外感や心情的離反に打ち勝とうとする強いきっかけとなるという議論も存在する。同様に Komai (1989) と Tiralap (1998) によっても，タイ現地採用の従業員と管理者が長期雇用もしくは終身雇用と年功序列型賃金体系と年功序列型昇進制度を望んでいることが明らかになっている。しかし Komai (1989) は，教育レベルと男女差が仕事への満足度，企業への帰属意識，労働の人間化，労働疎外などの程度に影響を及ぼすと考えている。特に男性従業員は，高学歴で職務経験の長いほど不満足度が高く，管理職者に対して否定的な態度を示しやすい。彼らは強制されることを嫌う。これは，苦痛やプレッシャーや個人的批判に対する無関心，体面や名声に対する強い志向，タイ人本来の温厚さを特徴とするタイ文化の現れかもしれない。

Kono (1984) の研究では，日系多国籍企業は最新の技術と設備を日本以外のアジア諸国に立地する合弁下請け企業へ移転をしないことが明らかにされている。

この点は，本調査結果でも同様である。日本本社から派遣された管理職者が主要な戦略的地位を全て独占している。しかし，現地市場での操業期間が長い企業ほど，現地従業員に OJT や海外研修のチャンスを与え，経験を積めば高い地位に就けるようにしている。Kono（1984）は，製造業部門の下請け企業では新規技術や機密事項が外部に漏れて競合企業に有利に働くことを懸念しているので，現地従業員の昇進は依然として難しいと主張する。

　日系企業は，従業員，労働者，現地の商工会議所，政府事務所やその他の国から進出する多国籍企業と友好関係を持つために一層の努力をする。特に，タイ籍下請けとの信頼のある関係を構築し，永続的取引を望む。職場の人間関係を重視する日本国内の精神を現地の職場に育成する一方，タイの現地文化の様子であるマイペンライ，チャイイェンイェン，クーレンチャイなどのタイ独自の思考や文化を尊重し守ることによって組織内経営の効率や安定を図ろうとする。

　タイでの事業運営に伴う問題として，企業組織の各階層間のコミュニケーション，日本人駐在員と現地管理職者とのコミュニケーションが共に正常に行われず，円滑でないことが考えられる。これは，文化や言語の違い，職場の規律や労働習慣に関する感覚の違いに起因する。たとえ雇用者にどんなに誠意があったとしても，労働力不足のため労働市場は高止まりであるために，被雇用者は退職して別の企業に移ることをなんとも思っていない。さらに，最近日系企業は，他社との激しい競争，人件費の上昇，マネジャーの人材不足，為替の変動，従業員のジョブホッピング，ワーカー・スタッフの人材不足などの問題を抱えている（ジェトロ，2014）。

　本研究のサンプル企業は現地サプライヤーの友好的垂直統合の展開と維持においても深刻な問題に直面している。投資委員会や政府系機関はワン・ステップの手際のよいサービスを提供していると言われているが，投資に関する新しい規制と許可制度は依然として拙劣で，使い勝手が悪い。タイにおける投資とビジネスはリスクが小さいものの，まだ成長途上にある。長期に及ぶタクシン政権支持者による赤シャツ運動（Red-T Shirt movement of Thaksin Sinawatra supporters），包括的なスト，政治活動の一環として行われる路上占拠，2011 年夏のバンコク洪水とこれに伴う労働日数や労働時間の喪失，巨額の生産量損失などが経営の緊張を高めていた（Daily Yomiuri, 2011）。さらに，主要通貨に対する急激な円高とタイ・

バーツ安がタイの日系企業の経営に影を落としている。

しかしながらタイの日系企業が現在直面している経営上の問題は，20年前と比べると問題にならないほど少なくなっている。全般的に，経営管理における日本的経営慣行の移植・移転および適応は，タイのビジネス環境に確実に定着していると言える。

8. 結　　論

タイ企業の伝統的な雇用管理体制は，徐々に，西欧諸国から導入された先進的な人的資源管理方法へと変化している。しかし，東アジアと南アジアからの影響が強いタイ文化は，西欧式の人的資源管理をさらに変異させた。雇用関係に関連する伝統的な運用方法は徐々に失われ，西欧社会で誕生し育まれた新たな管理方法が導入されている。

バンコクなどの大都市では西欧化や国際化が急激に進んでいるが，農村部は依然として伝統を守り続けている。大学のビジネス経営課程では，西欧の経営学問や知識を取り入れた教育や研究プログラムを提供するところも増えた。残念ながら，大学の研究プログラムは大規模企業を研究モデルとしているため，中小企業が多いタイではこうした学術プログラムの応用は難しい。タイ企業の現状に即した近代的な経営運用が学術プログラムに導入されること，留学や海外仕事の経験を持つ若年代が自国の企業に戻ってくるようなシステムの構築などが今後期待される。

タイの大学は，ビジネス，経営管理，エンジニアリングなどの教育プログラムの拡充を継続的に実施し，各分野で新しく開発された内容を導入しようとしている。かつては，殆どの企業経営者が欧米のビジネス・スクールの卒業生であったが，最近はタイ国内の大学卒業生の起業家も目立つようになってきた。さらに，多国籍企業が合弁先企業に導入した最先端の技術や経営手法，特に人的資源管理実践手段が国内の民間部門企業へ流出し始めている。これを機に，タイの人的資源管理が，その概念と実践の両面において，近代化を成し遂げることが期待される。

謝辞：本章は日本経営学会の中部部会や全国大会および南山大学フェカルティーディベロップメント会で発表し，査読者，討論参加者や一般参加者から多様なコメントを頂き，書き直した研究成果物である。コメントを頂いた全ての方に御礼を申し上げる次第である。

参 考 文 献

Backman, Michael (2006). *The Asian Insider – Unconventional Wisdom for Asian Business*, Hampshire: Palgrave MacMillan.

Chen, Min (1998/2004). *Asian Management Systems – Chinese, Japanese and Korean Styles of Business*, Singapore: Thomson.

Daily Yomiuri, The (2011). "Thai floods force Toyota to cut output in 9 countries/Thai floods hit high-tech firms", November 5.

Ekahitanonda, Suthi (1995). "Transnational Corporations in the Services Sector: Thailand Case Study", in Ramos, J.F. and U.A. Kumara (Eds.), *Impacts of Transnational Corporations on Regional Development in the ASEAN Region*, Nagoya: UNCRD.

Everett, J.E., A.R. Krishnan, and B.W. Stening (1984). *Through a Glass Darkly – Southeast Asian Managers*, Singapore: Eastern Universities Press Sdn. Bhd.

Hofstede, Geert (1983). "Natural Cultures in Four Dimensions: A Research-Theory of Cultural Differences Among Nations", *International Studies of Management and Organization*, 13 (Spring-Summer).

Hofstede, Geert, Hofstede, Gert Jan, and Minkov, Michael (2010). *Cultures and Organizations – Software of the Mind*, New York: McGraw-Hill.

市村真一編 (1992)。『アジアに根づく日本的経営』東洋経済新報社。

Indexmundi (2018). "Thailand Demographics Profile 2018", https://www.indexmundi. com/thailand/demographics_profile.html (accessed on January 7, 2018).

ジェトロ (2013/2014)。『世界貿易投資報告』日本貿易振興機構。

Kantamara, Pornkasem (2009). "Management in Thailand", in Hasegawa, Harukiyo and Noronha, Carlos (eds.), *Asian Business and Management – Theory, Practice, and Perspectives*, New York: Palgrave Macmillan.

Komai, Hiroshi (1989). *Japanese Management Overseas – Experiences in The United States and Thailand*, Tokyo: APO.

Kono, Toyohiro (1984). *Strategy & Structure of Japanese Enterprises*, London: MacMillan.

Kuroda, Akira (2001). *Technology Transfer in Asia - A Case Study of Auto Parts and Eelectrical Parts Industries in Thailand*, Tokyo: Maruzen Planet Co. Ltd.

Lawler, John J. and Atmiyanandana, Vinita (1995). "Human Resource Management in Thailand", in Moore, Larry F. and Jennings, Devereaux, P. (eds.), *Human Resource*

Management on the Pacific Rim: Institutions, Practices, and Attitudes, Berlin: de Gruyter, pp. 294-318.

Lawler, John J., Siengthai, Sununta, and Atmiyanandana, Vinita (1997). "HRM in Thailand: Eroding Traditions", *Asia Pacific Business Review*, Vol. 3, No. 4, pp. 170-196.

Moore, F.J. (1974). *Thailand: Its People, Its Society, Its Culture*. New Haven: Hraf Press.

Morrison, Terri, Conaway, Wayne A., and Borden, George a. (1994). *Kiss, Bow, or Shake Hands – How to Do Business in Sixty Countries*, Holbrook, Mass.: Adams Media Corporation.

Nananugul, S. (1981). "Management in Thailand", *Economics Journal*, December.

小川英次・牧戸孝郎編 (1990). 『アジアの日系企業と技術移転』名古屋大学経済構造研究センター叢書2。

Okamoto, Yasuo (1998). "Direction and Problems of Basic Strategies of Japanese Multinationals in East Asia", in Takahashi, Y., M. Murata, and K. M. Rahman (Eds.), *Management Strategies of Multinational Corporations in Asian Markets*, Tokyo: Chuo University Press.

Patrasuk, Waranya and Vora-Sittha, Pornpen (1995). "Transnational Corporations in the Agro-based Industries Sector: Thailand Case Study", in Ramos, J.F. and U.A. Kumara (Eds.), *Impacts of Transnational Corporations on Regional Development in the ASEAN Region*, Nagoya: UNCRD.

Perlmutter, H.V. (1969). "The Tortuous Evolution of the Multinational Corporation", *Columbia Journal of World Business*, Jan-Feb.

Poapongsakorn, Nipon. and W. Naivithit (1989). "Training and Human Resource Management in Private Enterprises", *Mimeo Report*, World Bank, Washington, D.C., February.

Ramos, J.F. and U.A. Kumara (Eds.) (1995). *Impacts of Transnational Corporations on Regional Development in the ASEAN Region*, Nagoya: UNCRD.

Sentell, G.D. (1979). "Relations Among Thai Personality Traits, Social Roles and Individual Behavior: Implication for Market Researchers and International Decision Makers", *Asia-Pacific Dimensions of International Business, Proceedings of the Academy of International Business*, Honolulu: College of Business Administration, University of Hawaii.

Siengthai, Sununtha and Leelakuthanit, Orose (1995). "Transnational Corporations in the Manufacturing Sector: Thailand Case Study", in Ramos, J.F. and U.A. Kumara (Eds.), *Impacts of Transnational Corporations on Regional Development in the ASEAN Region*, Nagoya: UNCRD.

Siengthai, Sununtha and Vadhanasindhu, Pakpachong (1991). "Management in A Buddhist Society – Thailand", in Putti, J. M. (Ed.). *Management: Asian Context*, Singapore:

McGraw-Hill.

Sila-on, Amaret (1979). "Management – Thai Style", Business Review, August.

Takahashi, Y., M. Murata, and K.M. Rahman (Eds.) (1998), *Management Strategies of Multinational Corporations in Asian Markets*, Tokyo: Chuo University Press.

Thorelli, Hans B. and G.D. Santell (1982). *Consumer Emancipation and Economic Development: The Case of Thailand*, London: JAI Press.

Tiralap, Anupap (1998). "Japanese Direct Investment and Technology Transfer in Thailand", in Takahashi, Y., M. Murata, and K.M. Rahman (Eds.), *Management Strategies of Multinational Corporations in Asian Markets*, Tokyo: Chuo University Press.

第8章　トルコにおける人的資源管理

1. 国家の紹介と基礎経済指標

　トルコは中東の国と呼ばれ，東はグルジア，アルメニア，南はイラク，イラン，シリア，地中海，西はエーゲ海，ギリシャ，ブルガリア，北は黒海と接している。国土は，黒海地域，マルマラ地域，エーゲ海地域，地中海地域，中央アナトリア地域，東アナトリア地域，東南アナトリア地域の7つの地理的地域に分かれ，アジア文明とヨーロッパ文明が交わる要所には風光明媚な景観が広がる。さらに，三方は海で囲まれ，内部海であるマルマラ海はダルダネス海峡とボスポラス海峡の間にあり，黒海と他の世界とを結びつける。トルコは本土と並んで8,333キロメートルの海岸線を持つ。

　およそ4,000年の歴史を持つ現在のトルコ共和国は，革命指導者のムスタファ・ケマル・アタチュルクによって1923年に建国された。ローマ帝国の流れをくむビザンティン帝国は1453年にオスマン帝国に降伏した。通説では1299年建国とされるオスマン帝国は，1918年第一次世界大戦の終戦と同時に事実上解体となり，その中心地であったアナトリアにトルコ共和国が誕生した。Caspi, Ben-Hador, Weisberg, Uyargil, Dundar, and Tuzuner（2004）が指摘するとおり，トルコはアジア，アフリカ，ヨーロッパの3大陸が交差する場所である。その地理的位置のため，アナトリア本土は多様な人々からなる大量移民を目撃する歴史を形成しているが，中東やアフリカ諸国からヨーロッパへの大規模移民の現状においては，これはいまだに正しい。アナトリアの内陸部には古代文明の名残が多く残っており，トルコは人類共通の歴史文化遺産を継承，保存している。

　トルコの総面積814,578平方キロメートルのうち，790,200平方キロメートルがアジアに，残りの24,378平方キロメートルがヨーロッパに所在する（Ayan,

2006)。2015年現在の総人口は78,741,053人となっており、ロシア、ドイツに次ぐヨーロッパ第3位の人口大国である（表8-1を参照）。主要都市はイスタンブール、アンカラ、イズミル、ブルサであり、いずれも歴史的に重要な意味を持つ。近接するキプロスは、トルコとギリシャ両国と長年対立が続いている。1963年に欧州共同体（European Community/EC）への加盟申請、1987年に欧州連合（European Union/EU）への加盟申請を行っているが、現在のところEU加盟国にはなっていない。しかし、EU加盟国として必要とされる、社会経済、法律、貿易、商業面での改革を進めているため、イスラム諸国の中でも一番自由主義かつ親西欧的な国家である。

　総人口の98％以上がイスラム教徒であるが、イスラム色は強くない民主的で世俗的な国家である。政治体制は、1982年制定の憲法の下で議会制民主主義をとっている。大国民議会議員の選挙は5年ごとに実施される。現職のレジェップ・タイイップ・エルドアン大統領が率いるイスラム主義系政党が2003年から単独与党として政権を維持している（エルドアン氏は最初、首相であったが、2014年以降大統領となった）。2016年7月にクーデターが発生したが、正規軍によって制圧され未遂に終わった。トルコの政情は、1987～2002年の多党制政治の頃と比べて、とても安定している。

　トルコは、世界銀行グループ（World Bank Group/WBG）加盟国の中でも中所得国の上位に位置する。国民総生産（GDP）は7,995億4,000万ドルで、世界第17位である。10年足らずで、国の1人当たりの所得はほぼ3倍になり、現在は10,500ドルを超えている。トルコは経済開発協力機構（Organization for Economic Cooperation and Development/OECD）とG20のメンバーであり、近年は政府開発援助（ODA）の資金援助国として重要な役割を担っている（World Bank, 2016）。また、イスラム諸国会議機構（OIC）をはじめとする、様々な開発援助機関の加盟国でもある。

　トルコの経済成長率は、国内外の様々な経済・政治・経済危機の中で浮き沈みがあったものの、産業とサービス部門の着実な成長およびGDPにおける農業部門の役割減少も含めて長年プラスとなっていた。1980年代には構造調整計画および経済自由化計画を実行した結果、1980～1999年の輸出額における農産物の比率を57％から10％に大幅に減少させると、同時に、工業部門の輸出比率をそ

表 8-1　トルコ経済の基礎指標と日本との関係

面積：約 780,576 万平方キロメートル（日本の約 2 倍）
人口：78,741,053 人（2015 年，トルコ国家統計庁）
民族構成（2014 年）：
トルコ系　　　70 ～ 75％
クルド系　　　18％
その他　　　　7 ～ 12％
宗教的構成（2014 年国勢調査）：
イスラム教　　99.8％（殆どスンニ派）
その他　　　　0.2％（キリストとユダヤ教）
識字率（2014）：　94.1％
名目 GDP：7,199 億ドル（米ドル /2015 年）
1 人当たり GDP：9,261（米ドル /2015 年）
経済成長率：4.0％（2015 年）
物価上昇率：8.8％（2015 年）
失業率：10.3％（2014 年）
総貿易額（2012 年）：
輸出　1,439.3 億（米ドル）
輸入　2,072 億（米ドル）
為替レート：トルコ・リラ＝約 38 円（2016 年 5 月）
日本との経済関係（2015 年）：
輸出品目—自動車・部品（12.1％），機械類（8.6％），貴金属類（7.8％），ニット衣類（6.2％）
輸入品目—鉱物性燃料（18.3％），機械類（12.3％），電気機器（8.5％），自動車・部品（8.5％）
輸出 / 日本へ— 4.09 億（米ドル /2013 年）
輸入 / 日本から— 34.53 億（米ドル /2013 年）
日本からの援助：
有償資金協力　6,521 億円（2013 年までの累計）
無償資金協力　32.92 億円（2013 年までの累計）
技術協力　　　453.81 億円（2013 年までの累計）
在留邦人数：2,049 人（2014 年 10 月）
在日トルコ人数：4,723 人（2015 年 12 月末）
日本との主要 2 国間条約
通商船海条約（1930 年署名，1934 年 4 月 19 日発効）
査証免除取極（1957 年）
船空協定（1989 年）
投資促進保護協定（1992 年）
租税条約（1993 年）
原子力協定（2013 年）

出所：MOFA/Japan（2015），http://www.mofa.go.jp; JETRO（2015），http://www.jetro.go.jp/world/asia/cn/basic_01.html; Indexmundi（2015），http://www.indexmundi.com/india/demographics_profile.html などを参照して作成したものである（全てアクセスは，2016 年 8 月 3 日）。

れまでの33%から88%に増大させ,農業国から工業国への大転換に成功するという素晴らしい結果を出している (Caspi et al., 2004)。インフレと公共部門の赤字が高まったことおよび1999年の2回の地震の自然災害,高金利や高い国内税のために,1990年代後半に経済成長と国民総生産（GNP）が低下した。トルコ統計局の報告によれば,1998年から2016年までの国民総生産の平均伸び率は0.94%である。2009年第1四半期の伸び率は過去最低の−7.57%であったが,同年第2四半期には6.69%という過去最大の伸び率を達成した (Turkish Statistical Institute, 2016)。

トルコの2015年の経済成長率は4.2%で,2016年には3.5%の成長が見込まれており,さらに成長する可能性は非常に高い。その潜在的な経済成長力を根拠にして,積極的な構造改革を加速させ,各国家機関が独立して業務を行うよう組織の強化を拡充した。戦略的に恵まれた地理的位置,強固な社会基盤と良好な公共サービス,動的な若年層人口,大きな国内市場などが,トルコの主要な資産と考えられる。直近の数年間は,個人消費の増加,名目賃金および実質賃金の増加,継続的な財政支出のおかげで成長が続いている。また,シリア,リビア,イラクからの難民の流入に起因する問題は,EU諸国との連携して抑止している。2015年には,通貨下落によるインフレが高進した。同年,正義進歩党（Justice and Development Party,別名AK Party）が再選されると,政治的不安材料が一掃され,トルコへの信頼度が回復した。

1999年のヘルシンキEU閣僚会議では,トルコがEU加盟国の候補となった。EU加盟手続きの進行と共にトルコは様々な西欧化を行ってきた。トルコのEU加盟が実現すれば,さらなる規制緩和や構造調整計画を実施し,EU加盟国にふさわしい法的環境や政治体制を整備していたはずであった。トルコは,加盟申請は完了後に交渉が行われていたが,これまで,自国の法制度および政治体制をEUの基準に合わせるべく構造改革計画や経済安定計画を実施し,国家の開発志向を高めてきた。最近では,経済協力,関税同盟やエネルギー関係の近代化にも注力している (World Bank, 2016)。EU加盟申請は,仮に加盟が実現しなかったとしても,トルコの経済,貿易,投資,法律,社会環境など各方面において良い効果をもたらすことが期待できる。

日本は1世紀以上にわたってトルコとの友好な外交関係を保ち,国賓客の相互

訪問，経済および文化の相互交流など，幅広く活動を行っている。日土両国の友好関係は，オスマン帝国のフリーゲート艦エルトゥールル号が1890年に日本を訪問し，その帰路に和歌山県沖で座礁したことに始まり，その災害から2010年で120年が経過した。日本は1924年にトルコ共和国の独立を承認し，翌1925年には互いに大使館を設置した。イラン・イラク戦争中のトルコ航空による邦人救出や，エルトゥールル号座礁事件以外の出来事でも，日土両国が友好国であることを示している。エルトゥールル号事件から120年を数える2010年，「2010年トルコにおける日本年」ではトルコ全土で年間を通じて186の行事が行われた。また，2011年東日本大震災，2011年10月と11月にトルコ東部で発生した地震の際には，互いに援助活動を実施し，その友好関係を深めた（MOFA, 2015）。

2. 人的資源管理の諸側面

本節では，トルコの企業が実践している人的資源管理の諸側面をAycan (2001 and 2006[1])，Bakan, Ersahan, and Buyukbese (2013)，Caspi, Ben-Hador, Weisberg, Uyargil, Dundar, and Tuzuner (2004)，Dikmen (2012)，Sozer (2004) [2]，Tuzner (2014) などの資料に基づいて検討する。民間企業や政府，国家や多国籍企業，小規模企業や大企業，異なる産業部門のビジネス組織の間でHRMの慣行は大きく異なるため，一般化されたあらゆる側面の全体像を示すことは困難である。ここではいくつかの側面を考察する。

2.1 人的資源管理機能の進化

Aycan (2006) は，様々な資料をもとにトルコにおける人的資源開発の発展過程を概説している。それによると，1950年代以前のトルコの企業の人材管理は，財務関連部署が法的に必要な準備業務に限定して行っていたことである。1960年代には，財務関連部署の下位部門として人事課が登場した。1970年代に入って企業組織が急増すると，人事業務全般を専門的に取り扱う部門として，人事部が設置されるようになった。1971年には，人事業務担当者を支援する機関としてトルコ人的資源管理協会が設立された。人事担当部門の業務範囲は，報酬，税金の支払手続きと社会保険手続きにとどまっていた。

トルコの企業組織のおよそ80％は1980年以降に設立されている。規制緩和が

進む中，国際競争を目撃してきた企業は，企業独自の資源としての人的資源が重要であること，およびそれが国家競争力の獲得にもつながるものだと気づき，人的資源開発機能を重要視するようになった。1990年代初頭には，多くの組織で人的資源管理という言葉が使われるようになり，トルコの企業では，専門用語としての「人的資源管理」を近代的経営と同義と考えるようになった。

2000年には，人事担当部署を持つ企業はトルコ国内の全企業の65％を占めていたが，2001年2月に経済危機が起きると，人事担当部署は，人事削減による雇用者切り捨てを行っているという批判を浴びるようになり，人的資源管理に対する肯定的な感情は失われてしまった。人的資源管理は2000年代に継続的に改良され，今日では，自動車，繊維，健康関連，日用品，鉄鋼，マスメディア，耐久消費財，建築，金融，IT，サービスなどの分野で中規模以上の殆どの企業が，人的資源管理部門を組織内に備えるようになった。また，人的資源管理担当部門の最高経営責任者がHRMを担当する副会長の地位までを占めるようになった。

今日のトルコでは，組織あるいは企業経営において人事管理者と人事担当部署の役割が重要になっている（Caspi, Ben-Hador, Weisberg, Uyargil, Dundar, and Tuzuner (2004)）。ほぼ全ての企業が，企業の全体のビジネスミッション，ポリシー，目標および戦略に沿った書面によるHRMルール，ポリシー，および戦略を持っている（Aycan, 2006）。人事担当部署のいわゆる管理者は，人事選抜や採用，賃金・給付金，人材の増強・削減，教育訓練と人的資源開発活動，労使関係などにおいて責務を負う。管理職者や専門職者の基本給は企業レベルで決定される。事務スタッフと現場労働者の基本賃金は労働協約によって決定される（Caspi, Ben-Hador, Weisberg, Uyargil, Dundar, and Tuzuner, (2004)）。

2.2 募集と採用

ヨーロッパ諸国では一般的に人的資源管理計画に基づいて人材の選抜・採用を行うが，トルコの企業の大半は依然として人事計画を実施していない。従業員や知人の紹介あるいは推薦を受けた人物の中から選抜と採用をする習慣が強い。このような企業習慣は，トルコ社会の集団性に起因すると考える研究者もいる（Aycan, 2006）。近年，民間部門では，人材の選抜と採用を人事担当部署に継続的に一任する，または，外部のコンサルティング会社に採用支援を依頼する大企業

もある。コンサルタント会社を利用する企業は，海外からの人材採用を目的としている。一部の公共部門企業は大学からのコンサルティングを受けていることが判明しているが，民間部門のHRコンサルティング会社は，選択プロセスの支援をより積極的に行っている。最近の民間部門の企業は，既存の従業員や元従業員の個人的な紹介以外にも，メディア広告を頻繁に使用し，大学からも直接採用する。求人方法として，メディア広告，インターネット，および直接的な大学の採用は他のどの方法よりも人気を浴びている（Sozer, 2004）。

　採用方法は一対一での面接が最も一般的であるが，これもトルコ社会の集団的特性を反映していると言える。採用プロセスの中に，認知活動テストや性格適性テストなどの，客観テストや標準テストを組み込んでいる企業も若干数あるが，面接が最も重要とされていることには変わりない。しかし，面接方法が体系化されていないので，面接官の主観的な評価に陥りやすいことなど，問題点は多い。客観テストを導入している企業でも，テスト結果を適切に運用できていない，あるいは，採用プロセスの標準化がなされていないなどの問題を抱えている。利用している客観テストやテストで得られた数値がトルコ企業の実情に即していないのも問題である。いくつかの企業では，「5因子人格インベントリ」のような手法を採用し，トルコの状況にそれを適用する（Gulgoz, 2002）。

　選抜・採用条件は企業や職種によって異なる。一般職には自発性，責任能力，協調性，誠実さ，顧客志向性などが求められる。管理職には，リスクを伴う業務に取り組む積極性，前向きさ，起業精神，成果志向性が重要とされる。多くの企業が，離退職を減らし，企業責務を遂行するための手段として，人材の育成と昇格に力を入れている。Aycan and Fikret-Pas（2003）は，全国調査で，個人の成長と開発の機会が若い労働力にとって最も重要な動機であることを発見している。

　トルコ企業は，従業員を確保するため，雇用の質と数を確保する努力を継続的に行っている。その方法としては，訓練・再訓練を最重点項目とし，より高い知識や技術を身につけた従業員から昇進させている。その他の雇用確保対策としては，賃金の増加や他の物質的な利益の向上，企業像の改善，従業員の社会的イメージの向上などがある（Caspi, Ben-Hador, Weisberg, Uyargil, Dundar, and Tuzuner (2004)）。

2.3　報酬と奨励

民間部門の大企業の殆どが能力給支給のための制度を設定している。能力給は主として，現場労働者より事務職者に支給される。昇給はインフレ率すなわち国内の物価レベルに応じて全従業員に均等に，かつ，企業規模を問わず年に1～2回実施される。勤務年数や国内生活水準に応じた補償も昇給に含まれる。従業員の多くは，業績に基づく昇給よりも，各人の必要性に応じた昇給を好む。

初任給は，通常，採用側との話し合いで決定する。査定対象は業務内容ではなく，従業員個人であるため，同じ職種でも人によって給与に大きな差が生じるのは驚くべきことではない。昇給額を決定する第1条件はインフレ率で，個人の業績，勤務年数と続く。社内の人間関係，特に監督者と友好的な関係にあるかどうかによって昇給額が決定される企業もある。

報償にはボーナスと昇給がある。業績トップの従業員に「月間トップ賞」や「実績優秀者賞」などを授与することはトルコでは好ましくない。個人の表彰は，他の従業員の感情を傷つけ，グループ内の調和を壊すと考えられている。従って実績評価に基づいて賃金を決定する方法を採用する企業が多い。

事務系管理職者に対してはカフェテリア方式の福利厚生制度が用意されているほか，健康保険制度，通勤時のガソリン代支給，社用車貸与，携帯電話貸与などの給付金や諸手当もある。一般事務職者と現場労働者もカフェテリア方式の福利厚生制度の利用が可能である。さらに，健康保険，暖房用燃料，子供の教育費の補助もあり，宗教上の休日には金一封が支給されることもある。いずれもトルコ独特の温情主義の現れである（Sozer, 2004; Aycan, 2006）[3]。

2.4　教育と研修

トルコでは，社員研修と人材開発は，人事部と付属の教育訓練部門が担当する最も重要な業務とされる。教育訓練プログラムは，教育訓練部門の責任者が中心になって教育訓練部門ごとに作成される。プログラムの詳細については後述するが，その内容は従業員に必要と考えられる項目を分析した上で作られる。職場責任者や管理者，あるいは，人事部の推薦を受けたものに教育プログラムへの参加資格が与えられる。参加者には教育プログラムの参加の意思を確認する。参加者に対してはプログラムの内容を評価するアンケートも実施される（Sozer, 2004）。

従業員1人当たりの教育訓練時間は業種や企業によって異なる。例えば，最も長い時間をかけて教育訓練を実施する金融系企業では平均42時間である一方，建設業界では訓練時間が短く，14時間である。教育訓練や技能開発のための機会を与えるということは，若年層の労働者のモチベーション向上に有効である（Aycan and Fikret-Pas, 2003）。大卒新卒者の知識や技能が企業現場で必要とされるレベルに達していないという不満を持つ企業は，社内訓練を通じて従業員の能力引き上げを行っている。従業員の教育訓練は，組織コミットメントと現在従事している仕事に対する職務満足度の向上にも一役買っている。高い費用がかかっても，報償の一環として，海外研修やビジネス・スクールでのMBA教育を検討する企業もある。

　大規模な企業および組織では，教育訓練ごとに担当部署が異なり，予算も個別に設定されている。こうした企業は，教育訓練に関する希望調査や個人面談の結果，個々の業績に基づいて，訓練の実施を決定する。教育訓練の内容は，従業員アンケートの結果を精査して，企業の監督者が取りまとめる（Arthur Andersen, 2000）。訓練手法としては，OJT，セミナー，コンピュータ支援訓練，屋外研修などが主流である。評判研修内容としては，チームワーク，コミュニケーション，リーダーシップ，プロジェクト管理などが取り上げられる。

　トルコでは，従業員の教育訓練の重要性に対する認知度が徐々に高まっている。教育訓練と人材開発の中で最も難しいとされるのは，訓練の実効性評価である。訓練受講者の評価は，講師による評定に多くを依存せざるを得ないので，訓練前後に受講者に試験を課して，訓練の効果を確認する企業もある。能力不足が理由で教育訓練に参加する受講者よりも，終了した訓練の数に応じて昇進が保障されている受講者の方が「満足度が高い」という点から，訓練そのものの評価方法として「満足度シート」が活用されている。教育訓練への投資に対する結果を可視化したいと考える企業が非常に多いが，定義が曖昧なリーダーシップ，コミュニケーション，チームワーク等に関する訓練の結果の評価は困難である（Aycan, 2006）。

2.5 業績評価

トルコの殆どの大規模企業は業績評価を実施している。1年に1度の評価を実施するのが通常であるが，1年に2度実施する企業もある。最も一般的な評価項目は，達成欲求の高さ，協調性，コミュニケーション能力，顧客志向性，創造性などである。大半の組織が，査定後に実施する個別面接で査定内容を従業員に伝達する。企業は業績評価結果を，報奨，長所と短所の判定，新たな教育訓練プログラムの計画，長期キャリア・プランの策定などに活用する（Sozer, 2004）。

Aycan（2006）は，従業員の業績評価は，トルコ企業の人事担当部門における最も困難な業務の1つとなっていると主張する。その背景に3つの理由がある。その第1は，業績評価システムに明確な評価測定基準が設けられていないことである。コンピテンシー（業績優秀者の行動特性）を基準にして業績評価を実施する企業もあるが，明確な説明や解釈もないままにコンピテンシーを導入してしまうケースが多い。基準が行動的に適切に説明され操作されていないため，解釈と評価は非常に主観的で偏見的になる。また，評価者は，適切な訓練を受けておらず，業績評価の可能性のある偏見に敏感に反応する。

第2の理由は，評価プロセスに関係するものである。トルコのような権力格差が大きい国では，業績評価は上意下達のトップダウン方式で行われることが多く，上司が直接的に部下を評価することになる。しかし，全方位型業績評価システム（360-degree performance evaluation system）を導入しようとする企業は，従業員が上司や同僚を評価することができないトップダウン方式を歓迎しない。しかし，全方位型業績評価もまた，集団内の調和を保とうとするトルコ特有の集団的規範にそぐわない。集団文化の影響を受けて，上司や同僚からの評価よりも控えめに自己評価するという傾向があるので，自己評価結果の信頼性が低いである。よって，業績評価というプロセスそのものが成立しなくなるというジレンマがある。このような事象は，トルコ社会の「謙虚さがもたらす偏り」（Yu and Murphy 1993）と言われる。

第3の理由は，業績のフィードバックを授受することが，トルコの文化において重い課題であり，人々は批判を個人的な攻撃として受け，それについて感情的になることである（Aycan, 2006）。従って，様々な組織，特に公共企業では，評価結果を従業員に提示しない企業もある。しかし，業績評価者の訓練については，

トルコの職場での業績評価システムを改善することが課題であると示唆されている（Sozer, 2004）。

2.6　キャリア・プランニングとキャリア開発

キャリア・プランニングとキャリア開発は，トルコの企業組織においては，十分に確立されていない分野である。中小企業（SMEs）や家族経営企業においては，企業組織が階層構造になっているので，昇進の機会も少ない。大企業においても，確固たるリーダーシップを備えた管理職者がいないため，職務内容や業務上の責任について部下に指示できないのが現状である（Sozer, 2004）。前にも述べたが，人材計画は民間部門または公共部門の企業のいずれにおいても十分に行われていない。

近代的な人事担当部署，特に，人的資源管理部門を備えた企業は，業績評価システムと連動したキャリア管理システムを導入している。このような企業では，キャリア・プランニング・システムが構築されているため，従業員の組織内異動や交換が可能となる。また，職種や社内の地位によっては，業績結果，指定された教育訓練の修了，勤務年数，コンピテンシーが昇進の条件となる。こうした組織や企業では事前に全従業員に昇格の条件が伝達されている（Aycan, 2006）。従って，キャリア・プランニングやキャリア開発のためのコーチングを受けることは可能となる。残念なことであるが，このタイプの企業はトルコではまだ多くない。

3. 労 使 関 係

3.1　労 働 組 合

公務員，教職者を含むトルコの全ての労働者は，労働組合の結成や集団交渉の権利を持っている。軍事政権時は，ストライキ権を憲法で認めていなかったため，労働組合活動は中断されていた。2001年トルコ労働省が発表したデータによると，104の労働者労働組合と49の雇用者組合が登録されている。民間部門では，徐々に，企業単位で労働組合が結成されるようになっている。労働者は好みの労働組合を自由に選択することができる。労働組合が団体交渉の資格を得るためには，企業内の労働者の少なくとも50％，全国の関連部門内の労働者の

10%を組織しなければならない。

　労働組合連盟は，異なる部門の組合員組織である。トルコには現在，4つの労働組合連盟（ナショナルセンター）が存在し，1952年に結成されたトルコ労働組合連盟（Confederation of Turkish Trade Unions（TÜRK-İŞ））が最も古く，規模も最大（組合員数：175万人以上）である。他の3つの組合連盟は，TÜRK-İŞから1967年に分離結成したトルコ革命家労働者組合連合会（組合員数：32万7,000人，Confederation of Revolutionary Trade Unions of Turkey（DİSK）），1976年設立の正義労働組合連合（組合員数：34万人，Confederation of Turkish Real Trade Unions（HAK-İŞ）），1995年設立の公共事業労働者組合連合会（組合員数：30万人，Confederation of Public Workers' Unions（KESK））である。

　トルコでは，EU諸国で一般的な政労使3者による協議運営が，依然として軌道に乗っていない。EU加盟のための必要条件の1つとして，政府・労働組合・使用者の代表者で構成される3者協議の場が設定され，2004年5月に最初の会合を開いた。労働者の生活全般に関する問題について提案するのはこの会の主要な役割である。

　トルコの労働組合活動は，時代ごとに政府の方針の影響を強く受けてきた。1980年には軍部が労働組合活動を厳しく制限し，1980年のクーデター発生から1984年5月までの期間は，軍事政権によって集団交渉が禁止された。国家安全保障会議は，1980年9月以降，トルコ革命家労働者組合連合会（DİSK）と加盟労働組合の全ての活動を休止させ，労働組合の資産を没収して受託管理下に置いた。また，トルコ革命家労働者組合連合会（DİSK）の指導者を逮捕拘束し，憲法制転覆を企てた罪で死刑を求刑した。教育労働組合Eğitim-Senのような，公共事業労働者組合連合会（KESK）と連携する教職員組合は，繰り返し活動を停止され，会員が投獄された経験もある。

　欧州共同体委員会（Commission of the European Communities, 2004）は，2004年の報告書の中で，トルコが欧州社会憲章の第5条（団結権）と第6条（集団交渉権と争議権）を認めていないと発表している。2001年6月公共事業労働者労働組合関連法（June 2001 Law on Public Employees' Trade Unions）は，団体交渉を目的とする団結権を制限した。2004年6月には，組合員資格取得に関する手続きを簡素化する修正条項が採択されたが，交渉権と争議権を明確に認めていない。民間企

業の労働組合加入手続きは，公共部門に比べてさらに煩雑で費用がかかる。また，タイヤ製造業とガラス製造業では，労働者によるデモやストライキの中止や延期といった労働組合の権利を制限しているケースもあった。上述の EU レポートによると，トルコは，国際労働機関（International Labour Organization/ILO）の基準を下回っており，1999 年に 67.84％であった労働組合組織率が，2004 年には 57.78％と急激に低下した。しかし，2003 年の民主体制の選挙と復興の後，状況は大幅に改善された。

3.2　2003 年労働法による労働条件の変化

　トルコの労働条件は，長い 32 年間，1971 年の労働法（Labor Law of 1971）によって規制されていた。その法律が労働市場の変化に伴って機能しなくなり，またトルコの EU 加盟国の入札の必要性のためにも，新しい労働法 2003 年（The New Labor Law, 2003）が制定され，これは 1971 年の法律と入れ替えられた。新しい労働法の大きな変化の 1 つは，雇用の保護である。国有企業の雇用保護は非常に強く，解雇の場合は正社員に対して退職金が授与されるが，経済全体，特に民間部門の雇用保護行為は存在しなかった。この新しい労働法によれば，雇用者は，解雇の場合には，不十分な業績の証明を行う義務がある。これは，企業や組織が労働者の業績を常に評価し，維持することを要求する。さらに，雇用組織は人事適性を確保するための慎重な選択と配置手順を実行する責任があることを示唆している。また，従業員に適切な職務内容を提供する責任もある。従って，労働者の不十分な業績を証明する雇用主の義務は，単純な人事管理システムをより洗練された人事制度に置き換えることを要求する。その結果，多くの雇用組織は，新しい労働法の要件を満たすために人事機能を開始（し），また改善するための訓練とコンサルティングを受けた。

　新労働法のもう 1 つの特徴は，女性労働者に対しては出産休暇が拡充され，産前産後 12 週間から 16 週間へと延長されたことである。従業員 50 人以上の国営企業は身体障害者あるいは服役経験者を総従業員の 3％雇用する義務が課せられている。2004 年 5 月にトルコ議会が採択した憲法修正条項では雇用における男女平等，男女同権を定めた。すなわち，「男女は平等な権利を有する。国家は，この平等が実践されることを確実にする義務を負う」と述べている。このほか，

労働安全衛生表示，振動，騒音に対する最低限の安全衛生基準の設定などについても規定されたことが欧州共同体委員会（Commission of the European Communities, 2004）の報告で明らかになっている。新労働法では，職場における労働者の安全衛生の実施監督，安全衛生に関する教育などについても事業主に求めている。

また，国際労働機関（ILO）の条約に基づいて，女性の採掘業就業を禁止し，夜勤の禁止は撤廃された。児童労働は全面禁止し，夜勤と坑内労働を目的とする18歳未満の青少年の雇用も禁止されている。しかし，ILO条約批准国といえども，児童労働はトルコが抱える深刻な労働問題の1つである（Commission of the European Communities, 2004）。

新労働法では，派遣労働，パートタイム労働，オン・コール労働も労働形態として認めている。パートタイム労働者はフルタイム労働者と同じ雇用条件（賃金は労働時間に応じて支払われる）が適用される。この法律はパートタイム従業員に対する差別を排除し，パートタイム雇用を若い失業者にとって魅力的な雇用オプションとしている。さらに，国家経済の様々な分野における男女両方のキャリアに，他の国家政策や伝統的な家族のイデオロギーが徹底的に影響する概念に変革をもたらすものと考えられる。

4. 国営部門における人的資源管理

国営部門（PEs）は，これまでトルコの経済開発と産業化を牽引し，特に経済開発の初期段階においては均衡のとれた地域開発を成功させた。1960年代後半以降，政治的・経済的混乱が続くと，国営企業が徐々に重荷になり，1980年代初頭には政府主導で民営化が進んだ（Aktan, 1996）。

結局，民営化を規定する最初の法律は1984年に制定された。1986年に初の民営化企業が誕生した後は加速度的に民営化が進んだ。国営企業の民営化がトルコ政府の最重要課題となったため，政府は民営化計画のタイムテーブルを策定した（Aktan, 1996）。2013年現在，国営部門の36主要企業のうち8企業が民営化計画の対象となっている。2006年にGDPの9%を占めていた国営部門総売上収入は，2013年には3.3%に減少となり，同様に付加価値は2006年の2%から2013年には0.6%まで減った。一部の公的企業は財務面で好調であり，国庫にはまだ貢献している。社会生活や福祉への貢献を無視する人もいるが，これらの企業は財政

的に成功し，持続可能であると考える（Avci, 2015）。本節では，トルコ国営企業の人的資源管理の側面について，OECD（2012）と Pembegul（2013）の資料を参考にして検証する。

　トルコ国営企業の人材採用システムは，概して，職歴重視で健全に運用されている。様々な職種への採用は，その公的企業を規制する異なる省庁で集中的に管理する。求職者は職種別に受験することとなり，社外募集や直接申請による採用もある。障害者に対する門戸も開かれている。採用決定者は，企業，職種，地位ごとに指定された教育訓練を受ける。人的資源管理を担当する部署が各種教育訓練を調整する。

　国営企業の賃金体系は，監督省庁が異なってもほぼ同じである。基本給と賞与は，インフレ率を考慮に入れて，監督省庁との集団交渉によって毎年改定される。基本給を構成する項目は多い。年齢は重要な要素ではないが，勤続年数は重視される。近年の昇給額は抑制されている。転職の場合は前職の勤務年数は基本給に加味される。中間管理職，上級管理職，専門職の基本給は，学歴，職務内容，経験年数などが考慮されるが，年齢そのものは重要視されない。

　あらゆるレベルの従業員および管理職の昇進は，実績評価，経験年数，学歴によって決まる。中間管理職への登用には試験が課せられる。昇進後の職務階層によっては，応募時に学歴に制限がある。応募可能な職種は企業ごとに明示される。能力査定センターや査定試験を利用すれば，能力給が支給される職業への求職も可能である。社会的に恵まれていない層の昇給・昇進に関する施策の整備が待たれる。

　トルコの公共企業は人的資源に関する決定において，他の OECD 加盟国よりも業績評価を利用する傾向にある。ほぼ全ての従業員に対して業績評価を実施し，評価結果を直属の上司より書面で通達する。評価項目は，仕事に対する取り組み，業務品質と瞬時性，価値観，人間関係，コンピテンシーの向上度などからなる。こうした評価は，キャリア開発や労働契約更改の際の考慮要素となる。能力給がトルコで採用されることはあまりない。

　トルコ国営部門の労使関係形態は高度に集権型である。労働組合は，公的に財政援助を受けておらず，その役割も小さい。能力給採用，労働条件改善，雇用の枠組み設定，行動規範，新しい管理ツールの導入，政府主導の改革実施などに関

する交渉は一元的にに行われ，都度，1組の合意を得て書面化される。能率給に関する申し入れは必ず労働組合を通じて行われる。給与面以外の労働条件についても，原則，労働組合を通して交渉される。しかし，国営企業従業員の一部のみについては組合権利を限定され，ストライキなどの敵対行動は厳しく禁止されている。

5. 経営の文化的側面

　トルコはイスラム国家である。人口の97.8％がイスラム系であり，無宗教はわずか2％にとどまる。イスラム系人口の73％はスンニ派，20％がシーア派である。7世紀から8世紀初頭にイスラム勢力が台頭すると，アラブ人は現在のトルコにイスラム国家を創立した。その後，オスマン帝国が1362年から1924年までトルコを統治した。オスマン帝国時代末期に始まり，ムスタファ・ケマル・アタチュルクが，トルコの世俗化と政教分離を進めた。その改革内容は，イスラム圏で物議を醸すほど急進的であった。アタチュルクは，1922年にカリフ（イスラム共同体の政治を統括，教義の順守を促す最高責任者）制度を，1924年には数世紀にわたって継承されていたイスラム世界の君主号であるスルタンを廃止した。宗教権威者や宗教法廷などのイスラムの権威機関は一掃され，宗教学校などのイスラム文化の基盤を全て国有とし，宗教教育を制限，禁止した。アタチュルクの大がかりな西欧化政策は1920年代から始まったが，トルコのイスラム文化やイスラム的生活様式は根強く残り，国民の殆どは引き続き，コーランやスンナの教義を慣行していた。これは，社会的，文化的価値観だけでなく仕事の生活にも深刻な影響を与える。

　トルコ経営の文化的側面，他国の文化との比較に関しては，多くの先行研究がなされている。中でも最も古い研究はHofstede（1983）によるものである。彼の研究によれば，トルコは，中程度の男性らしさ，高い不可実性の回避，高い権力格差，非常に低い個人主義を示す。トルコ国民は，父親が確固たる権威を持っているので規則がなくても結束力が強い家族に似た傾向があると言える。職場では，労働者は権威者に忠実であり，安定雇用を重要視し，集団主義的である。Goregenli（1997）とAycan et al.（2000）は，トルコの集団主義と階層主義の低下を指摘している。また，Kabasakal and Bodur（2012）は，リスク回避をしな

いトルコの国民性を指摘している。GLOBE（Global Leadership and Organizational Behavior）の研究では，業績主義と未来志向性の指標が世界標準を下回っている（Kabasakal and Bodur 2012）。Aycan（2006）は，トルコの労働文化に関する先行研究の概要をまとめている。

　社会文化環境がトルコの労働文化と人的資源管理に及ぼす影響は甚大である。トルコの労働文化は，温情主義的，緩やかな集団主義と階層主義，非宿命論的であることが明らかである（Aycan et al. 2000）。また，従業員の職務可能性（機会を与えれば自己変革や自己啓発が可能であること），責任追及性（職務上の責任達成能力を持っていること），積極性（あらゆる職務レベルの権限委任に対して積極的であり，関連する相談にも積極的に対応できること）を好意的に捉えている点が特徴である。一方，従業員が主体的でない（目標達成のために自発的あるいは率先して行動しない）というのが，管理者側の共通認識である。人的資源管理の実践においては，職務充実と監督者への権限委譲については高いスコアを示しているが，能力給予算のスコアは低い。こうした結果から，宿命論的要素が強くない文化であることが，従業員の職務可能性に対する高い評価，監督権限の委譲，職務充実による従業員の可能性と業績の向上につながっていることが明らかである（Aycan et al. 2000）。

　Aycan et al.（2000）は，トルコ特有の温情主義は，従業員の積極性にはプラスの影響を及ぼしているが，主体性にはマイナスの要因となっていると指摘する。これは，管理者と部下の人間関係は，個人的あるいは家族的であることが原因と考えられる。管理者は，従業員が抱える職務上の問題だけでなく，個人的な問題についても意思決定が必要になる。積極性は，従業員の提案を実行するときよりも，従業員から意見を聴取する際に必要となる要素である。これがトルコ特有の「積極性」の概念である。温情的な指導者は家族内の年長者と同様に尊敬され，従業員に利する決定を下す「権威者」として信頼される。このため，従業員は職務に対して「主体的」であることよりも「反応的」であることを好むのである。また，温情的管理者は，人員削減や賃金・給付金カットから従業員を守ろうとする。温情主義の欠点は，従業員の処遇に格差が生じ，能力給制度が機能しづらくなることである。温情主義が強い管理者と親しくすれば業績にかかわらず高い賃金が支給されることになる。Aycanらのこの研究は，職務満足度の向上には能力給が最も効果的であり，組織コミットメントの向上には監督権限の委譲が最も効

果的であることを明らかにした。

　トルコの人的資源管理は，高学歴若年労働者層の価値観と社会に対する期待に変化が生じていることと，女性の社会進出が増えていることに，対応しなくてはいけない。トルコはヨーロッパでも最も誘因力のある市場で経済成長も著しいとされている。トルコの経済成長の原動力は，教育のある若年労働者に恵まれていることである。15歳以上の年齢層が人口の70％を占める。管理職者層も若い世代が多く，平均年齢は27.6歳となっている。この年齢層を労働現場で活用するためには，彼らの価値観や期待を理解することが大切である。

　Aycan and Fikret-Pas（2003）は，トルコ国内6地域の15大学から経営管理学専攻の大学4年生を対象に，動機づけ要因とリーダーシップの嗜好性に関する調査を実施した。実社会で働く際の動機づけ要因として，「賃金」，「緊密な管理」，「自己開発のための機会提供」，「職権と権威」など25項目について，Q分類テクニックを利用して評価してもらった。すると，職権と権威を持つこと，平和的な労働環境，キャリア開発のための機会，十分な賃金などが，最も動機づけ効果が高いであると分かった。一方で，緊密な管理や指示，表彰，業績に対するフィードバック，帰属意識などは動機づけ効果が低かった。この調査から得られた結果は，トルコの若者の嗜好も願望も欧米先進国の若者とほぼ一致していることを示している。

　変化する労働力の第2の重要な発展は，女性が経済において果たす役割がますます活発化していることである。国連開発計画（UNDP）がまとめた報告書では，科学・技術系の専門職で働く女性の数は世界210カ国のうち73位，管理職，企業幹部職に就く女性の数では137位である。トルコでは女性の4％が管理職者であるのに対して，アメリカは2.4％，イギリスは2％，ドイツは3％，日本は1％である（Aycan, 2004）。中堅以上の女性管理職52名を対象とする調査では，Aycan（2004）は，トルコ女性のキャリア開発成功に必要な条件は，自信，決断力，自己効力であり，同時に，家族と職場の支援，女性の社会進出を歓迎する風潮が大切であると主張している。女性の労働力への参加については，社会に積極的な態度があることも分かった。

　働く女性が増えているにもかかわらず，社会的価値観や期待すべきジェンダー・ロールが女性のキャリア開発の障害になっている。トルコの文化では家族

の調和を保つことと子育ては女性の仕事とみなす傾向が根強い。そのため，家庭の外で働いているとしても，家庭内で女性に求められることは変わらず，女性が働くことによって家族に生じる不利益が社会の一番の関心事となっている。潜在的に可能性のある女性であっても，家族に対する自身の役割を優先せざるを得ないため，海外勤務や海外研修などは不可能な状況にある。

　HRM の当局，研究者および社会は，就学後最初の数年間，女性がパートタイムまたはフレキシブルタイムで働けるように必要な変更を加え，敷地内の託児施設を設けることにより，女性が仕事や家族をより良く統合できるような環境を整備する必要があるとしている（Aycan and Eskin, 2004）。50 人以上の女性労働者を抱える企業は，就業中の託児サービスの提供を法律で義務づけられているが，費用がかかるため過半数の企業はこのサービスを備えていない。

　トルコは，カリフ制度が他のどのイスラム諸国よりも長期間続いていたため，イスラム色が強い。そのため，宗教的理由，社会的後進性，女性教育の遅れ，ジェンダー・ロールとしての家庭での子供の世話や老人の介護など，女性の社会進出が遅れている。ケマル・アタチュルクの時代から，トルコは国を挙げて女性の社会進出を推進した。2003 年就任のイスラム系政党のレジェップ・タイイップ・エルドアン大統領は，イスラム的価値観の維持とイスラム教の間違った解釈を同時に覆させながら，女性の社会進出を推し進めてきている。従って，この国では今後女性の仕事と経営における地位がさらに高まると主張することができる。

　2003 年には，エルドアン政権がトルコの労働法体系を一新するために新労働法が施行された。被雇用者の権利を大幅に拡大し，週労働時間を 45 時間に定め，1 年の残業時間の上限を 270 時間と規定している。また，性別，宗教，支持政党などによる差別の禁止，非正規雇用と正規雇用の違いによる差別の禁止，「正当な理由」なしに解雇された労働者に対する補償金支給，1 年以上の労働契約の文書化などを定めた。

　トルコはアジアとヨーロッパにまたがっているが，1963 年以降継続して欧州連合に加盟することを希望してきた。まず，1987 年 4 月 14 日に EU の前身である欧州経済共同体（European Economic Community/EEC）加盟申請を提出した。トルコは 1963 年以来，EU の賛助メンバーであり，創立 10 カ国の後，1949 年に

欧州評議会のメンバーになった最初の1国である。1961年には、経済開発協力機構（Organisation for Economic Co-operation and Development/OECD）の創立加盟国となり、1973年には全欧安保協力機構（Organization for Security and Co-operation in Europe/OSCE）への加盟を果たした。1992年から2011年までは西ヨーロッパ連合（Western European Union）の準加盟国を務め、国連の西ヨーロッパ・その他グループ（Western European and Others Group/WEOG）メンバーとなった。1999年12月12日、欧州理事会ヘルシンキ・サミットにおいて、EU正式加盟国の候補として正式に認められた。これは、トルコの人的資源管理と人的資源開発がEU基準に達したことを意味する。

2014年以来、中東諸国における政治的問題から生じる難民問題は、トルコや他のEU諸国の人的資源管理や人的資源開発に関する新たな議題をもたらした。難民は、EU諸国に入国しようとする当初、トルコに移住する。不本意ながら、または意識的にトルコは、移民としてそれらの一部を受け入れる。これらの移住労働者は、トルコ特定の労働市場と文化環境の中に統合とする新たな挑戦を生み出している。

Morrison, Conaway, and Borden（1994）は、上述の労働に関連する文化的側面とは別の視座から、トルコの価値体系は東西の文化が混合して成り立っていると述べている。意思決定の場では、意思決定者は男性指導者であり、彼は常に家族グループを念頭に置いて意思決定を行っている。この国の私生活は、家族、友人、そして組織に圧倒されており、これらが個人の意見を決定する。自己同一性は社会体系を基礎とし、教育は社会的地位を向上させるための主要手段と考えられている。社会構造は安定と同一性を備え、強い家族志向性を示している。確固たる労働倫理が根付いており、愛国心、社会や家族に対する誇りが1人ひとりの自負心を高揚させていると考えられる。法律で平等が定められているが、若者より年長者が、女性より男性が優遇される。実社会において男女間に格差があったとしても、国は、経済活動や社会活動に携わる女性が自由に活動できるように支援をしている。

6. トルコにおける経営学教育

トルコの一般教育、特に高等教育は、ヨーロッパとアジアの2大陸の特徴を併

せ持っている。大学の学生は，特に近代性と伝統の両方を経験する。著名なトルコの大学では，経営教育がトルコ語と英語の両方で提供されているが，全ての大学で英語を学ぶ機会があり，フランス語，ドイツ語，ロシア語のコースもある。殆どの学校は，アメリカのビジネス・スクールで教えられる人的資源管理，会計，マーケティング，財務の英語の教科書に導入している。Yelkikalan, Altin, and Çelkikkan (2012) は，トルコの大学のビジネス教育部門は，一般に，執行レベルで働く従業員に関して公的機関の要件を満たすというミッションを持っていることを確認した。後に，この任務は民間機関の要件を満たすように変更され，私立大学の普及・発展に伴い，産業組織のニーズを満たす方向に展開している。

　現在，トルコ国内には 178 校の大学がある。その内訳は，国立大学 109 校（工科大学 8 校，技術専門学校 1 校，美術大学 1 校を含む），私立大学 61 校，2 年制短大 8 校，国防大学 1 校，警察学校 1 校である。殆どの大学が，学部もしくは大学院に経営教育プログラムを設置しているが，世界のトップ 100 大学に名前を連ねる大学はまだ現れていない。

　トルコの全大学は，国立大学，私立大学共に，ボローニャ協定を順守している。ボローニャ協定は，ヨーロッパ諸国の学位認定を標準化するための合意である。ボローニャ協定加盟国の多くは，留学生支援を目的とするエラスムス・プラス・プログラムにも加盟している。2016 年発行の QS 世界大学ランキング（QS Higher Education System Strength Rankings）最新版ではトルコの大学教育は世界 39 位，2015 〜 2016 年には 10 大学が選ばれ，2016 年新興ヨーロッパおよび中央アジア地域（EECA）部門では 20 大学が選出されている。ランクに名前が挙がった大学の大半は，トルコの 2 大都市，アンカラ（ビルケント大学，中東工科大学，ハジェテペ大学）あるいはイスタンブール（サバンジュ大学，イスタンブール大学，コチ大学，ボアズィチ大学，イスタンブール工科大学）に立地する（QS Top Universities, 2016）。

　QS 世界大学ランキング以外にも大学（ビジネス・スクールを含む）格付け機関はいくつかある。パリに本部を置くエデュニバーサル（Eduniversal）は豊富な専門知識を武器にして，1994 年に高等教育機関の格付けに特化した情報提供を開始した。初め，格付け対象はフランス国内の大学とその講座内容であったが，2007 年には全世界の大学を対象とするようになった。エデュニバーサルは「パルム・

オブ・エクセレンス」という5段階評価（5: universal, 4: top, 3: excellent, 2: good, 1: local reference）を採用しており，大学あるいはビジネス・スクールの評価の絶対的な尺度となっている。エデュニバーサルによるトルコ国内の大学の格付けは，コチ大学（大学院ビジネス専攻）：5，イスタンブール大学（ビジネス学部）：4，サバンジュ大学（経営学部）：4，ビルケント大学（経営管理学部）：4，ガラタサライ大学（経済経営科学学部）：3，マルマラ大学（経営管理学部）：3，東地中海大学（ビジネス経済学部）：3，グリム・アメリカン大学（ビジネス学部）：2，となっている（Eduniversal, 2016）。

　Yelkikalan, Altin, and Celkikkan（2012）が観察したように，1950年以前にトルコの経営科学教育はビジネス経済学の研究に焦点が当てられ，基本的に経済学の一分野とみなされた。ビジネス経済学は経済学を基礎として，組織全体の分析と「経営管理」を中心に取り扱う学問分野であった。1950年代以降，ビジネス・スクールは，経済経営管理科学学部に統合されるようになった。同時に，ドイツ型大学モデルをアメリカ型に改革するため，各大学はアメリカの大学と提携を開始し，アメリカから学術スタッフを招聘した。1980年代には民間部門での企業や組織が目覚ましく増え，会計，税法，マーケティング，人事管理などの分野で訓練された人材の需要を高めた。

　こうした状況の中，トルコのビジネス教育は会計学と税法の分野からスタートした。民間部門企業の増加とグローバリゼーションの波の影響を受けて，ビジネス教育は経営，経営管理，人的資源，マーケティング，金融・財務へ焦点を当てた。コースカリキュラムは，特定分野の専門化ではなく，一般管理，生産管理，マーケティング，財務，人的資源，広報などの異なる管理機能に起因する基本的なビジネスコースに重点を置き，様々な国の教育モデルを採用する。現時点では，雇用者が，外国語，コミュニケーションスキル，コンピュータリテラシー，実務経験などのスキルをビジネス・スクールの卒業生に求めている。これは学生が実際の経営者に頻繁に出会い，実際の事例研究に取り組む機会を与え，インターンシップの有効性を高め，ビジネススクールや学部が法規制によって実際の小規模生産企業を立ち上げることを可能にする設備を必要とする（Yelkikalan, Altin, and Çelkikkan (2012)）。実践的な世界の要求を満たすために，卒業生に必要なスキルを教えるカリキュラムを再構築することが大学のビジネススクールや学

部には求められているである。

7. 課題と結論

トルコの企業組織は，人的資源管理慣行の開発および改善のためにたゆまぬ努力をしてきた。しかし，依然として残っている問題点も多数存在する。本節では，今後，取り組みが必要である諸点について検討をする。

EU 加盟手続きと新労働法制定によって，トルコの人的資源管理システムは大きく変革し，一層の効率化を求められている。しかし，企業の経営管理そのものを主導するために必要とされるノウ・ハウや専門知識は欠如したままである。欧州委員会 (2014) はトルコの EU 加盟手続きに関する進捗報告において，労働組合の権利に関する労働法整備と労働組合の権利行使を助長する環境整備が遅れていることを指摘している。組織権，集団交渉権，民間企業および公務員のストライキ権は EU 標準と ILO 標準を満たした。しかし，労働法の対象外となる未登録労働者の割合が急速に減少してはいるが，劣悪な労働環境に置かれており，正当な理由のない解雇や労働組合に加盟できないといった悪条件で働く非正規雇用労働者がいるという指摘も受けている。トルコは，派遣労働などの下請け雇用契約に関する規制を EU 水準に合致させるための法整備が必要である。2013 年に児童労働に関する国家戦略が策定されているにもかかわらず，トルコ国内の児童労働問題は未解決のまま残っている。公共事業労働者組合連合会（KESK：Confederation of Public Workers Unions）とトルコ革命家労働者組合連合会（DISK：Confederation of Revolutionary Trade Unions of Turkey）とその提携労働組合との間では，対テロ法関連訴訟が継続している。これ以外にも継続中の労働組合との法廷闘争は複数ある。労働者と労働組合の権利に関する問題点は，集団交渉時の二重交渉回避規定の不備である。二重交渉が規制されていないと，適切な集団交渉の足かせとなり，労働組合の発展を妨げることにつながる。公務員の団結権とストライキ権は，職種や職場によって一部制限されたままになっている（European Commission, 2014）。労働法制の改革を放置すれば，EU 加盟要件を満たせないだけでなく，国内の人的資源管理の向上にも遅延が生じるので国家的損失となる。

トルコ社会は世俗主義とイスラム主義が常に混在する。イスラムの台頭は欧米的な近代化に対する不満が高まれば，現代主義に対する批判の現れとしてイスラ

ム色が濃くなる。トルコのイスラム文化は伝統的な要素ではなく，現代主義の対極として存在するものである。トルコ社会の特徴は，力強いケマル主義と伝統を重んじる中道右派の間に，政治的イデオロギーが点在していることである (Kabasakal and Bodur, 2012)。イスラム教は，職場における人間の尊厳，平等，正義，調和，差別撤廃，業績指向などの精神を強く語るが，これらの伝統的価値観は人的資源管理の行動にはまだ反映されていない。結果として，キャリア計画や業績評価を給与やキャリア開発に反映させようとする企業や組織が少ないことは明白である。

経済活動への女性参加率はイスラム諸国での中でもトップクラスであり伸び率も高いが，女性の社会的立場の二重性が労働市場で障害となっている。農村部の女性や社会経済的に不遇な女性の殆どは農業部門で就業するが，主に無給の家族労働者として雇用されており，極めて少ない賃金しか支給されない。社会的地位が高い職業（学者，医師，薬剤師，弁護士など）の女性の割合も高いが，企業の管理職や幹部に就く女性は非常に少ない。男女間の賃金格差は大きく，女性の賃金は男性の賃金の 60％程度にとどまる (Kabasakal and Bodur, 2012)。

ヨーロッパと地理的に近接しているのでヨーロッパの先進諸国の影響を受けやすいため，長期的にみればトルコ経済の全部門での人的資源管理の近代化の可能性は高い。トルコの産業組織の過半数が家族経営の中小企業であることを考えると，より専門的で制度的な人的資源管理の実践に向けた組織の運営，適切に機能している人的資源管理部門と実務家の助けを借りることによって効率的人的資源管理システムを達成することができる。転換時期において企業倫理およびコーポレート・ガバナンスの策定も重要案件である。現存企業の枠組みは，企業としての経験の蓄積を考えれば今後もその堅牢性を維持することはできると予想されるが，現時点では人的資源管理のスキルやコンピテンシーの不足は明白である。

健全な人的資源管理を導入するためには，人的資源管理担当者に対する十分な教育訓練，研究機関や専門化との研究連携が必要である。現在，人材に関する問題の早期解決に向けて努力する企業組織は多い。企業や経営者は，HRM の問題に対して，より良く，よりカスタマイズされたソリューションを提供できるような研究に時間を費やしたくない。時間節約のため，既存の解決プログラム中から少しでも良いもの，例えばアメリカ式人的資源管理方法を，トルコの労働市場の

文化的背景を考慮しないままに採用しようとする傾向もある (Wasti, 1998)。また，専門知識を持たないコンサルタント会社のサービスを採用する企業も依然として多い。Aycan（2006）の研究調査では，2006 年には 1,000 社を超える人的資源コンサルティング会社が活動していることに対して，人的資源管理分野の研究を行う研究者が少なく，トルコ全土の大学修士課程で人的資源管理に関するプログラムを提供しているのはわずか 8 カ所しかないことが明らかになった。

現在，人的資源管理における重篤な倫理規定違反が発覚している。男女雇用機会均等規制は機能していない。また，募集や採用における劣悪な偏見の問題が存在する。国が高い失業率に直面するうちに，雇用者は毎日何千人もの雇用申込みを受けているため，適切な選択を行うことは，人事部やその職員にとって深刻な課題となっている。人脈を持たない求職者は，優秀であっても，就業の機会が少ないのがトルコの現状である。農村部と都市部の間には経済的・社会的に大きな格差が存在するため，雇用者による特権のない農村部の求職者の扱いは非常に深刻であることが判明している。

Aycan（2006）は，トルコの人的資源管理にいくつかの問題点を見いだした。すなわち，人事部には従業員選定システムを導入せずに外国籍選抜システムの作成，業績評価システムがないところには 360 度の評価の実施，クラスで取得した知識を実際の状況に移す機会がないところには大学の学生による人的資源管理教科書の利用，である。しかし，この著者は，上記の理由により，この国の人的資源管理の実務家および学習者は，他の国で使用されている高度なツールおよび技法に慣れる機会が増えるとの見解を持つ。将来的には，トルコで人的資源管理について明るい日が来るものと思われる。

注

1) Aycan（2006）は，Arthur Anderson（2000）の調査結果に基づいてトルコの人的資源管理を概括した。この調査は，金融，自動車，繊維，健康関連，IT，日用品，金属，マス・メディア，耐久消費財，建設の民間企業 307 社を対象にして行われた。調査対象企業の 68％が従業員数 200 人以上の大規模企業，23.7％が従業員数 50〜199 名の中規模企業，7.9％が従業員 49 人以下の小規模企業であった。
2) Sozer（2004）は，人事担当管理職者連盟（Personnel Managers Association/PERYON）

と品質連盟（Quality Association/KALDER）の会員に対して，電話と電子メールによる聞き取り調査を実施した。サンプル企業の85%が，イスタンブール製造業者協会に2001年現在登録済み企業1,000社に該当していた。管理職者，コーディネーター，人的資源管理担当者，企業所有者がこの調査に参加した。また，トルコの主要産業（自動車，繊維，健康関連，医薬品，耐久消費財，工業技術，金属，日用品，建設）の企業幹部も参加した。

3) Aycan（2006）と Sozer（2004）は，Arthur Andersen（2000）の調査を参照して人的資源管理状況の分析と解釈を行った。その後の多くの研究は，同じ研究に基づいて説明を行った。

参 考 文 献

Aktan, Coskun Can (1996). "Public Enterprises in Turkey", *Annals of Public and Cooperative Economics*, Vol. 67, No. 1, pp. 117-130.

Arthur Andersen (2000). *Human Resource Management Research towards the 2000* (in Turkish), Istanbul, Sabah Yayincilik.

Avci, S Burcu (2015). "Major Public Enterprises in Turkey: 2005 - 2013", *Working Paper Series*, No. 2015/17, University of Milan, Italy, June 25-26, 2015.

Aycan, Zeynep et al (2000). "Impact of Culture on Human Resource Management Practices: A Ten Country Comparison", *Applied Psychology: An International Review*, Vol. 49, No. 1, pp. 192-220.

Aycan, Zeynep (2001). "Human Resource Management in Turkey - Current Issues and Future Challenges", *International Journal of Manpower*, Vol. 22, No. 3, pp. 252-260.

Aycan, Zeynep (2006). "Human Resource Management in Turkey", in Budhwar, Pawan S. and Mellahi, Kamel (eds.), *Managing Human Resources in the Middle East,* Oxon: Routledge, pp. 160-180.

Aycan, Zeynep and Eskin, M. (2004). "Relative Contribution of Childcare", Spousal, and Organizational Support in Reducing Work-Family Conflict for Males and Females: The Case of Turkey", Paper presented at the Annual Academy of Management Conference, August, New Orleans.

Aycan, Zeynep and Fikret-Pasa, S (2003). "Career Choices, Job Selection Criteria and Leadership Preferences in a Transitional Nation: The Case of Turkey", *Journal of Career Development*, Vol. 30, No. 2, pp. 129-44.

Bakan, Ismail, Ersahan, Burcu, and Buyukbese, Tuba (2013). "HRM Practices in Turkey: Current Issues and Trends", *International Journal of Acdemic Research in Economic and Managent Sciences*, May, Vol. 2, No. 3, pp. 86-106.

第 8 章　トルコにおける人的資源管理　269

Caspi, Amnon, Ben-Hador, Batia,Weisberg, Jacob, Uyargil, Cavide, Dundar, Gonen, and Tuzuner, V. Lale（2004）. "Turkey and Israel: HRM as a Reflection of Society", Brewster, Chris, Mayrhofer, Wolfgang, and Morley, Michael（eds.）*Human Resource Management in Europe: Evidence of Convergence?*, Oxford: Elsevier Butterworth-Heinemann.

Commission of the European Communities（2004）. "Regular Report on Turkey's Progress towards Accession", http://ec.europa.eu/enlargement/archives/pdf/key_documents/2004/rr_tr_ 2004_en.pdfBrussels: CEC（accessed on July 30, 2016）.

Dikmen, Mustafa Mert（2012）. "International Human Resources Management − The Turkey Example", http://www.slideshare/net/Mert_Dikmen/international-human-resources-management -turkey.html（accessed on June 20, 2016）.

Eduniversal（2016）. "Business Schools Ranking in Turkey", http://www.eduniversal-ranking.com/business-school-university-ranking-in-turkey.html（accessed on August 16, 2016）.

European Commission（2014）. "Turkey Progress Report", http://ec.europa.eu/.../2014/20141008 -turkey-progress-report_en.pdf（accessed on August 10, 2016）, Brussels.

Goregenli, M.（1997）. "Individualist-Collectivist Tendencies in a Turkish Sample", *Journal of Cross-Cultural Psychology*, Vol. 28, No. 6, pp. 787−94.

Gulgoz, S.（2002）. "Five Factor Theory and NEO-PI-R in Turkey", in McCrae, R.R. and Allik, J.（eds.）*The Five-Factor Model of Personality across Cultures*, New York: Kluwer Academic/Plenum Publishers, pp. 175−9.

Hofstede, Geert（1983）. "National Cultures in Four Dimensions: A Research-Theory of Cultural Differences among Nations", *International Studies of Management and Organization*, No. 13, Spring-Summer, p. 52.

Indexmundi（2015）. "Turkey Demographics Profile 2014", http://www.indexmundi.com/turkey/demographics_profile.html（accessed on July 21, 2016）.

JETRO（2015）, "Turkey", http://www.jetro.go.jp/world/asia/cn/basic_01.html（accessed on August 2, 2016）.

Kabasakal, Hayat and Bodur, Muzaffer（2012）. "Leadership and Culture in Turkey: A Multifaceted Phenomenon", Chokker, Jagdeep S., Brodbeck, Felix C., and House, Robert J.（eds.）*Culture and Leadership Across the World: The GLOBE Book of In-Depth Studies of 25 Societies*, New York: Routledge Taylor & Francis Group.

Ministry of Foreign Affairs（MOFA）/Japan（2016）. "Japan Turkey Relations（Basic Data）, http://www.mofa.go.jp/region/middle_e/turkey/data.html（accessed on July 21, 2016）.

MOFA/Japan（2015）. "Turkey Basic Data", http://www.mofa.go.jp/mofaj/area/turkey/

data.html (accessed on August 2, 2016).
Morrison, Terri, Conaway, Wayne A., and Borden, George A (1994). *Kiss, Bow, or Shake Hands - How to Do Business in Sixty Countries*, Holbrook, Mass: Adams Media.
OECD (2012). "Human Resources Management Country Profiles – Turkey", Paris: OECD, December 6.
Pembegul, Zeynep (2013). "Human Resources Management Initiatives in Turkish Public Sector: An Exploratory Study", Graduate School of Social Sciences, Middle East Technical University, Northern Cyprus, February.
QS Top Universities (2016). "Top Universities Country Guides – Study in Turkey" http://www.topuniversities.com/where-to-study/asia/turkey/guide (accessed on August 15, 2016). Emerging Europe and Central Asia
Sozer, Seray (2004). "An Evaluation of Current Human Resource Management Practices in the Turkish Private Sector", Unpublished MSc Thesis, Graduate School of Social Sciences, Middle East Technical University, Northern Cyprus.
Turkish Statistical Institute (2016). "Turkey GDP Growth Rate 1998 – 2016", http://www.tradingeconomics.com/turkey/gdp-growth (accessed on 28 July, 2016).
Tuzuner, Lale (2014). "Human Resource Management in Turkey", in Kaufman, Bruce E. (ed.) *The Development of Human Resource Management Across Nations – Unity and Diversity*, Cheltenham: Edward Elgar (online).
Wasti, S.A. (1998). "Cultural Barriers in the Transferability of Japanese and American Human Resources Practices to Developing Countries: The Turkish Case", *International Journal of Human Resources Management*, Vol. 9, No. 4, pp. 609–31.
World Bank, The (2016). "Turkey Overview", http://www.worldbank.org/en/country/turkey/overview, April 7 (accessed on 27 July, 2016).
Yelkikalan, Nazan, Altin, Emel, and Celikkan, Hale (2012). "Business Education in World and Turkish Universities: A Comparative Analysis", *International Journal of Business and Social Science*, Vol. 3 No. 4, Special Issue, February, pp. 254–270.
Yu, Jia Yuan and Murphy, Kevin R. (1993). "Modesty Bias in Self-Ratings of Performance: A Test of the Cultural Relativity Hypothesis", *Personnel Psychology*, Vol. 46, No. 2, pp. 357–363.

あ と が き

　冒頭で述べたように，本著は，アジア大陸の7つの主要国である中国，インド，インドネシア，日本，マレーシア，タイ，トルコの経営管理についての，調査結果等に基づく研究の成果物である。本著者は，大学学部課程と大学院でのアジア経済およびアジア経営管理に関する長年にわたる教育活動を通じて，こうした国の経営管理慣用に関する知識を深めてきた。特に2006年以降は，南山大学ビジネススクールで「アジア諸国の人的資源管理」，「イスラム圏アジア諸国の企業経営」，「日本経営論」，「海外から見る日本的経営」の4講座を担当することになり，アジア諸国の経営管理理論，経営実践，経営管理の文化的要素についての知識を一層深める絶好の機会を得ると同時に，数々の権威的文献や資料と遭遇する機会に恵まれた。筆者は，本著以外にも数編の研究論文を執筆し，学術誌への投稿，学会での発表などによって国内外で業績を残してきた。

　欧米の研究資料の多くは，アジアの企業経営の現状と経営実践が包含する理論上の問題を概説し，経営実践の分析に論点を絞っている。また，各国の経営の文化的背景，経済開発政策と開発管理にも焦点を当てている。こうした諸資料を紐解くことで，アジアのビジネス経営慣用や経営理論の多様性と重要性に気づかされた。その調査対象国のいずれにおいても，様々な形態や規模の企業が存在し，企業ごとに経営方法や管理機能が異なることは明白である。本著は，学生のみならず，企業経営者，ビジネスリーダー，政府関係者，研究者にとって，アジア諸国のビジネス理論とビジネス慣用の現状を，その実践面や倫理的側面から理解する一助となるものである。経営体制の違いを国別に明確にし，企業が導入している経営戦略と経営体制を比較しやすくするために，本著は国別のケーススタディ方式を採用している。

　本著は，欧米の文献が取り扱わなかった経営慣用についても検証を試みた。国家経済と経営制度の変遷を文化的背景と共に時系列で分析し，各国独自の経営環境について正確な評価を入念に行った。特に，アジア諸国に特徴的な複雑な経営システムの基礎知識を身につけたいと考える大学生や経営者には，情報量が豊富

で理解しやすい内容であると自負している。また，南アジア（インド），東南アジア（インドネシア・マレーシア・タイ），東アジア（中国・日本），中近東／西アジア（トルコ）の経営管理機能，労使関係，経営文化，経営教育に関しても言及している。文化的側面の1要素として宗教の違いに着目し，ヒンドゥ教文化のインド，イスラム文化のインドネシア，マレーシアとトルコ，仏教文化のタイと中国，神道文化の日本という視点からの分析も行った。本著はアジア人口のおよそ80％が参画する経営管理を網羅することになった。いずれの国の経営慣行にも独自の地域的基準と行動基準があり，それぞれの国の宗教的特色を垣間見ることができる。

1980年代から1990年代にかけて，日本では，東南アジア諸国の日系企業の合弁会社とその子会社が導入した「日本的経営」に関する研究が盛んであった。当時，アジアに進出した日本企業は，現地の経営方法を学び取ることに必死であった。筆者はアジア企業の経営管理に関する研究に専心していたが，経営管理の領域の学術研究は少なかった。従って，本研究が，経営開発管理の学問領域に潜在する空白部分を埋める役割も果たすであろうと期待する。繰り返しになるが，本研究はアジアの7主要国の人的資源管理に関するものである。経営管理の表面的特徴の検証ではなく，人的資源管理の実践的特色を研究材料としている。経営システムは文化的要素の影響を強く受ける。研究対象国はそれぞれ特徴的な文化背景を持っているが，経営スタイルにも独自の文化や思考様式が反映される。同時に，文化的特徴とマッチするような経営管理システムを開発，育成するための努力も惜しまない。

近年，アジアの人的資源管理に関する研究が脚光を浴びるようになった。急速に発展するアジア諸国は，人的資源の開発，研究，および実際の管理慣行の開発とその絶え間ない改善に，国家および企業の資源を配分する。人的資源管理スキルの開発には，労働環境の理解，社会的価値観に関する深い知識が必要である。学部および大学院レベルでの学術教育および企業内外での訓練や教育は，これらの国々における一般的な経営管理と人的資源管理の有効性を高める。研究対象の7カ国は，アメリカをはじめとする西欧諸国の経営学教育システムを率先して多方面で導入している。アジア地域の企業は，組織規模，事業規模，投資額，雇用者数などの面で成長が著しい。人事管理体制や制度には次々と変革が求められる

が，専門部門人事課・部を設置をして対応している。大規模企業ほど，人的資源管理に関する専門知識や実務経験を持つ大学卒業者の雇用が多くなっている。

研究対象7カ国を筆頭にアジア諸国への海外直接投資は，直近20年以上にわたって，労働集約型産業を中心に行われた。その結果，これらの国はグローバル多国籍企業や域内国際企業の事業拠点あるいは製造拠点を誘致することに成功した。多国籍企業および域内国際企業は，アジアの拠点となった企業に対して，自社技術の移転，従業員の海外赴任，近代的組織ノウハウや人的資源管理技術（採用方法，給与・報酬，教育，昇進，業務に対するモチベーション向上，キャリア開発など）の導入を実施し，現地の状況と適用させた。多国籍や国際企業が人事管理を現地化するように努力するが，その過程で本国の本社の優れた経営実務を現地の文化風習に合わせて調整される。こうした方法は，過去10年間のアジア諸国企業の経営管理近代化，中でも，人的資源管理の移転に非常に顕著で効果的な方法となっている。

多国籍企業から前述のような影響を受けていれば，アジアの人的資源管理体制が西欧化することはほぼ皆無であり，アジア的特色，あるいは，それぞれの国の文化的特色と姿勢を保ち続けるであろう。経営システムは，自国の文化や宗教，すなわちイスラム教，仏教，儒教，ヒンドゥ教，神道などの社会的伝統の中に生まれ育った人々との関係を持ち，実証しうるものである。7カ国全てにおいて，マネジメントは，国家文化に組み込まれた価値観と特性を経営慣行と統合し，人的資源管理スタイルに特定のアイデンティティを与えると言える。

アジア諸国の多くでは，管理スキルの需要と供給の格差があり，人的資源は不足気味な上に専門知識が乏しく，また，人材教育施設の設置にはまだまだ時間を要し，研究教材の開発も不十分な状態である。しかし，本著で扱った7カ国では，こうした問題は以前に比べて，改善されてきている。過去10年で，経営管理を専門とする高等教育機関は飛躍的に増加し，経営学士（BBA）や経営学修士・専門職経営学修士（general and professional MBA）の取得が可能になった。経営能力の開発や向上のための研究施設を併設する大学もある。特に，経営管理や人的資源管理についての技術を専攻できる私立大学や民間の教育機関が増えており，国内外の経営管理制度を体系的に学習あるいは研究する環境が整備されつつある。教育課程で学び取った現代の先進知識を取り入れ，地域の経営管理制度の弱

点強化や現場で求められるスキルの獲得も可能となった。欧米の大学が，マレーシア，インド，インドネシア，中国，タイ，トルコでは，欧米の大学がアジア分校を設置，地元大学と共同課程を展開するケースもある。アジア地域では，国連や国際労働機関などの国際組織の支援を受けて，大勢の管理職者が近代的経営管理の技術や理論に関する教育訓練を受けている。この教育訓練は，企業管理職者だけでなく，公務員，企業協同組合，研究職者，教員，コンサルタント業者も受講可能である。毎年数多くの留学生がアジアから海外の先進国へ出国している。日本，シンガポール，香港，トルコ，マレーシア，韓国も留学生受け入れ国である。教育への投資は，もはや，不要コストではない。経営管理を海外で学ぶという流れは，本著の研究対象国を含むアジア諸国と欧米先進国の知識格差を縮小することにつながる。

　研究対象7カ国は，人口が多く人的資源に恵まれているため，職種の階層（上級，中間，下級）を問わず，管理職者（人事，総務，経理，営業企画など）の人材不足に悩むことはない。20年ほど前までは，熟練した中級管理職者が不足していたことは確かであったが，現在では解消されている。技能格差が大きかったマレーシア，タイ，インドネシアも，この10年で格差がなくなったが，特に，工場レベルの製造現場作業においては，未熟労働者の問題はかなり残っている。しかし，企業，雇用団体および政府による，製造スキルの開発プログラムやスキル向上のための教育が進む中，民間企業の人材のスキル格差の問題は，近い将来，解決されていくであろう。一方で，インドのように，識字率の低さによる教育の遅れはしばらく続くと思われる。しかし，たとえ教育程度が低くても，配属された現場で訓練を受けることや直接体験で技術を身につけることは可能である。どの職業レベルにおいてもスキルの不足は，生産性低下，資源浪費，局所最適，教育訓練コストの上昇，さらに，全社的生産効率の損失につながる。スキルの量的な不足は，スキルの質の低さと関係していることもある。これは，教育訓練システムが，知識とスキルと業務に対する姿勢を適切に組み合わせることができる労働力（現存の労働者と労働力として機能しうる男女）を生み出し切れていないことに起因する（de Bettignies, 1991）。

　研究対象国の中で唯一の先進国であり，高所得国家でもある日本は，これまでに社会文化的経営実践を慎重かつ計画的にその人的資源管理や労働環境に導入し

てきた。日本の人的資源管理は最も開発が進んだ管理方法で，西欧先進諸国から取り入れた優れた技術，ツール，方式，実践方法をさらに現代に即して改良したものである。日本企業は常に，西欧の物まねではなく，労働の「日本化」を心掛けている。従って，日本の労働現場には，海外の管理方式が吸収されやすい素地がある。他の6カ国は，HRMシステムの開発段階が異なり，各国の伝統文化の要素を職場環境に導入するために積極的に努力している。時間はかかるかもしれないが，国の特徴を生かした人的資源管理制度が誕生することが期待できる。

かつて，アジア諸国の企業経営者は職業プロ意識とグローバル視野に欠けているという議論があった（de Bettignies, 1991）。現在では，アジア域外市場の国際化が飛躍的に進み，巨額の直接海外投資の流入と域内国際企業の経済活動の影響を受けた国内市場も国際化が進んでいる。日本に限らず，インド，中国やマレーシア籍の国際企業は域内市場と海外市場の両方に急ピッチに進出している。彼らの国際市場への進出は今後も継続すると考えられるので，経営管理戦略や経営管理実践のグローバル化も進むであろう。

1980年代以降，日本企業は，西欧の競合企業と同様に，大規模な労働の人間化，職務充実，労働の質的向上（QWL），社内外の福利厚生施設の整備，労働条件と給与報酬体系の改善を推進した。経済の高い生産性と豊富な企業数の後押しもあって，ボーナス，手当，退職金の倍増あるいは3倍増など，高額の給与体系を発展させた。日本以外の6カ国も，経済動向の好転の仕方次第によって，労働条件，給与体系，福利厚生施設，QWLが飛躍的に向上していくと期待される。

最近の10年間では，研究対象国はこれまでにあまり知られていない方法を人的資源管理に導入している。求人広告，願書の仕分け，ショートリスト（最終候補者リスト）作成，面接，選抜，教育訓練，業績評価，昇格試験などのあらゆる人的資源管理活動が電子化された。一般従業員から上級管理職者の殆どにコンピュータを貸与される。労使関係もデジタル技術によって管理される。企業／人事のウェヴサイトは，経営管理活動や人的資源管理活動を代弁する機能を持つようになった。従業員間のIT端末の普及率は先進国並みである。企業の研修や教育への投資は細心の注意を払って増えており，もはや不要なコストとは見なされず，むしろそのコストは組織内の資産の作成コストと考えられている。

日本の人的資源管理制度は高度に発達した近代的なシステムである。ほかの6

カ国の人的資源管理制度は，形成，離陸あるいは普及段階のシステムである。これらの国々では近代的な人的資源管理制度の育成を目指して，多くのプログラムを実行中である。日本のように，先進国の HRM システムでは，問題は様々な程度と範囲で存在する。全てが問題を解決しようとしており，現代的で完璧な要素，ツール，技術でシステムを改善しようとしている。現代的で効果的な人材育成のための6カ国による努力は，長期的には実現に至ると予想される。

　研究対象7カ国あるいはアジア地域全体のため人的資源管理の統一理論の開発は，国によって管理制度の到達点が異なるため，現段階では賢明な方策ではない。社会的文化的環境の多様性を考慮すると，おそらく，国ごとに理論開発を進める方が間違いないであろう。アジアにおける一般経営や人的資源管理の共通の特徴の1つとして，レベルにかかわらず全ての国が西欧の優れた実践をエミュレートし，西欧のベストプラクティスを異なるレベルで学び，完全にコピーするケースもある。

参 考 文 献

de Bettignies, Henri-Claude (1991). "Management in Asia: An Overview", in Putti, Joseph M. (ed.) *Management: Asian Context*, Singapore: McGraw-Hill.

索　引

＜A－Z＞

All Indian Workers and Peasants Party ……… 75
Amanah Ikhtiar Malaysia ……… 139
Bapakism ……… 197
bedrijfs economie ……… 176
Bumiputra ……… 137, 138, 141
BRICS ……… 10
Eduniversal/Palmes league ……… 109
EMBA ……… 108
feng shui/土占い ……… 148
gotong royong ……… 144, 197
HICOM ……… 141
hormat ……… 142
ikhlas ……… 142
Infosys 社 ……… 66
keluarga besar/ extended family ……… 189
Khazanah Nasional ……… 141
malu ……… 142
Mara ……… 139
MBA ……… viii, 24, 93, 108-9, 127, 157, 215, 218, 251, 273
mesu arat/ consulation ……… 144
mufakat ……… 197
mulia ……… 142
murah hati ……… 142
musyawarah ……… 197
Off-JT ……… 27-8, 216
OJT ……… 27, 41, 48, 108, 127, 216, 221, 228, 237, 251
P-D-C-A サイクル ……… 37
Penerbangan Malaysia ……… 142
Percetakan Nasional Malaysia Berhad ……… 139
PERNAS ……… 141
PETRONAS ……… 139, 141
PUNB ……… 139
QC 活動 ……… 36-7
QC サークル活動 ……… 24, 35-7, 53, 235
QC7 つ道具 ……… 37
QS 世界大学ランキング ……… 263
segan ……… 142
Sendirian Berhad ……… 139
Sime Darby ……… 139
SMERU 研究所 ……… 191
surat keputusan ……… 198
Tekun Nasional ……… 139
Telekom Malaysia ……… 139
Tenaga Nasional Berhad ……… 139-140
tibang-rasa ……… 142

Xavier Labor Relations Institute … 92

＜あ＞

アーディヴァーシー………………… 65
曖昧性回避型文化……………… 64, 89
赤シャツ運動……………………… 237
アジアインフラ投資銀行…………… 6
アジア欧州会議………………… 6, 9
アジア開発銀行…………………… 6
アジア太平洋経済協力会議………… 6
アジア太平洋経済社会委員会…… 6, 8
アジア通貨危機…… 15, 135, 142, 211
アジア四小龍……………………… 14
アセアン経済共同体……………… 7
アセアン自由貿易地域…… 7, 135, 229
アファーマティブ・アクション… 65
天下り…………………………… 52-3
アロー・ダイヤグラム法………… 37
アングロサクソン型アプローチ… 177
あんどんボード………………… 35
イースター・マンデー………… 71
イード・アル＝アドハー………… 71
イード・アル＝フィトル………… 71
イスラム暦新年………………… 71
イスラミク銀行………………… 141
イスラム開発銀行………………… 6
イスラム教犠牲祭………………… 71
イスラム教断食…………………… 71
イスラム協力機構………………… 6
依存………………………………… 123

一時入国労働ビザ……………… 118
一般国家組合連合体……………… 76
一般都市銀行…………………… 141
インセンティブ賃金制度………… 161
インド共産党…………………… 77
インド経営大学院
　バンガロール校舎……………… 95
インド国立経営研究所…………… 92
インド国家経営機構……………… 91
インド国家労務管理機構………… 91
インド社会科学研究所…………… 92
インド人事管理機構……………… 91
インド全国労働組合会議……… 76-7
インド中央政府雇用訓練局……… 66
インドネシア化………………… 183
インドネシア型社会主義………… 177
インドネシア投資調整庁………… 173
インドネシア内務省……………… 185
インドネシア福祉労働組合……… 193
インドネシア労働法…………… 184
インド連邦議会………………… 79
インド労働組合法……………… 74-5
インド労働組合センター………… 77
インド労働者会合………………… 77
インド労働連盟………………… 77
ヴァイシャ……………………… 82
ウェーバ主義…………………… 102
ウンマ…………………………… 199
エイペック……………………… 229
江戸幕府………………………… 42

沿海部経済特区……………… 108
縁故主義……………………… 89
欧州共同体委員会………… 254, 256
オープンドアー政策………… 101
親方………………………… 39, 43
オランダ的ビジネス経済論……… 177
温情主義的経営管理……… 185, 212

<か>

カースト… 61, 65-6, 82, 86-8, 90, 96
海外直接投資…… vii, 10, 15, 24, 45, 63,
　　　　　　79-80, 95, 115, 133, 151-2,
　　　　　　　　　214, 221, 232, 273
改革開放時代……………… 108
外国為替規制法……………… 79
カイゼン活動………………… 36
階層型組織構造…………… 125
科学的管理法………………… 23
華僑モデル……………… 176, 180
顔…………………………… 123
観光ビザ…………………… 118
完全競争市場……………… 125
環太平洋連携協定…………… 6
環太平洋パートナーシップ協定… 229
かんばん方式……………… 24, 35
官僚的構造………………… 123
ギート・ホフステード………… 87
議会常任委員会……………… 79
企業の社会的責任………… 38, 229
企業別労働組合……… ii, 18, 154, 191

技術集約産業……………… 151
技術徒弟訓練生……………… 67
義務………………………… 123
キャリア・パス……………… 27
教育労働組合……………… 254
行政官大学…………………… 94
競争主義雇用制度………… 115
共存共栄…………………… 115
協豊会……………………… 36
協力会……………………… 36
グァンシー………………… 23
クーレンチャイ………… 213, 237
クシャトリヤ………………… 82
経営協議会………………… 78
経営の現地化…… 47, 154, 165, 168
経済活動における割り当ての
　権利政策……………… 65
経済協力開発機構………… 25, 46
経済協力協定……… 136, 210, 229
経済的福利厚生計画………… 78
経済同友会………………… 43
経済特区…………… 86, 108, 126
系列…………… 24-5, 36, 54, 76-7
ゲマインシャフト………… 23, 123
建築産業労働組合………… 112
現地経営………… 47, 118, 212
孝…………………………… 123
公安庁……………………… 118
好意………………………… 123
合意による意思決定……… 25, 33

工業団地·················· 14, 79, 145, 148, 150, 155-6, 202
興業ビザ························· 118
孔子···························· 121, 181
高度成長時期····················· 26
公務員連盟························ 190
コーポレート・ガバナンス······· 38
国際自由労働組合連合············ 76
国際通貨機構················· 44, 46
国際連合························ 6, 228
国際労働機関············· 6, 76, 190, 255-6, 274
国民春闘共闘委員会············ 31-2
国連アジア太平洋経済社会委員会··· 6
国連開発計画·················· 6, 260
国連貿易開発会議············· 6, 46
国家が指導する資本主義········ 122
国家出産給付スキーム········ 72-3
固定賃金制度···················· 161
ゴトン・ロヨン············ 144, 177
コネ······························ 123
雇用補償金························ 183
コングロマリット················ 195
混合型の経営システム········· 178
コンピテンシー········ 252-3, 257, 266
コンプラインス··················· 38

〈さ〉

最高経営責任者········ 87, 138-9, 144, 155, 248

最低賃金制度············ 68, 148, 185
鎖国·························· 42, 49
参加型経営························ 23
3者委員会························ 78
3者（労働者―経営者―政府機関）労使関係······················ 23
360度多面評価··················· 187
ジェンダー問題··················· 51
自主管理活動······················ 36
市場型社会主義·················· 125
市場社会主義···················· 101
下請け········ 24-5, 36, 47, 54, 116, 139, 229, 235-7, 265
失業保険·························· 117
自動化························ 35, 231
自動承認制度····················· 80
シフ······························ 101
社会福祉経営研究所··············· 92
社会保険制度····················· 117
ジャスト・イン・タイム方式····· 35
社内昇格制度················ 159, 164
ジャワモデル···················· 176
従業員補償法····················· 95
終身雇用制········· ii, 18, 25-7, 51-2, 154, 163-4
住宅準備基金···················· 117
集団的意思決定··················· 33
シュードラ······················· 82
自由貿易協定················ 46, 229
自由貿易区··· 45, 145, 150, 155-6, 202

儒教…………5, 39, 115, 121-2, 124-5,
　　　　　　134, 136, 172, 181, 273
諸退職手当………………………… 78
出産給付金立法…………………… 70
出産便益法………………………… 70
出産保険…………………………117
春闘…………………………29, 31-3
シュンペーターリアン・
　イノベーター…………………… 40
蔣介石………………………99, 111-2
小集団活動…………………ii, 18, 164
晶宝会……………………………… 36
昭和恐慌…………………………… 26
職場協定…………………………193
職場契約…………………………193
ジョブホッピング………………237
ジョブ・ローテーション…27, 88, 110
新QC7つ道具……………………… 37
新経済政策1970年………………137
新興工業国………………………184
人事………………………………… 83
人事院……………………………… 33
人的資源…………83, 91, 93 103, 107,
　　　　　126, 177-8, 180, 183, 215,
　　　　　219, 248, 257, 264, 272-4
人的資源管理……i-ii, iv-v, vii, 16-8,
　23, 25, 33, 38, 43-4, 61, 64, 66, 79,
　83-6, 91, 99, 102, 105-9, 115-6,
　123, 126-8, 133, 148, 154, 167, 171,
　181, 183, 195, 201, 209, 214, 216, 220,

　232, 238, 243, 247-8, 253, 256-7,
　　　259-60, 262-3, 265-7, 272-6
信頼………………………………123
親和図法…………………………… 37
垂直的統合………………………… 36
スタハノフ主義…………………… 23
成果主義人事管理システム……115
生活費手当………………………… 69
生活防衛手当……………………… 68
世界銀行……6, 9, 63, 67, 94, 133, 135
世界貿易機構……………………101
積極的差別………………………203
ゼロ・ディフェクト運動………… 36
全インド経営管理協会…………… 94
全インドネシア労働組合連合……190
全インドネシア労働者組合……190
全インド労働組合中央評議会…… 77
全国銀行労働組合委員会………112
全社的生産保全…………………… 36
全社的総合品質管理……………… 36
全社的品質管理……………35, 230
全日本自治団体労働組合………… 28
専門職大学院管理学……………127
総合的品質管理…………………… 36
相互保険…………………………… 77
外集団……………………………87, 234

<た>

大アジア経済圏…………………… 46
宝会………………………………… 36

多様性の中の統一………………… 172
ダライラマ……………………… 101
ダリット………………………… 65
単位産業別組合………………… 28-9
団結権…… 29, 43, 74, 190-1, 254, 265
団体交渉…… 28-33, 78, 113-4, 253-4
団体交渉権…………… 29, 43, 74, 113
団体行動権……………… 29, 43, 74
チームダイナミクス……………… 66
チャイイェンイェン………… 213, 237
中華資本主義…………………… 102
中華人民共和国国務院
　　国有資産監督管理委員会……… 114
中華全国総工会………………… 110-1
中国共産党……………… 101, 110-3
駐在許可書……………………… 118
駐在就労ビザ…………………… 118
長期契約………………………… 104
提案スキーム…………………… 36
鉄飯碗…………………… 104, 115
定額徴収………………………… 118
適応……………………………… 123
統一労働組合会議……………… 77
同一労働同一賃金……………… 54
投資銀行………………… 137, 141
鄧小平………………… 15, 101, 125
トゥデイ………………………… 101
土地の息子……………………… 133
トップダウン型意思決定………… 33
トヨタのリーン生産システム…… 35
トルコ革命家労働者組合連合会
　　………………………… 254, 265
トルコ労働組合組合連盟………… 254

<な>

内集団…………………… 87, 234
ストライキ……………………… 190
ナショナルセンター…… 29, 30, 32, 74-5, 77-8, 193, 254-5, 258
7つ道具………………………… 37
ニート…………………………… 38
2者労働委員会………………… 78
2重構造………………………… 36
西ヨーロッパ連合……………… 262
2職兼業………………………… 186
日本経済団体連合会…………… 32
日本自動車総連………………… 28
日本的経営の三種の神器……… 154
日本的経営方式……… ii, iii, 18-9, 159
日本・マレーシア経済連携協定… 135
日本労働組合総評議会………… 31
日本労働組合総連合会………… 28
ニューコロニアリズム………… 177
任期付き契約…………………… 104
根回し…………………………… 34
年金……………… 70, 78, 118, 186
年功型賃金構造………………… 26
年功序列型昇格制度……… 159, 164-5
年功序列型賃金…………… ii, 18, 236
年長者……… 26, 90, 197, 233, 259, 262

＜は＞

ハイブリッド工場……………… 47
バタクモデル……………… 176, 178
バラカー……………………… 144
ハラム…………………… 144, 199
ハリ・ラヤ・プアサ……………… 145
パレート図…………………… 37
パンチャシラ……… 172, 189, 196, 201
非ハラール…………………… 144
非暴力による抵抗……………… 82
平等主義……………………… 101
貧困ライン…………………… 72
品質改善の7S………………… 37
ヒンドゥ労働者連盟…………… 77
フォーマル・セクター… 173, 184, 204
不確実性回避型……………… 89
不可触民……………………… 65
福利厚生……… 30, 77-8, 114, 163, 164
物理的労働条件………………… 78
ブディー……………………… 142
ブディー構造………………… 142
ブミプトラ… 133-4, 137, 139, 149, 156
ブミプトラ企業経営…… 137, 141, 167
ブミプトラ商業銀行…………… 141
ブミプトラベンダー
　促進プログラム……………… 138
プラザ合意………………… 45-6
ブラモン……………………… 82
フリーター………………… 38, 53
プリブミ富裕層………………… 195
ブルサ・マレーシア………… 140, 160
プロダクト・ミックス………… 235
プロダクト・ライアビリティ…… 38
プロダクト・ライフ・サイクル… 37
文化大革命時代………………… 112
分散型・参加型意思決定……… 125
ベースアップ…………… 26, 28, 52
ヘッド・ハンティング… 121, 128, 218
ベデリップ・エコノミ………… 176
ペトロナス…………………… 139
ペナン熟練労働者開発センター… 161
ペリー提督…………………… 42
ヘルシンキ・サミット………… 262
砲艦外交……………………… 42
ボーナス制……………… ii, 18, 219
母子健康プログラム…………… 72
ボトムアップ型………………… 33
ホフステード4次元……………… 87

＜ま＞

マイクロ・ビジネス企業………… 186
マイペンライ………………… 213, 237
マウリド＝ン＝ナビー ………… 71
マドラス労働組合……………… 77
マトリックス図法……………… 37
マトリックスデータ解析法……… 37
マハトマ・ガンディー生誕日…… 71
魔法の杖……………………… 53
マルチメディア・スーパー・

コリードー	142
マルチ労働ビザ	118
マレーシア連邦憲法	137
マレーシア労働法	162
ミアンジ	123
南アジア地域協力連合	6-7
見習い期間	73, 104, 157, 184
見習い制度	78
民族奉仕団	77
無在庫生産	35
明治維新	42
メンター制度	51
毛沢東	99, 101, 112
目標管理法	23
ものづくりの経営	34

<や>

山猫スト	190, 195
輸出加工区	14, 79, 145, 150
ユニオン・ショップ	29, 30

<ら>

リーン生産システム	35
利益分配制	112, 162
稟議	34
稟議書	34
稟議制意思決定方式	ii, 18
ルックイースト政策	48, 167
礼	123
レンキン	123
レンシ・グアンリ制度	102
労使妥結	32
労働協約	78, 116, 185, 193-4, 248
労働組合共同センター	77
労働災害保険	117
労働3権	29
労働者社会保障制度	185, 192
労働者の3つの基本権利	43, 74
労働者法案	79
労働問題仲裁委員会	118
労働力あっせん業者	117
労働力省	195, 204
労務管理	29, 102
老齢年金保険	117
老齢補償プログラム	186

<わ>

ワーキング・プア	38, 53
湾岸協力会議	6, 8

《執筆者紹介》

コンダカル・ミザヌル・ラハマン

1959年インド生まれ。1980年ダッカ大学商学部卒業，1982年同大学大学院商学研究科修士課程修了。1984年大阪外国語大学留学生別科日本語研修修了。1987年一橋大学学生科日本語研修中級修了。1990年中央大学大学院商学研究科博士課程修了（商学博士号取得）。2009年オーストラリア公認管理会計士資格取得，2010年同国公認会計士資格取得。

ダッカ大学商学部会計学科専任講師（1983年～1990年）。日本福祉大学経済学部助教授を経て教授（1994年～2003年）。米国ハーバード大学客員研究員（1998年～1999年）。南山大学総合政策学部教授を経て同大学大学院ビジネス研究科教授（2003年～現在）。セントラルクインズランド大学客員教授（2009年～2011年）。

主要著書

『Japanese Style Management for Bangladesh Public Sector‒The Case of Jute Industry』（単著）NSU-NFU，1997年。
『Managemment Strategies of Multinational Corporations in Asian Markets』（共著）中央大学出版部，1998年。
『やさしい経営学』（共著）創成社，2007年。
『地球時代の多文化共生の諸相：人が繋ぐ国際関係』（共著）2009年，行路社。
『非営利組織の財源調達』（共著）全国公益法人協会，2010年。
『Development of Business Organization and Accounting‒Historical Simultaneity and Congruity』（単著）Lambert Academic Publishing，2011年。
『グローバル下の地域金融』（共著）中央大学出版部，2014年。
『企業組織の発展と会計学の展開』（単著）創成社，2014年。

アジアにおける人的資源管理─その実践・理論・文化

南山大学経営研究叢書

2018年12月26日　初版第1刷発行

著　者　　コンダカル・ミザヌル・ラハマン
発行者　　中央大学出版部
代表者　　間　島　進　吾

発行所　〒192-0393 東京都八王子市東中野742-1
電話 042(674)2351　FAX 042(674)2354　中央大学出版部
http:www2.chuo-u.ac.jp/up/

Ⓒ 2018　Khondaker Mizanur Rahman　　恵友印刷㈱

ISBN978-4-8057-3145-1